Aus Liebe zum Leben

Anneliese Probst
Johannes und Rile Schöne
Peter Spangenberg

Aus Liebe zum Leben

Geschichten rund ums Älterwerden

EVANGELISCHE VERLAGSANSTALT
Leipzig

Die Deutsche Bibliothek – Bibliographische Information
Die Deutsche Bibliothek verzeichnet diese Publikation in der Deutschen Nationalbibliographie; detaillierte bibliographische Daten sind im Internet über http://dnb.ddb.de abrufbar.

Printed in Germany · H 7147

Umschlaggestaltung: Mario Moths
Covermotiv: Getty Images
Layout und Satz: Steffi Glauche, Leipzig
Druck und Binden: Druckerei zu Altenburg GmbH

ISBN 978-3-374-02460-5
www.eva-leipzig.de

Inhalt

Rile Schöne [1 min]

Noch bist du
an meiner Seite,
wenn auch mit falbem Haar.
Und deine Augen schauen noch,
was keiner sah,
wenn sie auch müd geworden.
Noch atmest du
den Maienduft
von unserm Flieder.
Noch singen wir
gemeinsam Lieder.
Noch pflücken deine Hände
für mich Blumen.
Jahr um Jahr.

Und dieses Noch,
ach, möge es so bleiben!
Noch einen Sommer, einen Herbst,
noch einen Winter lang.
Und noch und noch …
Das liegt in Gottes Hand.

Martha und Andreas

Peter Spangenberg [12 min]

Ich lernte sie kennen, als sie beide weit über 70 waren. Ich sah sie auf der Hauptstraße Hand in Hand, langsam und bedächtig, fast versonnen. Es war ein später Juniabend. Wir kannten uns noch nicht, und ich nahm sie nur flüchtig wahr, so aus dem Augenwinkel vom Steuer meines Wagens aus. Doch der Eindruck setzte sich fest, wie sich ein fliegendes Samenschirmchen vom Löwenzahn irgendwo festsetzt.

Ich erzählte später im Büro von der flüchtigen Begegnung und erfuhr, dass sie kein Ehepaar waren, sondern ein Liebespaar. Meine Mitarbeiterin sagte mir das im Ton höchster Anerkennung, fast Bewunderung, ja, sie schien für die beiden zu schwärmen. Ich hatte allerdings auch schon Menschen mit ganz anderen Einstellungen erlebt: Für viele liegt über der Liebe im Alter der Verdacht des Verrats oder der Schatten der Unanständigkeit, zumindest der Geruch der Unangemessenheit und das Vorurteil gegenüber alternden Narren, die sich zum Gespött der Gesellschaft machen. Liebe im Alter? Ein eisiges Tabu. Spottverse von Jungen habe ich im

Ohr. Geflüster an Kaffeetischen habe ich im Gedächtnis. Heimliche Informationen im Seniorenheim werden unter dem Siegel absoluter Verschwiegenheit gehandelt. Bestenfalls darf ein alter Mensch zum Enkel sagen: Ich habe dich lieb. Oder zum eigenen Kind: Wir lieben uns doch. Wer aber seinen Partner verloren hat, dem ist das Reich der Liebe versperrt wie weiland das Paradies.

Seltsam: Die beiden Menschen, die ich getroffen hatte, standen unerreichbar über diesen Vorurteilen, von denen ich wusste, dass sie ganz alte Wurzeln haben: Abschluss der Liebe durch die Unfruchtbarkeit der Frau, durch die Impotenz des Mannes, durch den Ausschluss der Nachwuchserwartung, durch veränderte Positionen in der Erbfolge, durch abnehmende Attraktivität des Körpers und seiner Möglichkeiten, durch die Verlangsamung des Lebens, durch den Verlust der Zähne, durch die Schwächung des Gedächtnisses, durch die Prägung der Vergangenheit, durch die Festlegung auf Prinzipien, durch Verhärtung der Einstellungen, durch die Verkleinerung der Lebensräume, durch die Verminderung der Zahl der Gleichaltrigen, durch Starrheit und oft Verbitterung: Alte Menschen wurden und werden geparkt im Wartesaal zum Tod. Windeln werden gebraucht, Besuche werden selten und flüchtig, Briefe werden wenig geschrieben, Geschenke werden kaum gemacht, in der Werbung stürzen sich die Versicherungen und die

Kosmetikfirmen auf den alten Menschen. Da hilft auch die Flucht nach Mallorca nichts, nicht die Flucht in die Wellnessfarm. Enkel brauchen kaum noch das Märchen, der Computer ist wichtiger, so wie der Sport und die Markenschuhe. Das bringt die Zeit mit sich, und die eben hat sich geändert. Die Erfahrungen der Alten werden nicht abgerufen, das weiße Haar kennzeichnet nicht mehr den Schatz der Erfahrungen, die dritten Zähne liegen auf dem Nachtisch im Glas als Zeugen der letzten Phase.

Da kommt mir das Märchen in den Sinn, in dem die erwachsenen Kinder den Großvater mit Holzschüssel und Holzlöffel hinter den Ofen verbannen, weil sie sein Schlürfen und Gesabber nicht ertragen können. Da beobachten sie, wie ihr Junge etwas schnitzt. »Was machst du da?« fragen sie. »Ich schnitze Teller und Löffel für euch, wenn ihr einmal so seid wie Großvater jetzt.«

Der alternde Mensch fühlt sich nicht nur ausgestoßen aus der aktiven Gesellschaft, sondern ausgenutzt von einer gierigen Hyänenindustrie. Gewiss, es gibt auch Positives: Liebevolle Zivis im Altenheim, helle Kleidung und helle Haare bei Senioren, Programme und Ausflüge, Werbeaktionen und tierfreundliche Pensionen, Kreuzfahrten und Busfahrten, Kaffeefahrten und Schwimmkurse, Gymnastik für Alte und Tanzveranstaltungen. Bleibt noch das Telefon, bleibt noch der Blumenkasten, bleibt noch die Briefmarkensammlung, und es bleiben noch die tiefen, ja unergründlichen Erinnerungen, die Nacht für Nacht Bilder hinter die Stirn spülen: Bilder von Krieg und Vertreibung, von Inflation und Bomben, Bilder von Angst und Verlust, Bilder von Enttäuschung und Hoffnung.

Aber Liebe? Liebe für alte Menschen? Liebe in alten Menschen? Von nun an freute ich mich jedes Mal, wenn ich Martha und Andreas traf, auch auf dem Weg zur Kirche; denn sie besuchten mit großer Treue den sonntäglichen Gottesdienst. Dann saßen sie andächtig im linken hinteren Drittel, sangen deutlich und bewusst die Choräle mit, und ihre schlohweißen Haare leuchteten oft wie Silber, wenn die Sonne schräg durch die Fenster fiel.

Eines Tages besuchte ich die alte Frau zum Geburtstag. Sie bewohnte eine kleine Wohnung in der dritten Etage. Ich erinnere mich genau: Der schmale kleine Flur hatte eine Garderobe, einen Spiegel und ein paar Bilder an der Wand, war hell tapeziert und warm beleuchtet. Da stand er, Andreas, in aufrechter Haltung, diskret lächelnd wie ein englischer Butler alter Schule, wir gaben uns die Hand, er hieß mich willkommen und winkte mich an sich vorbei in das Wohnzimmer, das rechts lag. Ich trat zu ihr hin, reichte ihr die Hand und murmelte etwas. Trotz all meiner Erfahrung – hier war ich verlegen; denn da saß eine große Dame vor mir, in den weichen Augen stand die anstrengende Geschichte eines ländlichen Lebens geschrieben mit viel Arbeit, vielen Mäulern am Mittagstisch, mit viel Wäsche und Gartenarbeit, mit viel Bescheidenheit, mit Inflation und Weimarer Republik, mit dem großen Krieg und dem NS-Regime und mit dem Danach. Sie schien mir wie ein Tresor der Vergangenheit. Die Sonne brach in das Zimmer, vom kleinen Balkon her winkten Oleander und Araukarie im sanften Wind durch die Scheiben, die schneeweißen Gardinen schmückten den Raum als wären sie Schleier, auf dem kleinen Mahagonytischchen lag eine kunstvolle Hardangerarbeit und an der schmalen Seitenwand hingen Fotografien aus der Familie. Diese kleine Ausstellung setzte sich fort auf der alten Kommode. Eine hübsche Kristallschale ergänzte dieses sinnträchtige Ensemble gegenwärtiger vergangener Jahre. Sie trug ein dunkelblaues Kleid mit weißem Kragen, die silbernen Haare lagen fast keck und neckisch in Stirn und Nacken. Sie hielt meine Hand mit beiden Händen. Ich schämte mich; denn ich trug Holzschuhe und eine Lederweste, absolut unpassend zu diesem Anlass. Doch ließ sie es mich nicht spüren. Im Gegenteil: Sie behandelte mich wie einen kleinen Jungen, über dessen Besuch sie sich freut. Gleichzeitig aber würdigte sie mich als Pastor, fast demütig, jedenfalls fromm und bat Andreas, den Sherry zu reichen. Zum Umtrunk erhob sie sich. Ich staunte: Mit dem Glas in der Hand begann sie zu singen »Großer Gott, wir loben dich.«

Sherry mit Choral! Warum eigentlich nicht?! In der einen Hand hielt sie das Glas, in der anderen die ihres geliebten Andreas. Ich sang weiter. Wie bei einer Trauung! schoss es mit durch den Kopf. Dann setzten wir uns, und ich sprach den 103. Psalm »Lobe den Herrn, meine Seele, und was in mir ist, seinen heiligen Namen; lobe den Herrn, meine Seele, und vergiss nicht, was er dir Gutes getan hat.«

Andreas blieb hinter ihr stehen. Ich wusste, er war Vertriebener, hatte schwere und schwerste Erfahrungen hinter sich, war ein Meister der Zahlen; denn er war Verwaltungsfachmann, einer mit preußischer Erziehung, mit Contenance, mit Benimm und Rückgrat und der damit verbundenen Steifheit, mit Redlichkeit, Zuverlässigkeit und Treue. Ja, diese Seiten hatte das Preußentum auch, wie er mir versicherte.

Nun erzählten sie mir von ihrer Liebe, wobei dieses Wort überhaupt nicht fiel. Ich gewann den Eindruck, dass sie mich auf heimliche Weise zum Geheimnisträger machten. Es war ein wundervoller Geburtstag. Ich lernte, dass das Wesen der Liebe das Schenken ist, wie das Wesen des Schenkens die Liebe ist. Liebe vermittelt mir das, was mir fehlt. So etwa hat es Gabriel Marcel formuliert. Liebe macht mich reicher um das, dessen ich bedarf. In diesem Sinne beschenkten sich die beiden.

So erlebte ich sie noch einige Jahre. Als ihre Augen schwächer wurden, las er ihr täglich aus der Zeitung oder aus Büchern vor. Einkaufen gingen sie zu zweit bis zu dem Tag, wo ihre Kräfte nicht mehr reichten. Da tat er es allein. Er wohnte unten im Haus, Parterre. Irgendwann fragte ich: Warum ziehen Sie eigentlich nicht zusammen? Es wäre doch einfacher mit der Energie, mit dem Kochen, mit dem Waschen, überhaupt mit allem. Schweigen. Ich erkannte, wie töricht meine Frage war. Darum ging es ja gar nicht. Nein: Es schickte sich einfach nicht. Es entsprach weder der preußischen Moral noch der nordfriesischen Tradition. Es schickte sich einfach nicht.

So blieb es dabei: Er stieg die vielen Stufen hinauf, brachte das Obst und das Brot, die Zeitung und die kleinen Neuigkeiten von der Straße, brachte sich selbst, seine Zeit, seine Nähe, sein Vertrauen, seine Zärtlichkeit, seine Behutsamkeit, seine Erfahrung, kurzum: sein Leben. Übrigens: Ich habe seine Wohnung nie betreten. Ich weiß nicht, warum. Es ergab sich wohl nicht. Ich traf ihn immer oben bei ihr, und sie strahlte bis in die letzten Tage hinein. Kurz vor ihrem Tod sagte sie mir: »Das Leben ist ein Wunder. Ich bin bereit. Ich weiß, dass ich erwartet werde, und mein Andreas kommt nach.«

Ich habe sie beerdigt. In der Trauerfeier saß Andreas ganz vorn, aber ganz allein. Allein? Wohl nicht. Martha war auferstanden. So jedenfalls sagte es ihm sein Glaube. Die Liebe blieb und mit ihr die Dankbarkeit.

Leben ohne den Geliebten

Anneliese Probst [2 min]

Nein – ich habe Dich nicht vergessen und ich werde Dich nie vergessen, solange ich lebe! Das sollst Du wissen, aber ich denke, Du weißt es, denn ganz sicher lebst Du meinen Alltag mit mir – wie könnte ich ohne Deinen Beistand dieses schwierige Leben im Rollstuhl überhaupt bestehen?

Du hörst mich, wenn ich Dich um Hilfe rufe, von Dir erhalte ich neue Kraft, wenn ich mich schwach fühle und du schenkst mir auch die notwendige Heiterkeit, ohne die jeder Tag wie ein schwerer Stein gesichtslos im See der Vergangenheit versinkt.

Acht Jahre lebe ich nun ohne Deine lebendige Gegenwart, acht Jahre – das ist im Grunde nicht zu fassen! Deine Todesstunde habe ich noch ganz gegenwärtig in mir, es ging schnell, du hast bestimmt nichts gespürt. Das hat mich getröstet – sonst ist immer noch kein Trost in mir, nur ein notgedrungenes Annehmen des Unabänderlichen. Und ein ständiger Widerstreit gegen Gottes Fügung – oder hat Gott mit Deinem Tod nichts zu tun, Zufall nur, für den ich ihn nicht verantwortlich machen kann? Aber darauf bekomme ich keine Antwort.

Zuweilen schreie ich Gott stumm meinen Zorn entgegen, dann wieder bitte ich ihn, mich noch eine Weile auf dieser Erde zu lassen, denn ab und zu lebe ich gern, da genieße ich die Sonne, den Wind, den Regen und das enge Miteinander mit den Tieren, die mich umgeben.

Du, mein Liebster, ich finde mich in mir selbst nicht zurecht. Nur ein Gefühl ist ständig in mir, ein Gefühl, das mich beherrscht und durch die Stunden trägt: die Sehnsucht nach Dir.

Freude

Johannes Schöne [3 min]

»Wisset, dass alles Quark ist außer einem fröhlichen Herzen.« Mit einem derart gewagten Urteil wollte Matthias Claudius die Leser seiner Zeitung gewiss zum Nachdenken herausfordern. Damals verarbeitete man Milch in einem Fass, um Butter zu gewinnen; Quark und Molke fielen dabei als Nebenprodukte ab. Ein fröhliches Herz also wäre das höchsterreichbare Ziel im Leben, alles andere hätte nur den bescheidenen Wert, den Quark im Vergleich zur Butter genießt. Wollten wir dem zustimmen, dann wären beispielsweise Glaube, Hoffnung, Liebe nichts als Quark, stünden in ihrem Wert unter einem fröhlichen Herzen.

Ging Claudius nicht doch zu weit mit seiner Quark-These?

Sagen wir so: Glaube, Hoffnung und Liebe sind nur dann echt und überzeugend, wenn sie in einem österlich-frohen Herzen gründen; unglaubwürdig jedoch, sofern sie unfrohen Herzens praktiziert werden.

Woher aber – so wird man hier fragen – woher soll das Herz fröhlich werden angesichts der Welt, in der wir leben? Es gibt noch genug, worüber man sich freuen kann, sei es ein sonniger Morgen, das Lied der Amsel auf der Antenne, lachende Kinderaugen oder auch nur ein freundlicher Gruß. Doch die Freude über etwas ist eine anfällige Freude. Der Grund solcher Freude hat keine Dauer, sei es nun Sonnenschein, Amsellied oder Kinderlachen. Selbst wenn ich mich über mein schmuckes Haus freue, weiß ich, dass ich nicht darin bleiben werde. Nein, Freude über noch so vieles machte kein fröhliches Herz, wie Claudius es meinte und wohl auch hatte. Was dann? Ein Wort der Mutter Eva von Thiele-Winkler sagt es uns:

»Die höchste Freude ist unabhängig von äußeren Verhältnissen; sie hat ihre unversiegbare Quelle allein in Gott.« In Gott ist ein fröhliches Herz zu Hause. Da kann es wohl auch traurig sein, aber niemals unfroh.

Aus dem Gefängnis schreibt Paulus: »Freuet euch in dem Herrn allewege!« (Phil 4,4) – Kein Wunder, dass diese unversiegbare Freude auch in unseren Liedern sich ausjubelt: »In dir ist Freude in allem Leide, o du süßer Jesu Christ!«

Quark hin – Quark her: Claudius hat uns schon auf die rechte Spur gebracht. Vom Quark zur Quelle.

Zeit und Ewigkeit

Peter Spangenberg [5 min]

Ich –
Mensch –
ich unterliege den Gesetzen der Vergänglichkeit
wie jedes Lebewesen seit Millionen von Jahren.
Deshalb unterliege ich auch der Angst vor dem
Sterben
und der Hilflosigkeit vor dem Tod;
denn ich liebe das Leben in seiner Buntheit,
mit seinen Überraschungen
und trotz all seiner Rätsel und Mühsal.
Die unterschiedlichen Tode bedrücken mich:
durch Krankheit, durch Verbrechen, durch Kriege,
durch »Zufall«, durch Unglück, durch
Naturkatastrophen.
Aber auch die Tode vor dem Sterben belasten mich:
der Rufmord, die Unterdrückung, der Beziehungstod,
die Folter, der Existenzverlust und die Erfahrung des
Schreckens.
Ich möchte zu denen gehören,
die Widerstand gegen die ungerechten Tode leisten.

Ich verstehe auch sehr gut,
dass Menschen aller Jahrhunderte und Jahrtausende
dem sogenannten natürlichen Tod ausweichen
wollten:
Sie haben religiöse Mechanismen entworfen,
indem sie mit Himmel und Hölle argumentierten,
Angstszenarien und Strafen darstellten,
mit Versprechungen und Prämien lockten
oder Abgründe beschrieben, nur um Geld
einzunehmen.
Das alles ist ungeheuer menschlich und verständlich,
hat aber mit Jesus aus Nazareth absolut nichts zu tun.
Er ist der Inbegriff Gottes und die Inkarnation von
Leben und Liebe.
Er verleiht dem Menschenleben göttliche Würde,
er verleiht der Zeit Bedeutung und der Ewigkeit
Geltung.
Er weicht dem Tod nicht aus mit seinen zweiund-
dreißig Jahren,
sondern er besteht ihn.
Er argumentiert sich nicht am Tod vorbei,
sondern befiehlt seinen Geist in Gottes Hände.
Was ist mit Geist gemeint?
Seele? Lebensmitte? Lebenszentrum? Herz? Wesen?
Wir Heutigen können vielleicht mit dem Begriff
»Wesen« am meisten anfangen.

Das setzt allerdings voraus, dass der glaubende Christ
den Weg des Gekreuzigten mitgeht:
in die offene Ewigkeit, in das neue Leben, in die neue Kreatur,
in die offenen Hände Gottes hinein.
Denn wenn Gott die Quelle des Lebens ist,
dann sterben wir auch in ihn hinein. Wohin denn sonst?!
Darin ist Jesus der Vorgänger, und wir sind seine Nachfolger.
Das erspart uns unser Sterben nicht,
aber es eröffnet uns den Zugang zu neuem Wesen.
Das meint der Begriff der Auferstehung und der Auferweckung.
Aber es verbieten sich alle materialistischen Vorstellungen von
der Reparatur meines Körpers oder von einem Wiedersehen
mit Freunden und Bekannten in Frack und Smoking.
Ewigkeit – das ist allein Gottes Hoheitsgebiet.
Dafür habe ich weder Bilder noch Sprache.
Selbst die neutestamentlichen Verkündigungsberichte
bewahren keusch den Abstand, indem sie das Erlebnis von Ostern
deuten, erzählen, interpretieren, besingen und vermitteln.

Die Jünger und die Frauen sind fassungslos.
Sie verwechseln ihren Herren mit dem Gärtner.
Die Emmausjünger erkennen ihn nicht als Person,
sondern an den Elementen des Abendmahls.
Die pfingstlichen Jünger sind ängstlich und
verzweifelt.
Erst im Feuer des Geistes begreifen sie das Ereignis:
Das Leben ist wesentlich und wird neu durch
Neuschöpfung.
Das ist nicht einfach das humanistische »Nichts geht
verloren«.
Es ist Gottes Kommando »Tod, halt das Maul!
Du hast nicht das letzte Wort. Du bist nicht der Sieger.
Die Identität meiner geliebten Menschen bleibt
gewahrt.
Ich, euer Gott, berufe sie neu.«
Die Texte des Neuen Testaments streifen behutsam den
Saum
dieser Erkenntnis, weil Menschenworte nicht darüber
hinausgehen können.
So ist Ostern das Fest dieser Erfahrung und stärkt mich
in meinem Glauben, in meinem Vertrauen auf das
Licht der Vollendung.
Ich weiß nicht, ob mein Glaube trägt, wenn es so
weit ist.
Aber ich hoffe es.

Ostern ist wunderbar. Es ist das größte Fest. Meine
Seele bekommt neue Luft und mein Rückgrat Halt.
Ich bin froh darüber und kann mich einschalten in den
Widerstand
gegen das ungerechte Sterben.

Bewusstes Beten

Anneliese Probst [4 min]

Zuweilen – viel zu selten – versuche ich, bewusst und intensiv zu beten, nicht nur mit diesem ständigen »Lieber Gott, hilf!«, das immer in meinen Gedanken ist, weil ich auf Gottes Hilfe angewiesen bin, wie alle anderen Menschen auch. Ein bewusstes Gebet fällt mir indessen schwer, zu schnell gerate ich in ein Stillewerden, das mir zwar guttut, das aber konzentrierte Gedanken nicht zulässt. Und Konzentration braucht es, wenn man sich an Gott wenden will.

Da ist mir vor ein paar Tagen in den »Herrnhuter Losungen« ein Gebet in die Augen gefallen, das mich seitdem nicht mehr loslässt und das ich Satz für Satz häufig wiederhole, weil ich das Gefühl habe, es sei regelrecht für mich geschrieben worden.

»Herr, du weißt, dass ich von Tag zu Tag älter werde – und eines Tages bin ich alt. Bewahre mich vor dem Drang, bei jeder Gelegenheit etwas sagen zu müssen!«

Da frage ich mich erschrocken, ob ich auch zu diesen Alleswissern gehöre, vor denen hier gewarnt wird. Natürlich haben die vielen gelebten Jahre ihre Spuren in mir hinterlassen, Spuren in Form von Erfahrungen, die ich freiwillig oder unfreiwillig gemacht habe und die ich weitergebe, auch auf die Gefahr hin, dass sich vor allem Jüngere seufzend abwenden.

Also mit Gottes Hilfe Abschied nehmen von der Besserwisserei?

Die nächste Bitte scheint auch so recht für mich geschrieben worden zu sein:

»Erlöse mich von der großen Leidenschaft, die Angelegenheiten anderer ordnen zu wollen!«

Wie oft, wenn ich von Problemen meiner Mitmenschen höre, denke ich: »Also ich hätte es anders gemacht!« Und dann habe ich, zuweilen auch ungefragt, Ratschläge gegeben, die nicht immer angenommen worden sind, vielmehr bin ich sogar auf Ablehnung gestoßen: Ich möge bitte Ruhe geben …

Also möge Gott mir helfen, in manchen Situationen besser den Mund zu halten als zu reden, denn allein schaffe ich das Mundhalten wohl nicht.

Und noch zwei Bitten, die zusammengehören und die ich mit Inbrunst bete:

»Lehre mich, nachdenklich und hilfreich, aber nicht beherrschend zu sein. Lehre mich die wunderbare Weisheit, dass ich mich irren kann! Erhalte mich so liebenswert wie möglich!«

»Ach ja, lieber Gott, hilf, dass ich nie zu den Verbitterten gehöre, die sich selbst und ihren Mitmenschen das Leben zu Qual machen. Denen man, wenn möglich, aus dem Weg geht. Denen letztlich auch nicht zu helfen ist, weil sie an ihrem Selbstmitleid ersticken.

Hilf mir, zu jedem Tag »JA« zu sagen, mag er noch so grau sein. Irgendein kleiner Sonnenstrahl ist zu finden, wenn man ihn nur finden will. Lass ihn mich suchen und bleibe immer bei mir, denn ich brauche Dich. Amen.«

Da habe ich also ein Gebet gesprochen, angeregt durch das Gebet eines anderen Menschen. Und ich habe gespürt, wie nahe mir Gott gewesen ist, während ich das Amen sprach.

Verständlich, dass ich mir noch oft solche Zeiten der Nachdenklichkeit und der Besinnung wünsche. Weil sie mehr sind als dieses: »Lieber Gott, hilf!«, das mich trotzdem weiterhin begleiten wird.

Du, mein Tag

Peter Spangenberg [2 min]

Lass dich segnen, du mein Tag;
du hast mir Zeit gewährt.
Ich habe deinen Tau gespürt;
ich habe deine Stimmen gehört;
ich habe deine Blüten gerochen;
ich habe deinen Geruch geschmeckt.
Du hast mir vom Leben erzählt und vom Sterben;
du hast mir Geheimnisse anvertraut,
die ich zuvor nicht kannte.
Du hast Namen geflüstert,
hinter denen Angst steht;
du hast mir Kindergesichter gezeigt,
die voll von Sehnsucht nach Liebe sind;
du hast mir von der alten Frau erzählt,
die das Grab ihres Mannes nicht kennt;
du hast mir das Lied gesungen,
das meine Seele wärmt;
du hast mir den Himmel gewiesen,
der die Welt überspannt.
Lass dich segnen, du mein Tag;

denn deine Nacht kommt im dunklen Gewand.
Da ist es Zeit zum Danken
für den Pulsschlag des Herzens,
für die zärtliche Hand auf dem Kopf;
für den Tanz des Grauschnäppers;
für das Vertrauen des Freundes;
für das Strahlen der Enkelin.
Lass dich segnen, du mein Tag;
du hast mich reich beschenkt
aus den Händen des Schöpfers.
Lass dich segnen.
Ich warte auf den Morgen.

Vom Staunen

Johannes Schöne [3 min]

Kann man zu alt sein, um noch neue Erfahrungen zu machen, um sich zu freuen und zu staunen? Wollen wir Alten nur den Kindern ein staunendes »Ah!« und »Oh!« zugestehen?

Viele Menschen jagen Sensationen nach, weil ihnen das Geheimnis der Freude am Geringen verloren gegangen ist. Alles muss möglichst schnell, laut, groß oder cool sein. Die kleinen und schwachen, die unauffälligen und bescheidenen Lebewesen aber haben ihr eigenes Geheimnis der Schönheit, das bewundernswert ist.

Fünf Schritte genügen und vor deiner Tür findest du Wunder. Schau mal in die kleine Ritze am Gartentor oder zwischen die dicken Pflastersteine, da sieht dich der weiß-graue Wuschelkopf der Pusteblume an.

Ist die Schneedecke getaut und der Boden noch hart, bohrt sich schon ein kleines weißes Glöckchen ans Licht. Woher nimmt es die Kraft?

Gottes unermessliche Schöpferfantasie schenkt uns auf Schritt und Tritt Staunenswertes im Pflanzen- und Tierreich und am Himmel – bei Tag und in der Nacht.

»Der Kieselstein gleicht dem Rubin,
der Frosch ist ja so schön
wie Engel Seraphim ...«,

lobt der cherubinische Wandersmann Angelus Silesius.

Wir entdecken Wunder von Farben und Licht. Selbst der November hat seine unvergleichliche Schönheit in den Sonnenaufgängen. Wie gerne fotografiere ich sie in dem Monat, dem man sonst nichts Liebreizendes abgewinnen will.

Nein, man kann zum Staunen nicht zu alt sein. Und lassen uns die Augen im Stich, können wir vielleicht noch Formen ertasten, die die Hände liebkosend umfangen.

Goethes Mutter, Frau Aja, schrieb an ihren Sohn:

»Es gibt noch so viel Freude in unseres lieben Herr Gottes seiner Welt! Nur muss man sich aufs Suchen verstehen – sie finden sich gewiss – und das Kleine ja nicht verschmähen. Wie viel Freuden werden zertreten, weil die Menschen meist nur in die Höhe gucken, und was zu ihren Füßen liegt, nicht achten.«

Blüte und Frucht
zugleich tragen,
Schatzkammern öffnen
und sich verschenken! –
Das ist gesegnetes Altern. *(Rile Schöne)*

Wanderungen zwischen früher und jetzt

Anneliese Probst [3 min]

Die Tage gleichen Wanderungen zwischen früher und jetzt. Immer ziehe ich ungewollt Vergleiche. Wie es war, es ist, wie es vielleicht werden wird. Immer verliert die Gegenwart.

Das beginnt schon beim Frühstück. Als er noch lebte, der Mann, der über viele Jahre der Mittelpunkt meines Lebens gewesen ist und der auch jetzt noch der Mittelpunkt ist, war das Frühstück beinahe die wichtigste Mahlzeit des Tages. Da wurde bei Kaffee, Butter und Marmelade alle anfallende Arbeit des Tages besprochen, jeder wusste vom anderen, was er zu tun hatte, was er plante, worauf er sich freute, was er gern beiseite schieben würde. Vor allem wussten wir voneinander, wie wir, wenn nötig, einander beistehen konnten.

Jetzt mache ich für mich allein meinen Tagesplan, dabei ist es völlig ungewiss, ob ich mich letztendlich daran halten werde. Wenn mich die Lustlosigkeit überfällt, bleibt alles ungetan – wen kümmert das? Geschenk und Verführung des Alters …

Aber das Frühstück selbst ist mir noch immer die liebste Mahlzeit des Tages. Ein bescheidenes Frühstück: Ein Brötchen mit Margarine und Rübensaft, jeden Tag, weil er mir schmeckt und weil ich einen kleinen Spaß daran habe, so ordentlich zu essen, dass mir der Rübensaft nicht über die Finger läuft. Das gelingt mir nicht immer. Je nach Stimmungslage ärgere ich mich dann darüber oder lache.

Die Wanderung zwischen früher und jetzt setzt sich nach dem Frühstück fort, so war es einmal – und so ist es heute …

Jetzt sitze ich im Rollstuhl; meine Beine tragen mich nicht mehr, aber die Schmerzen halten sich in Grenzen. Mit dem Rollstuhl habe ich mich angefreundet, er ist mein Helfer, mit dem ich in der Wohnung ganz gut zurechtkomme. Aber nur in der Wohnung.

Träume: wie es war! Radtouren, Wanderungen, Spaziergänge, Gartenarbeit, Arbeit im Haus – vorbei!

Aber der Rollstuhl verleiht mir noch einen Hauch Selbstständigkeit. Nicht bei jedem Handgriff bin ich auf Hilfe anderer angewiesen. Manches kann ich noch selbst tun, auch vom Rollstuhl aus. Das ist viel! Das ist ein Grund zu Dankbarkeit. Es könnte mir wesentlich schlechter gehen. Also …?

Selbstständigkeit im Alter bewahren, so lange wie möglich! Das bedeutet unter anderem: Nicht mehr so viel von sich selbst erwarten, täglich Geduld aufbringen und Dankbarkeit lernen. Auch wenn das alles sehr schwer fällt.

Und sich freuen, wenn Erfolge zu verzeichnen sind.

Du, meine Zeit

Peter Spangenberg [2 min]

Ich sage: Meine Zeit!
Ich weiß aber, du gehörst mir nicht.
Du musst wissen: Ich gehöre dir auch nicht.
Und dennoch gehören wir beide zusammen.
Ich erlebe dich nach Sekunden,
jenen Zeitzwergen, die so schnell vergehen.
Ich erlebe dich nach Minuten,
jenen Fingerhüten mit kleiner Füllung.
Ich erlebe dich nach Stunden,
jenen behäbigen Gefäßen für Hoffnung und Geduld.
In ihnen wird das Warten geboren.
Ich erlebe dich nach Tagen,
jenen gestreckten Maßen mit Hell und Dunkel,
mit Erlebnissen und Enttäuschungen.
Ich erlebe dich nach Monaten,
jenen aufgeblasenen Zeithüllen,
die so viel enthüllen und doch das meiste verbergen.
Ich erlebe dich nach Jahren,
jenen großzügigen Fässern voll Zeit,
die doch so schnell leer sind.

Nach Ewigkeiten erlebe ich dich nicht,
und doch weiß ich, dass wir beide
von der Ewigkeit umschlossen sind.
Das macht bescheiden und dankbar,
besonders, wenn ich an deine Augenblicke denke,
die wie ein Blitzlicht Einblick in die Wahrheit gewähren.
Du, meine Zeit, dich zu duzen, bedeutet Leben.
Mit dir zusammen werde ich älter,
vielleicht weiser, vielleicht lächelnder,
vielleicht wächst der Glaube –
in jedem Fall wächst der Segen,
jener unglaubliche Kuss Gottes.

Theatergarderobe

Johannes Schöne [15 min]

Stünden mir Rock und Bluse anstatt Jacke und Hose, so ginge ich, an der Schwelle des Rentenalters angelangt, zum Theater. *Ins* Theater gehen kann jeder, aber *zum* Theater: das ist eine andere Sache.

Die Bühne suche junge Kräfte? Die Bühne ja. Ein Theater besteht aber nicht nur aus Bühne und Vorstellung. Wie ein gutes Bild eines Rahmens bedarf, der es unauffällig betont, so braucht auch eine Theatervorstellung ihren angemessenen Rahmen. Zu diesem Rahmen gehört nicht zuletzt die Theatergarderobe und zur Garderobe – wie der Schauspieler zur Bühne – die Garderobenfrau. Dass man, bis ich Rentner bin, die Selbstbedienungs-Theatergarderobe einführen wird, kann ich mir nicht denken; diese Neuerung würde eben jenen angemessenen Rahmen sprengen, in dem die Zuschauer nicht der eigentlichen Vorstellung zu Stegreifspielen mit vertauschten Hüten, Mänteln und Pelzen angeregt würden; Stegreifspiel aber hat seinen Ort im Laientheater, dort allein ist es lustig.

Da die Garderobenfrau also unter dem gesetzlichen Schutz einer weisen Kulturpolitik ihre Stellung im

Theater halten wird, würde ich dort, wenn ich Rentnerin wäre, Garderobenfrau werden.

Längst ehe unser Theater die Pforten für den Abend öffnet, haben wir uns eingefunden und unsere Dienstkleidung angelegt: mausgraue Kittel aus Taft mit schwarzen Samtaufschlägen. Das Grau ist richtig; in ihm verbinden sich die emsig huschende Unauffälligkeit des Mäusleins mit der hintergründigen Vornehmheit gewisser grauer Eminenzen.

Der Zeiger über der Kasse rückt vor. Nach einem kleinen Schwatz und der kollegialen Übereinkunft, heute lieber einen Schoppen Roten zu trinken als Bier, beziehen wir Stellung hinter den breiten Ablagetischen. Unser Rahmenspiel kann beginnen.

Die ersten Besucher treten in den Vorraum, die Übergewissenhaften, die grundsätzlich mit einer Straßenbahnentgleisung rechnen. Sie legen den Mantel akkurat zusammen, wie es die Schneidermeister tun, ehe sie die Rechnung präsentieren; dann falten sie ihn wieder auseinander, um sich zu vergewissern, dass auch ja nichts Wertvolles in den Taschen verblieben ist. Natürlich haben sie die Garderobengroschen abgezählt bereit in der rechten Jackentasche, und in eben dieser verwahren sie mit der Miene der Unfehlbarkeit auch die runde Garderobenmarke. Die Brille putzend stellen sie sich abseits auf. Unter die Gewissenhaften mischen sich bereits die

Verabredeten, leicht erkennbar am suchenden Umblick. Fehlt der Partner noch, legt man zögernd nur den Mantel ab; Verliebte warten, sie bevorzugen einen gemeinsamen Haken. Entdecken sie sich, so folgen Begrüßungsszenen aller Art: vom burschikosen Rippenstoß über den Handkuss bis zur frisurauflösenden Umarmung.

Oh, ich habe eine herrliche Loge und vor mir eine Bühne, die genug an lebensnahen Szenen bietet. Nur bleibt mir zum Zuschauen immer weniger Zeit, je stärker der Zustrom der Besucher anschwillt und vor meinem Ablagetisch sich staut.

Jetzt gilt es, weder Nerven noch Gesicht zu verlieren. Zehn Arme strecken sich, mit Mänteln und Hüten behangen, mir entgegen. Fängt mein Blick nun zu irren an, wie der eines Huhns, das nicht weiß, durch welches Loch es fliehen soll, bin ich verloren, entfessele ich den Unmut der Wartenden. Nur keinen Klageton: »Ich habe auch nur zwei Hände, sehen Sie nicht?« – Nein, lieber so und ganz verschwiegen: »Gott sei Dank, zwei Hände und zwei Füße!« – und über die Lippen hundertmal »Danke« für alles, was man mir zureicht oder zuschiebt.

Kurz vor dem ersten Klingelzeichen gibt es wieder sekundenlange Verschnaufpausen.

Etliche Besucher sind mir von Angesicht vertraut: Da ist das Paar, das, an der Heizung lehnend, gemeinsam das Programmheft liest. Auch der aufgeblasene Frosch fehlt heute nicht, der kopfschüttelnd zusieht, wie seine Frau beim Schuhwechsel auf einem Bein hüpft. Und die Einsame ist wieder da, das Mädchen mit dem lieben Gesicht, das auch im Winter von Sommersprossen gesprenkelt bleibt. Sie trägt ein schwarzes Kleid und einen weißen wollenen Theaterschal um die Schultern; dennoch friert sie, nein, ich täusche mich nicht.

Es klingelt zum ersten Mal. Der Vorraum lichtet sich. Spätkommende eilen an meinen Tisch und entledigen sich ihrer Garderobe, in ärgerlicher Hast, gelassen oder auch kichernd und glücklich, es eben noch geschafft zu haben. Selten fehlt es zwischen den letzten Klingelzeichen an Rückläufern aus dem Zuschauerraum; sie haben etwas im Mantel stecken lassen: die Fernbrille, die Nougatkugeln oder das Taschentuch. Ja, ein Taschentuch wird heute mancher zücken, nicht nur zur winterlichen Nasenpflege. Die Schließerinnen sind hinter den Türen verschwunden. Ein Augenblick erwartungsvoller Stille beherrscht das Haus. Da klingt es hinter uns auf, schwillt an: Prokofjews Ballettmusik zu »Romeo und Julia«.

Wie meine Kolleginnen es links und rechts von mir in ihren Nischen tun, so zähle auch ich das eingenommene Geld. Weil Finger und Augen schon gewöhnt sind, kleine Münzentürmchen zu bauen, kann ich der Musik und mit ihr dem Geschehen auf der Bühne folgen.

Die goldbraunen Vorhänge über dem Ablagetisch habe ich zugezogen und es mir auf meinem Stuhl, mit einem Kissen im Rücken, bequem gemacht. Der Durchbruch in der Wand, der meinen Heizkörper mit einem anderen im Zuschauerraum verbindet, lässt die Musik fast ungemindert zu mir herein. So bin ich nicht ganz draußen, und ganz drin sein kann ich an dienstfreien Abenden oft genug. Allzu oft muss es nicht sein. Habe ich eine Oper, ein Ballett nur einmal drinnen erlebt, so trägt mir die Musik auch alle Bilder zu.

Die Luft wird stickig. Heute meint es die Heizung zu gut, und die regenfeuchten Mäntel fangen an zu dünsten. Also ziehe ich den Vorhang wieder auf und spaziere hinter meinem Ablagetisch gemächlich auf und ab, bald schon ungewollt im Takte der Musik: Hacke – Spitze, ein – zwei.

Da hängen sie nun dicht bei dicht, meiner Obhut anvertraut: Mäntel, Regenhäute, Capes und plustrige Pelze, und darüber baumeln Hüte und Kappen. Und siehe da, schon finden sich die dazugehörigen Gesichter ein.

Unter diesen schwarzen Hut gehört der schmächtige alte Herr mit den struppigen Augenbrauen; immer kommt er allein. Sein Paletot hat bald Museumswert. Deshalb muss der unterste Knopf aber nicht an zwei dünnen Fäden hängen. Bei der Rückgabe werde ich achtgeben, ob der Mann zwei Ringe trägt. Ist er Witwer, nähe ich ihm das nächste Mal den Knopf ordentlich fest. Ein unerlaubter Eingriff? Ach, solche Bedenken zwicken mich nicht mehr. Laut Anweisung habe ich die mir anvertrauten Gegenstände zu bewachen. Natürlich darf ich nichts willkürlich verändern, obwohl es mich wieder arg juckt, dem spindeldürren Dämchen die Mantelknöpfe nach innen zu versetzen und der halbgaren Stupsnase den Saum aus dem Mäntelchen zu lassen. Aber einen Knopf festnähen, ehe er verloren geht, einen Knopf, um den sich niemand kümmert? Nein, das ist mir keine Frage mehr, und – im Vertrauen – es wäre auch nicht der erste Knopf in diesen drei Wänden.

Mein großes Problem liegt an anderer Stelle, nein doch, es liegt nicht, es steckt – nämlich in den Taschen. Dass ich nichts herausnehmen darf, liegt auf der Hand; weder Habgier noch Neugier plagen mich angesichts der vielen Taschen. Aber hineintun? In die Manteltaschen ganz bestimmter Besucher etwas Bestimmtes hineintun: Darf ich oder darf ich nicht? Das ist meine Frage.

Was ich hineintun möchte? Nur Freundliches! So weit habe ich mich schon bezähmt. Die tote Maus, die ich jenem Toffel in die Tasche wünschte, der den Schuhwechsel seiner Frau begrinst – die Maus bringt mich in keine Versuchung mehr.

Auch geht es nicht zuerst um das Was, sondern um das Wem. Hier, zwischen dem Persianer und dem großgerippten Herrenmantel, streckt sich Hilfe suchend ein blauer Ärmel vor. Dich kenne ich! Komm nur ganz heraus, du musst dich nicht immer verstecken. Bis Romeo über Julias Leiche sinkt, sollst du trocken sein. Ich hänge dich über meinen Stuhl an die Heizung, Nummer dreihunderteinundvierzig. Sonst, Mädchen, frierst du nachher noch mehr, wenn du deine getüpfelte Nase in einen feuchten Mantelkragen steckst. Ich ahne ja, es sind nicht Wind und Nässe nur, die dich erschauern lassen. Dass du immer allein kommst und gehst, das ist es.

So ein schöner, warmer Mantel! Doch was hilft er dir? Solange dich nichts von innen erwärmt, hält auch der flauschigste Mantel nicht warm. Ein bisschen Liebe, und du müsstest die Schultern nicht mehr so hochziehen wie ein Kätzchen im Wind. Wer aber gibt sie dir? Ich kann es nicht. Und wenn ich dir auch gut bin, nur so vom Ansehen her, was könnte dir an meiner Liebe liegen, an der Liebe einer Garderobenfrau? Aber ein gutes Wort? Ja, da könnte, das müsste ich sagen. Doch wie? Ansprechen kann ich dich nicht; aber aufschreiben – auf eine Karte, und die Karte dir in die Tasche stecken, solange dein Mantel hier hängt, hier über meinem Stuhl oder dann wieder auf seinem Haken Nummer dreihunderteinundvierzig.

Vielleicht würdest du nur den Kopf schütteln und die Karte wegwerfen, aber – vielleicht auch nicht. Und weil die zweite Möglichkeit offen bleibt, darum bleibt auch meine Frage offen: Darf ich es tun?

Die Türen springen auf zur großen Pause. Beifall rauscht aus dem Parkett. Wieder habe ich meine Vorhänge zugezogen und lausche den gedämpften Stimmen draußen. Bald hebt eine Hand meinen Vorhang auf, ein Gesicht guckt herein, eine Marke wird mir zugeschoben. Ein Mädchen sucht den Kamm im Mantel, eine vergilbte Dame die Zigaretten. Bitte sehr – danke! Aus dem Theatercafé dringen appetitliche Düfte. Jetzt wird mir die Pause zu lang. Ich habe Hunger.

Wenige Minuten später treffen wir Mausgrauen uns in der Garderobe nebenan zu einem ausgedehnten Imbiss. Die beiden Bedienungen aus dem Café gesellen sich zu uns. Zwar sitzt es sich schlecht an einem Ablagetisch, aber es schwätzt sich gut. Wer starke Nerven hat und ein stabiles Herz, gönnt sich nach dem Roten noch eine Tasse Kaffee. So sehr der Duft auch meiner Nase schmeichelt, verzichte ich gern. Denn was mit dem nahenden Schluss der Vorstellung auf uns wartet, bringt ohnehin meinen Kreislauf in Galopp.

Ein letzter Blick auf die Uhr über der Kasse. Das Geschirr wird weggeräumt, die Tischplatte sauber gewischt. – Auf die Plätze!! – Finale des Orchesters –

Totenstille, sekundenlang – und noch ehe der Beifall drinnen losbricht, springt die Spitze der Ungeduld, der Schwanz aller Kultur durch die Türen: Leute mit Nichts im Gesicht. Starb ihnen Julia nicht schnell genug? Überlange Arme strecken mir Marken entgegen, ich laufe hin und her: Marken – Mäntel, Marken – Mäntel. »Die Ersten werden die Letzten sein«, tröste ich mich, und schon ist die wilde Jagd mit offenen Mänteln und fliegenden Schals zur Tür hinaus.

Nach ihr formiert sich ein liebenswertes Gros, die Hauptmacht der Besucher; noch gefangen von Gehörtem und Geschautem reichen sie mir in selbst gewählter Ordnung die Marken, nehmen ihre Habe in Empfang und helfen sich schweigend in die Mäntel. Zusehends lichten sich meine Haken.

Der Beifall ist verklungen. Durch den Eingang weht ein Hauch Nachtluft. Da tritt die Nachhut heran, einzeln oder paarweise. »Die Letzten werden die Ersten sein.« – Sie sind wie Träumende. Auch feuchte Augen fehlen nicht. Ich ahne sie nur; die Scheu, diesen Letzten ins Gesicht zu sehen, ist mir Gebot geworden.

Noch eine Marke! Aber der Haken ist ja leer – dreihunderteinundvierzig? Ich sehe mich um: das Mädchen mit den Sommersprossen. Ach, da hängt er noch, der blaue Mantel, über meinem Stuhl an der Heizung. Wie konnte ich nur versäumen, ihn rechtzeitig wieder aufzuhängen! Fragend sieht sie mich an, als ich ihr den Mantel gebe. »Er war so nass«, sage ich, »und es ist so ein guter Mantel.«

Sie lächelt scheu. »Vielen Dank«, sagt sie. Ich nicke und mache mir mit meinem Geld zu schaffen und packe die Handtasche unter den Tisch. Als ich aufblicke, steht sie noch da, den Mantel geschlossen, den Kragen hochgeschlagen. Verlegen spielt sie mit den Ecken des Kragens und kreuzt sie über die Lippen, als sie fragt: »Aber die anderen Mäntel – waren die nicht auch nass?«

»Ja«, sage ich, »aber die Letzten werden die Ersten sein.«

Nein – ich weiß –, ich werde es nicht sagen. Denn erstens fehlt mir der Mut, und zweitens werde ich nie den mausgrauen Kittel tragen, ich armer Mann.

Das Orgelkonzert

Anneliese Probst [3 min]

Das ist möglich: ein Konzertbesuch im Rollstuhl!

Ein Orgelkonzert in der alten Dorfkirche, und man holt mich ab, und ich bin plötzlich wieder unter Menschen und staune, wie gut mir das tut. Und staune über die Schönheit dieser Kirche!

Ich kenne die Dorfkirchen, für die wir viele Jahre verantwortlich gewesen sind. Keine von ihnen barg solche Kostbarkeiten wie diese hier: einen Hochaltar, Malereien an den Brüstungen der beiden Emporen, eine Orgel, die wieder spielbar ist. Aber keine Heizung, und so schlägt mir Kälte entgegen, und es ist gut, dass ich mich warm angezogen habe.

Für Heizungen haben wir in unseren Kirchen gesorgt, auch für den Einbau von Winterkirchen, da rückten die kleiner gewordenen Gemeinden enger zusammen und verloren sich nicht im großen Kirchenraum, der sich nur zu kirchlichen Festen füllte, Ostern zum Beispiel oder Weihnachten. Oder – wie hier an diesem Abend – zu einem Orgelkonzert mit Professor Matthias Eisenberg, einem großen Meister des Orgelspiels.

Ich werde von vielen Menschen begrüßt, die ich nicht kenne. Auch das tut mir gut. Doch dann, beim ersten Orgelakkord, versinke ich regelrecht in eine andere Welt, eine Welt, die die Vergangenheit zurückholt, die mich einhüllt in Träume, in Traurigkeit und zugleich in Glücksgefühle und in Trost: Es gibt ein Leben außerhalb jeden Kummers, ein Leben, das erfüllt ist von dem Gefühl der Liebe, die unsere Tage über jeden Schmerz hinweghebt – ich sitze in meinem Rollstuhl, fühle mich mit allen Menschen hier verbunden, vor allem aber mit dem Menschen, der mir – obwohl er schon viele Jahre tot ist – immer nahe bleibt und den ich nicht loslasse.

Höre, denke ich, und freu Dich mit mir. Das wäre so recht eine Stunde für Dich! Aber sicher bist Du bei mir, hier in dieser kalten Kirche, die erfüllt ist von Musik und von der Sehnsucht dieser Menschen, die alle gekommen sind, um sich anrühren zu lassen und in die Stille zu finden, aus der sie Kraft schöpfen können für ihren oft schwierigen Alltag. Denn Stille findet man auch beim Klang der Präludien und Fugen und Choräle, die uns für eine Weile die Mühen unseres Lebens vergessen lassen und uns in Erinnerung rufen, dass es eben mehr und Wichtigeres gibt als unseren Alltag.

Als ich später daheim die Tür aufschließe und in meine Wohnung fahre, sehnsüchtig erwartet von meinen beiden Katzen, fühle ich mich auf eigenartige Weise glücklich. Es ist ein leises, bescheidenes Glück, das auch am kommenden Morgen noch in mir ist und noch eine Zeit lang in mir bleibt und mir hilft, wieder einmal mein Leben zu bejahen …

Enickel – das geheimnisvolle Wesen

Peter Spangenberg [10 min]

Mein etymologisches Wörterbuch fördert auf Seite 285, rechte Spalte, erstaunliche Erkenntnisse zutage. Bis ins 17. Jahrhundert nämlich hieß »Enkel« eniklin, eninkel, Enenckel, Enickel oder Enencklein. Ich finde diese Bezeichnungen wirklich schön, sehr liebevoll und zärtlich. Ich werde überlegen, auf welchen meiner acht Enkel welcher Begriff zutrifft. Deswegen werde ich jetzt etwas reflektieren.

Meine Frau war in die Stadt gefahren. Vorher hatte unsere Tochter höflich gefragt, ob sie trotz der Abwesenheit der Oma das jüngste Enickel drei Stunden bei uns lassen könne. Ich hörte das Gespräch mit und rief laut: Selbstverständlich, ich freue mich! Der Augenblick kam, fröhlich stürmte die Tochter mit dem einjährigen Enickel in die Küche, drückte mir das zufriedene Kind in die Arme, lächelte, grüßte und verschwand. Ich strahlte, ich war rundum glücklich, besonders über das Vertrauen, das mir altem »Groa«, wie ich genannt werde, entgegengebracht wurde.

Draußen strahlte der warme Sommer, weiße Wolkenstreifen lagen wie himmlische Stolen in der blauen Höhe, und ich saß mit dem Enickel in der Küche. Ich hörte noch den Motor des töchterlichen Wagens. Ich sah in das Gesicht der Kleinen, sie sah mich an, verzog den Mund in angeschrägten Linien, rang die kleinen Hände unvermittelt nach vorn und oben, während sich der verzogene Mund langsam, ganz langsam öffnete und urplötzlich Töne von sich gab, wie ich sie noch nie gehört hatte: War es ein Zischen, ein Krächzen, winzige Schreie? War es ein Pfeifen, ein helles Grollen, ein Fiepen, ein Winseln mit oder ohne Tremolo, war es mehr eine kindliche Sirene? Jedenfalls war es eine Ouvertüre zu einem mächtigen Werk, zu einer Enickel-Komposition ohnegleichen, denn jetzt wurde der leise Wind ohne Übergang zu einem Orkan: Wagner mit Pauken, Volksmusik mit Alphorn, Bach mit Tutti. Ich fasste es nicht, was aus Enickels Mäulchen herauskam. Das kleine Wesen schrie und schrie und schrie. Ich roch an der Windel: Nichts! Ich prüfte die Kleidung: Nichts. Ich lockerte die Schuhe: Nichts. Ich streichelte Enickels Köpfchen, zärtlich, eben großvatermäßig: Nichts. Ich stand auf, ging hin und her: Stille. Sekundenlang, denn dann ging die Komposition in einen neuen Satz über. Jetzt kamen Trommeln hinzu, auch Saiteninstrumente, ein Xylophon wohl auch, wie mir schien, aber dieses kleine

Wesen war jetzt kein kleines Balg, sondern ein großer Blasebalg. Hilflos trug ich Enickel nach draußen auf den Hof. Die Hunde erwarteten uns, ich erwartete Ruhe, nur ein paar Augenblicke Ruhe. Da stand der Kinderwagen. Behutsam bettete ich das Kind hinein und zog den Sonnenschutz herunter. Ich nahm mein rotweiß-kariertes Taschentuch hervor und wischte mir die Stirn trocken. Dabei sah ich, wie meine Hand zitterte. Drei Stunden! Du lieber Gott, es sind erst zehn Minuten vorüber. Ich setzte den Kinderwagen und mich in Bewegung Richtung Grundstück, durch den Carport hin zum Rasen, um auf den Schlängelwegen großväterlich beruhigend Enickel in den Schlaf zu schaukeln. Da explodierte der Vulkan: Das Kleinchen schrie in Ton- und Höhenlagen, dass die Hunde sich verdrückten. Seltsamerweise dachte ich an den 8. Psalm: »Aus dem Munde der Säuglinge hast du dir eine große Macht zugerichtet.« Ich spürte sie, diese Macht.

Ich hatte doch Verantwortung übernommen. Aber was, wenn der andere Mensch diese Verantwortung gar nicht will? Sind wir denn so weit gekommen, dass Enkel ihre Großväter unterdrücken? Nein, Enickel, so meine ich das ja gar nicht. Ich liebe dich. Ich wurde lauter: Ich liebe dich! – Der Mund der Kleinen wurde zum Krater, und er spie Lava, glühende, sich wälzende Tonlava. Das Schreien durchzog den Garten. Ich gewann den Eindruck, dass die Vögel vor Mitleid schwiegen. Vor Mitleid mit wem eigentlich? Ich schob den Wagen inzwischen in rhythmischen Bewegungen, ich tänzelte mit meinen einundsiebzig Jahren, ich verbeugte mich und richtete mich wieder auf, ich zog Grimassen, ich klatschte in die Hände, ich zog alle Register meiner Komik: Nichts. Enickel schrie. Es war kein Schreien mehr, es war Zetern, herzzerreißend, weltzerstörend, sonnenverdunkelnd, schmerzerregend. Armes kleines Enickel. Wer überlässt dich aber auch einem tänzelnden alten Elefanten mit weißen Haaren und weißem Vollbart?!

Ich nahm die Handpuppe aus dem Wagen und spielte, was mir einfiel. Nichts. Enickel griff nun zum Verstärker, wahrscheinlich mit 900 Watt im Ausgang, polyfon. Ich war ein Versager. Alles Glück schmolz dahin. Ich war ein Versager. Ich begann zu singen, während ich den Wagen schob: Kinderlieder. »Schornsteinfeger ging spazier'n.« »Die Vögel wollten Hochzeit halten …« Und dann von den Hasen im Gras, von Hänsel und Gretel, von den Entchen und vom Storch. Enickels Antwort blieb: Sie schrie mich an, und sie schrie mich aus. Ich sang eine Arie aus Fidelio: »Mir ist so wunderbar, es engt das Herz mir ein.« Wunderbar stimmte nicht, aber das mit dem eingeengten Herzen stimmte genau. Ich ging zu Chorälen über. Bei »Lobe den Herren , den mächtigen König der Ehren« war Enickel still, aber nach Strophe drei ging es in eine neue Dimension. Ich fürchtete, die Nachbarn könnten mich der Kindesmisshandlung verdächtigen. Die Kleine brüllte jetzt wie in präpubertärer Brunft. Ratlosigkeit, Hilflosigkeit, Sprachlosigkeit, es flimmerte mir vor den Augen. Da war doch die Sache mit der Verantwortung. Aber die war jetzt weit weg.

Ich begann Theater zu spielen: Ich hielt die Hände an die Stirn, schlenkerte mit den Beinen, warf den Kopf nach rechts und links, sprach so hoch, wie ich konnte, wedelte mit einem Stock: Nichts! Schrei! Leiden! Weinen! Unglück! Kinderseele, wie kann ich dir helfen? Ich schwitzte. Transpiration ohne Ende. Der Schweiß lief mir den Rücken herunter. Man hatte mir vertraut. Und jetzt? Ich war am Ende. Nein, da war noch der Teich, den ich nun ansteuerte. Steine werfen, ins Wasser werfen, klatschen, plumpsen, Geräusche machen. Da saß ich nun, und es änderte sich nichts. Enickel schrie.

Inzwischen waren zwei Stunden vergangen. Zwei lange Stunden. Die Töne veränderten sich. Aus lang gezogenen Einheiten wurden spitze Angriffe, die mich trafen. Dabei war ich doch der Großvater. Ich bot Enickel eine Himbeere an: Nichts. Eine Brombeere: Nichts. Eine Erdbeere: Nichts. Schreie, Lautstärke, Musik der Verachtung, Klänge der Verzweiflung. Ich war am Ende. Immerhin schaffte ich acht Runden auf dem Grundstück. Das Kind war stark, sehr stark, es war sich seiner Stärke sicher nicht bewusst, aber die Stärke war sich des Kindes bewusst. Der Zwerg Enickel rang den Riesen Groa nieder. Das Drama ging in seinen letzten Akt.

Ich sprach, ich schwieg, ich stand, ich ging, ich gab mich alt, ich gab mich jung, ich rannte mit dem Kinderwagen, ich rief die Hunde um Hilfe, ich blieb mit dem Bart in den Brombeeren hängen, es half alles nichts: Enickel schrie. Ich sann auf Tricks. Mir fiel nichts ein. Ich hielt durch. Es waren zweieinhalb Stunden großväterlicher Fürsorge. Schließlich ging ich mit Kinderwagen und Enickel wieder ins Haus.

O Seligkeit, o Glück: Sie schlief ein. Dann kam die Mutter, laut und fröhlich. Enickel wurde wach und schrie. Aber die Mutter legte sie an die Brust. Seligkeit. Zufriedenheit. Mir war klar: Das hatte ich nicht zu bieten. Sei's drum. Es war eine Erfahrung.

Elisabeth

Anneliese Probst [3 min]

Elisabeth ist geboren! Meine Urenkelin Elisabeth!

Ein kleiner Mensch – da liegt er nun im Arm seiner Mutter, blinzelt in das Sonnenlicht, ballt die kleinen Fäustchen, atmet. Und ist ganz still.

Ich sitze hier in meinem Zimmer, schaue in den Park, bin voller Dankbarkeit. Habe schon ein Gebet zum Himmel geschickt – Herrgott, habe ich gebetet, halte Deine Hände segnend über dieses Menschlein, damit es immer geborgen bleibt und Liebe erfährt und vor jeder Gefahr beschützt bleibt! Dabei sind mir ein paar Tränen über das Gesicht gelaufen, Tränen, die das Herz nicht belasten, sondern froh machen. Solche Tränen gibt es, sie werden selten geweint, aber wer sie einmal weinen kann, vergisst sie nicht.

Was wird dieses kleine Menschenkind für ein Leben leben können? Niemand weiß es, weder die Eltern, noch die Großeltern, noch die Urgroßmutter. Eine glückliche Kindheit – davon gehe ich aus. Eine fröhliche Schulzeit – auch die ist hoffentlich so gut wie sicher! Freundschaften mit anderen Kindern, eine enge Vertrautheit mit den Eltern und mit dem Bruder, immer eine stabile Gesundheit, wie wichtig die ist, merkt man erst, wenn sie sich einmal versteckt. Und dann: das Glück der großen Liebe, die mehr zählt als Erfolge im Beruf, auf die man natürlich auch nicht verzichten möchte. Wünsche über Wünsche – ach, mein Liebling, wenn diese Wünsche in Erfüllung gingen, wäre Dein Leben zu jeder Stunde gesegnet!

Da gibt es ein kleines Gebet, das schicke ich zu Dir hin. Es möge Dich begleiten und Dich wie ein liebevolles Streicheln berühren, ein kleiner Gruß Deiner alten Uroma:

Gesegnet bist du, wenn du die
kleinen Dinge ernst nimmst
und die ernsten Dinge beachtest.
Du wirst im Leben dann weit kommen
und dich über vieles freuen können.

Gesegnet bist du, wenn du denkst
bevor du handelst
und betest, bevor du denkst.
Dann wirst du viele Dummheiten vermeiden.

Gesegnet bist du und bleibst du,
wenn du die Menschen liebst
und dir diese Liebe immer bewahrst.
dann wird sie dich wärmen und
glücklich machen und durch das Leben tragen.

Amen

Benjamin und das Adventsschiff

Johannes Schöne [16 min]

Es ging schon auf den Abend, als wir die Wohnstube zum Engelschnitzen herrichteten. Endlich konnten wir uns setzen. Sieben unbemalte Engelkörper vom Vorjahr lagen noch im Kasten. »Willst du nicht sie zuerst bemalen?«, fragte ich Rile und fügte, da sie schwieg, hinzu: »Bis du mit ihnen fertig bist, habe ich sieben andere geschnitzt.« Sie schüttelte den Kopf und spielte mit meinem Messer. »Nein«, erklärte sie, »viel lieber würde ich auch mal schnitzen. Die Einkerbungen für Hals und Taille traue ich mir schon zu, und du kannst unterdessen bemalen.« »Gut«, sagte ich, »schnitze du, mich aber lass aus dem Spiel mit Pinsel und Farben. Ich werde mir Holz holen für eine Maria und einen Joseph.« »Wieso«, fragte Rile, »wieso Joseph und Maria?« »Weil ich für Benjamin eine Krippe machen will«, sagte ich, »die Herberge habe ich schon. Ich zeige sie dir.«

Als ich mit dem ausgehöhlten Holunderstamm wieder in die Stube trat, saß Rile gedankenverloren da, die Hände im Schoß. Ich stellte den Stamm auf den Tisch, mit der Höhlung zu Rile hin, und zeigte ihr, wo und wie ich ihn in grottenähnliche Gehäuse einteilen und zersägen wollte, oben schräg, erklärte ich, weil ja ein Dach aus Rinde darauf kommt. Sie nickte, als habe sie gar nicht zugehört.

»Weißt du«, sagte sie nach einer Weile, »es ist ja schön, dass du für Benjamin eine Krippe machen willst, aber ich denke, er würde sich mehr freuen, wenn er bei uns sein und mit uns malen und schnitzen könnte, und sich im Schnee austollen, so lange der Schnee liegen bleibt. In Leipzig hat er doch nur den Matsch.« Das leuchtete mir ein. Ich sah nach der Uhr. Es war kurz nach acht. Wir entschlossen uns, sofort in Leipzig anzurufen, zogen uns die Kutten über und gingen hinunter zu Frau Grafe. Die Fenster waren alle dunkel. Sollte sie noch bei ihrem Mann im Krankenhaus sein? Oder auf dem Heimweg? Der Wind wirbelte den Schnee um die Häuser. »Versuchen wir es später noch mal«, meinte Rile.

Indem wir uns wieder an den Tisch setzten, sahen wir alles, was da lag, schon mit anderen Augen, mit Benjamins Augen. Meine Lust jedoch, eine Maria zu schnitzen, eine sitzende, leicht nach vorn geneigte, war noch rege, und ich begann, das daumendicke Holz einzukerben, von ihren Knien zum Schoß hin, und von der Brust zum Schoß. Rile kerbte selbstvergessen an einer Engeltaille. Als ich mein Marienklötzchen probeweise auf die Tischplatte stellte, betrachtete sie es aufmerksam und meinte, ein richtiger Künstler wäre damit schon fertig. So spaßhaft es klang, traf es mich doch, und ich musste an manche Schnitzerei denken, die ich durch ein Zuviel verdorben hatte. »Anfangen«, sagte ich, »ist eben leichter, als aufhören«, und ich nahm mein Messer wieder zur Hand.

Eine Stunde später gingen wir noch einmal hinunter an Frau Grafes Haus. Jetzt brannte in der Wohnküche Licht. Ich pochte ans Fenster und sah kurz darauf das erschrockene Gesicht hinter der Scheibe. In der Küche war es kalt. Wir erkundigten uns nach ihrem Mann, und da sie erklärte, er dürfe nächste Woche wohl schon nach Hause kommen, fiel es uns leichter, sie um eine späte Verbindung nach Leipzig zu bitten. Es dauerte nicht lange, bis sie mir den Hörer gab. Benjamin meldete sich. Ja, er sei allein, Papa im Dienst, Mama bei der Omi. Ich fragte, ob er Lust habe, für ein paar Tage bei uns zu sein. »Jaaa«, schrie er, dass mir das Trommelfell juckte. »Dann besprich es mit deinen Eltern«, sagte ich, »und sie sollen uns mitteilen, mit welchem Zug du in Dresden eintriffst.« Noch ein Trompetenstoß in mein Ohr. Frau Grafe brachte uns an ihre Pforte. Es roch nach neuem Schnee. Während wir langsam die Straße hinaufgingen, sagte Rile: »Ich freue mich ganz mächtig auf Benjamin.«

Noch ruhte meine Maria im Erlenholz, ich nahm es wieder zur Hand und schnitzte weiter. Rile hantierte am

Plattenspieler. Dann klang es vielstimmig und verhalten: *Es kommt ein Schiff, geladen bis an sein' höchsten Bord.* »Ist das nicht ein bisschen verfrüht?«, fragte ich, »Advent fängt erst in einer Woche an.« »Irrtum«, konterte Rile, »ich kenne einen, der hat gesagt, Advent sei nicht mehr nur eine Kirchenjahreszeit, Advent sei ein neues Bewusstsein; erinnerst du dich?« Ich schwieg, und noch in der Nacht, sooft ich aufwachte, meldete sich das Lied mit seiner unverwechselbaren Melodie.

Benjamin war, als er die Bahnsteigtreppe herunterkam, winterlich vermummt. Unter der Kapuze guckten mich seine Augen an, so vertraut, als sei er gestern erst da gewesen. Dass ich ihn nicht mit dem Auto abholte, fand er echt stark und genoss die Fahrt in der überfüllten Straßenbahn und dem schaukelnden Bus. Sein Rucksäckel hütete er während der ganzen Fahrt, ein Teddy war nicht mehr zu sehen. An der Endstation überließ ich ihm die Führung. Er wusste genau Bescheid. »Isch ja erscht ein halbesch Jahr her«, erklärte er. Die Zahnspange also war er noch immer nicht los. Auf dem Schäferberg blieb er stehen und sah um und über sich. »Habt ihr immer so eine Menge Sterne«, fragte er, »und habt ihr auch einen Schlitten?« Ich konnte beides bejahen. Rile empfing ihn in der Küche, er warf sich ihr an den Schoß und drückte sie. Zum Abendbrot hatte Rile Schnitten belegt und für Benjamin extra eine kleine

Gewürzgurke aufgeschnitten, von der er ein Scheibchen nach dem anderen mit der Gabel aufpiekte. Rile fragte, ob er sich an die verletzte Gurkenpflanze erinnere, die er im Mai gepflanzt und gepflegt habe? »Ach ja«, sagte er, »schmeckt gut.« Auch die Leiter fand er gut, auf der er mühelos seinem Bett entgegenstieg.

Als ich noch einmal vor die Haustür trat, war der Mond über dem Sandberg aufgegangen. Im Schnee zeichnete sich die Fährte eines Igels ab. Am umgekippten Katzennapf hatte das Tier verweilt und war hinter dem Haus weitergegangen bis zur Straße. Hier endete die Spur. Ich suchte sie auf der anderen Seite und fand sie nicht, so weit ich auch die Straße hinab- und hinaufging. Oben rief mich jemand an. Es war Gogi, der in seiner Haustür stand und eine Zigarette rauchte. Ob ich etwas suche. »Ja«, sagte ich, »eine Igelspur«. Die Glut der Zigarette leuchtete auf. »Lassen Sie es gut sein«, sagte er, »Igel wissen ihre Zeit, auch zum Sterben«.

Still verlief auch der nächste Tag. Benjamin ergötzte sich bis zum Abend in Gesellschaft eines Meusler'schen Enkels im Schnee, erst mit dem Schlitten, ab Mittag mit dem Bau eines Iglus, da der Schnee zu pappen begann. So waren wir beiden Alten allein.

Wieder schnitzten und malten wir schweigend an unseren Engeln, bis es vor dem Fenster zu dämmern begann und wir das Licht anschalten mussten. Rile hatte seit gestern bereits vierzehn Engel bemalt und mit Flügeln versehen, nur die Aufhängefäden fehlten noch. Wer weiß, ob wir später einmal Platz haben würden, unsere Engel aufzuhängen. »Benjamin könnte nun kommen«, sagte Rile und sah durchs Fenster. Die Straßenlampe brannte schon. Ich kam mit meinem Schnitzen auch nicht recht voran. Ein trauriges Herz macht das Messer stumpf. Die sitzende Maria war mir missraten, nun wollte ich es mit einem Joseph versuchen, einem stehenden, wie es sich gehört und hatte das für ihn bestimmte Erlenholz so zugeschnitten, dass es für sein Gehäuse – den halbhohlen Holunderstamm – die angemessene Größe zeigte. Der Holunder stand vor mir auf dem Tisch; als Dach legte ich ein Stück Birkenrinde auf die nach vorn abfallende Schräge. Es gefiel mir, wie mein künftiger Joseph unter dem Dach hervorsah. Ich fasste neuen Mut. Rile machte sich am Plattenspieler zu schaffen.

Die Haustür schlug zu und Benjamin polterte in die Stube mit einer Rotznase zwischen den knallroten Backen. Ich reichte ihm ein Taschentuch. Aus den Lautsprechern erklang von Neuem *Es kommt ein Schiff geladen* – Benjamin saß auf der Ofenbank und lauschte mit offenem Mund. Noch während des Liedes ging Rile in die Küche, um das Abendbrot vorzubereiten. Benjamin kletterte auf einen Stuhl am Tisch und besah sich die farbenfrohe Engelgesellschaft und was sonst noch auf dem Tisch lag. Dem Adventsgesang folgte Orgelspiel. Benjamin stupste mich an. »Großvater«, sagte er, »kannst du das Lied mit dem Schiff noch mal von vorne laufen lassen?« Ich tat es und ließ Benjamin allein. Vielleicht würde ich Rile in der Küche etwas helfen können. In der Küche war sie nicht, nur der Wasserkessel sang auf dem Herd. Im Flur fehlte der Einkaufskorb. Kaum hatte ich die Straße betreten, kam Rile von Frau Meusler zurück, vorsichtig Fuß vor Fuß setzend, denn der Schneematsch begann zu überfrieren. In der Küche packten wir den Korb aus, dann wollte Rile allein sein. »Geh nur zu Benjamin«, bat sie, »dass er keine Dummheiten macht, und räumt alles beiseite, damit wir Platz haben zum Essen.«

Als ich ins Wohnzimmer trat, sah Benjamin mich an wie die Katze, wenn sie auf dem Tisch sitzt. Er hielt Josephs Gehäuse waagerecht in den Händen, die Höhlung war voll besetzt mit Riles Engeln, so voll, dass er die beiden offenen Enden zuhalten musste, damit kein Engel über Bord ging. Jetzt richtete er sich auf und hielt sein Werk hoch. »Guck, Großvater, das Schiff ganz voll geladen! Bloß fallen sie heraus, die Engel, wenn ich die Hand wegnehme. Hast du nicht etwas zum Zumachen, Großvater?« »Ja«, sagte ich, »aber Großmutter möchte den Tisch decken, da müssen wir hier Platz schaffen. An dein Engelschiff gehen wir nachher.« Er war zufrieden und ordnete auf der Ofenbank die Engel in einer Reihe, so dass sie im Liegestütz auf den ausgestreckten Händen ruhten und ihre weißen Flügel schonten.

Beim Abendbrot hörten wir auf Benjamins Wunsch ein weiteres Mal das Lied vom Schiff, wie er es nannte. Dabei hing sein Blick an der Großmutter. Nach dem Abendbrot, als der Tisch abgedeckt war, holte er die Engel paarweise von der Ofenbank. »Bauen wir das Schiff jetzt vorn und hinten zu, Großvater?« »Ja«, sagte ich, »wenn ich Großmutter in der Küche geholfen habe.« »Lass nur«, bat Rile im Hinausgehen, »bleibt hier und baut euer Schiff.«

Benjamin drückte die gewölbte Birkenrinde auf die Tischplatte, während ich die äußere Rundung des Holunderholzes darauf umriss, zuerst am künftigen Heck, danach an der schrägen Bugseite. Die Rinde ließ sich mit der Schere schneiden. Für Blaukuppen und den kleinen Hammer hatte ich schon gesorgt. Im voraus wusste Benjamin, wie es weitergehen musste. »Darf ich festhalten?«, fragte er, und da ich mit den Blaukuppen zwischen den Lippen nur nicken konnte, nickte er auch und hielt das Holz fest. Doch bevor wir mit unserer Arbeit fertig waren, flüstere er mir ins Ohr: »Großvater, weißt du, warum Großmutter so traurig ist?« »Ja«, sagte ich,

»weil die Treppe kaputt ist und Großmutter auf der Leiter nicht hinaufsteigen kann mit ihren weichen Knien.« Benjamin nickte, und da das Schiff nun fertig war, stellte er die himmlische Besatzung wieder hinein, so dass die Engel Ausschau hielten nach allen Seiten. »Und jetzt«, erklärte Benjamin und ließ sein Schiff auf hohen Wogen tanzen, »jetzt geht mein Schiff auf große Fahrt.« »Und Benjamin geht jetzt ins Bett«, fuhr die Großmutter fort, die unbemerkt hereingekommen war. Er seufzte tief, stellte das Schiff auf den Tisch und zog sich aus, ohne zu trödeln. Sein Nachthemd lag schon angewärmt auf dem Ofen. Als er fertig war und uns »Gute Nacht« gesagt hatte, trat er noch einmal an den Tisch. »Mein Engelschiff«, sagte er und sah mich an, »darf ich es mit hinaufnehmen, Großvater?« »Aber wenn du schläfst«, wandte ich ein, »siehst du es doch nicht.« Er überlegte und streichelte mit den Fingerspitzen über Bug und Heck. »Ich will«, sagte er, »ich möchte es nur bei mir haben, so lange ich bei euch bin.« »Gut«, entschied ich, »wenn du oben bist, reiche ich es dir nach, Benjamin. Und du darfst es auch mit nach Leipzig nehmen.« »Wirklich?«, juchzte er und warf sich in meine Arme, hopste zur Großmutter und küsste sie auf beide Wangen.

Ein paar Minuten lang hörten wir ihn über uns tapsen, das Bettgestell knarrte, dann war es still. Währenddessen war Riles Blick über die Tischplatte gewandert, auf der nur noch Werkzeug, Farbnäpfchen und ein paar weiße Flaumfedern lagen. »Nicht ein Engel«, sagte sie, »nicht einer ist übrig geblieben.« Ich fragte, ob es ihr leid tue. Sie schüttelte den Kopf und meinte: »Nirgendwo werden sie besser aufgehoben sein als bei Benjamin, findest du nicht auch?« Sie erwartete wohl keine ausdrückliche Antwort. Sie bückte sich wieder über den Plattenspieler. »Kannst du es noch hören?«, fragte sie.

Und abermals – nun zum dritten oder vierten Mal heute – erklingt das Adventslied. Rile hat sich auf die Ofenbank gesetzt. Ich will gerade zu ihr gehen, da klappt die Türklinke, und Benjamin erscheint im langen Nachthemd mit seinem Engelschiff im rechten Arm, während die linke Hand noch zögernd an der Klinke bleibt. Dann ist er mit ein paar entschlossenen Schritten bei der Großmutter, setzt ihr sein Schiff auf den Schoß und sagt: »Ich schenke es dir, Großmutter, aber du sollst nicht mehr traurig sein.« Sie nickt, während er ihr in die Augen sieht. »Nein, Benjamin«, sagt sie, »nun will ich nicht mehr traurig sein.« Schneller als gekommen, schlüpft er zur Tür hinaus. Ich höre die Leiter scharren und will sie ihm halten. Doch als ich draußen bin, ist er schon oben.

Tod einer Blautanne

Anneliese Probst [8 min]

Ich habe ihn gern gehabt, diesen großen, gerade gewachsenen Baum, eine Blautanne, viele Jahrzehnte alt, aber immer noch ohne Fehl und Tadel. So schien es zumindest. Oft, wenn ich in der warmen Jahreszeit meinen Rollstuhl auf die Terrasse gerollt hatte, um zu lesen oder zu handarbeiten, ließ ich Buch und Handarbeiten sinken und schaute zu ihr hin, sprach sogar zuweilen mit ihr, wortlos, doch war ich sicher, dass sie mich verstand: Schön bist du, wie du nahe der Erde deine Zweige spreizt, wie du zur Spitze hin immer eleganter wirst, wie du der alten Birke, die neben dir steht, nachmittags gern die Sonnenstrahlen nimmst – ein Filou bist du, gib es zu! Aber ich verzeihe dir jede Eitelkeit, weil sie dir zusteht, und ich denke oft: Du lehrst mich, dass Alter auch schön sein kann, man darf sich nur nicht verstecken, muss sich eine kleine Eitelkeit bewahren, muss zu seinen Jahren stehen, muss sie bejahen, so wie du deine Jahre bejahst, Blautanne, meine Freundin!

Aber dann kommt ein stürmischer Tag. Das fängt am frühen Morgen an, steigert sich langsam, wird immer heftiger und wilder. Der kleine Teich im Park, sonst ein stilles, träges Gewässer, schlägt plötzlich Wellen, eine Radfahrerin auf der Straße hat Mühe, das Rad zu schieben, an Fahren ist nicht zu denken. Ich bin dankbar, hier in meiner kleinen Wohnung in Sicherheit zu sein – aber bin ich in Sicherheit? Das Fehlen jeglicher Gefahr – gibt es das überhaupt?

Gegen Mittag erreicht der Sturm seinen Höhepunkt. Nun bekomme ich sogar in meinem Zimmer Angst, die Terrassentür klappert und scheppert, das Futterhäuschen draußen schwankt gefährlich hin und her – und dann plötzlich ein schwerer Schlag, ein Laut wie ein klagender Seufzer, sekundenlang, dann nur noch das drohende Geräusch des Sturmes. Was war das? Der Schrecken hält mich gefangen. Das klang schlimm. Und es ist schlimm! Ich rolle zur Terrassentür und sehe, dass die elegante Spitze der Tanne verschwunden ist. Mehr kann ich von hier aus nicht entdecken, aber ich will wissen, was geschehen ist! Eine jähe Angst zwingt mich, die Terrassentür zu öffnen und in den Sturm hinauszufahren, einige Meter nur. Und da sehe ich es schon: Die Blautanne ist kurz über dem Erdboden durchgebrochen, sie liegt, zerschlagen, zerschunden auf der Wiese, der Rest des Stammes, der noch in der Erde steht, ist wie ein kümmerlicher Knochen, den nur wenige Äste vor der völligen Nacktheit bewahren.

Meine Blautanne, mein Baum – wie vielen Stürmen mag er getrotzt haben? Und nun, plötzlich: das Ende! Der Tod. Jäh und unerwartet und böse, so wie der Tod oftmals böse sein kann. Nicht immer, zuweilen ist er eine Erlösung. Aber nicht hier.

Ich fahre zurück in meine Wohnung. Bin voller Trauer, voller Zorn, voller Fragen auch. Hat meine Blautanne, geschickt und eitel, jede Altersschwäche geleugnet, weil sie leben wollte, die Spitze dem Himmel entgegengestreckt, die Zweige der Sonne, dem Regen, auch dem Wind – dem Wind, nicht dem Sturm – preisgegeben, und nun: niedergeschlagen, ausgelöscht, weil sie dem Sturm nicht mehr trotzen konnte?

Ich denke: So schnell kann das also gehen! Eben noch stark und schön und mitten im Leben – und nun? Nein, denke ich weiter, sie war nicht krank, sie war so gesund, wie sie mir erschienen ist, und gerade deswegen tut mir ihr Ende so weh.

Sie wird mir fehlen. Ihre Schönheit, ihre Gegenwart. Die Lücke, die sie hinterlässt, ist nicht zu schließen. Wieder ist mein Leben um eine Winzigkeit ärmer geworden und die Frage lässt sich nicht in mir beiseiteschieben: Wann wird es mit mir zu Ende gehen? Und wie wird mein Ende aussehen? Wird es dem meiner Blautanne ähneln? Es wäre nicht das Schlechteste …

Spuren im Schnee

Anneliese Probst [6 min]

Jetzt hat der Park sein weißes Winterkleid angezogen. Der Teich ist fast zugefroren, nur in seiner Mitte können die Enten noch schwimmen. Sie trösten sich, indem sie, fast in Reih und Glied, auf den Eisrändern sitzen, immer einmal ein kaltes Bad nehmen und dann schnell wieder auf das Eis krabbeln, das ihnen allem Anschein nach angenehmer ist als das Wasser.

Ich sitze in meinem Rollstuhl und sehe in die Stille hinaus. Man kann die Stille nicht nur hören, man kann sie auch sehen. Unterbrochen wird sie nur von den Vögeln, die im Futterhäuschen nach Körnern picken, Spatzen, Meisen, Kleiber, hin und wieder ist auch ein Rotkehlchen dabei. Und was von dem Futter auf die Erde fällt, wird von einer kleinen Haselmaus geholt, die zuweilen blitzschnell aus ihrem Versteck kommt und ebenso schnell mit ihrer Beute verschwindet.

Ich möchte gern draußen im Schnee spazieren gehen! Mein Kindheitsvergnügen! Da brachte der Schnee keine Stille, sondern Trubel und Spaß mit Schlitten, Skiern und Schneeballschlachten. Und mit Spaziergängen. Am liebsten durch den Stadtwald, da war der Schnee meistens unberührt, nur ich hinterließ Spuren, Spuren im Schnee, das fand ich lustig, und ich suchte mir mit Vorliebe auch solche Wege aus, die vorher noch von keinem begangen worden waren. Die Stille dort nahm ich nicht wahr, weil sie noch nicht zu meinem Leben gehörte und ich mit ihr noch nichts anzufangen wusste.

Jetzt ist die Stille mein Begleiter durch den Tag. Ein vertrauter Begleiter, der mir im Laufe meines Lebens lieb geworden ist.

Ich suche inzwischen keine Spuren mehr im Schnee, wohl aber die Spuren, die mein Leben hinterlassen wird. Und ich frage mich, was bleiben wird. Ein einfaches, schlichtes Leben, geprägt von Arbeit, Liebe, Niederlagen und Erfolgen und vom Kummer, der nicht auszustreichen ist und den ich auch nicht ausstreichen wollte und will. Denn der Kummer ist nicht das Wesentliche, das Bestimmende in meinem Leben.

Das Wesentliche ist der Reichtum, der mir durch die Fähigkeit geschenkt worden ist, die Menschen, die mit mir leben, zu lieben und für sie da zu sein und den Menschen, die mir nicht so nahe stehen, mit Freundlichkeit und Zuwendung zu begegnen. Die Fähigkeit auch, immer wieder zu versuchen, jedem Geschehen eine positive Seite abzugewinnen und nicht im Schmerz zu ertrinken. Das gelingt leider nicht immer, trotzdem versuche ich es stets wieder. Wahrscheinlich sind aus all diesen Gefühlen die Arbeiten entstanden, die ich geschrieben habe, die von meinem Leben berichten und die vielleicht anderen Menschen ein wenig guttun, sie jedoch hoffentlich nicht bedrücken oder quälen.

Ich weiß, dass diese Spuren – ebenso wie die Spuren im Schnee – nicht lange sichtbar bleiben werden. Der Wind der Zeit wird sie davontragen und niemand wird sich mehr an sie erinnern. So wie auch ich mich nicht mehr lange an die Spuren erinnern werde, die die Vögel, wenn sie die heruntergefallenen Körner unter dem Vogelhaus aufpicken, im Schnee hinterlassen.

Ferdinand, der Stauner

Peter Spangenberg [14 min]

Er war wie ein Vulkan, zuweilen wie ein stiller See, dann wieder wie eine blühende Bergwiese, oder auch wie eine Fuge von Johann Sebastian Bach, ab und zu wie ein bockiges Kind, sicher auch wie ein heimlicher Übeltäter, allerdings auch wie ein andächtiger Mönch, und auch wie eine sprudelnde Quelle oder eine heilige Ikone, dann wieder wie eine Comic-Figur. Eine Symbiose der Gegensätze: alt und doch ganz jung, schwach und doch ganz stark, traurig und doch ganz fröhlich, ängstlich und doch voller Mut, zweifelnd und doch voller Glauben, fragend und doch voller Wissen, asketisch und doch ganz Genießer, schwerfällig und doch voller Bewegung und obendrein ein Schwabe vom Oberland mit breitem Lächeln und jener unnachahmlichen Sprache, die an die besten Kabarettisten Deutschlands erinnert, auch an Theodor Heuß, auch an den Schneider von Ulm, an die beiden Sürlins und an die Ulmer Schachteln, die behäbig auf der Donau Geschichte machten.

Das alles und viel mehr war in diesem Menschen versammelt, hatte sich in den Jahrzehnten seines Lebens angereichert und verdichtet, war zu einem elementaren Mosaik ausgeformt und schlug sich nieder in Überraschung und Kontinuität. Hinter all seinen Gaben und Beeinträchtigungen lag die Fähigkeit zu staunen. Und Staunen, gewissermaßen der heruntergeklappte Unterkiefer, also der offene Mund unter dem Eindruck der Begeisterung und Verblüffung, ist nach allgemeiner Übereinstimmung der Anfang des Glaubens und der Philosophie.

Mit Verzögerung konnte er auch lachen, aus dem Zwerchfell heraus, und es dauerte etwas, bis dieses Lachen an die Oberfläche kam, weil es eben etwas dauerte, bis er die Pointe eines Witzes verstand. Dann aber verwandelte sich sein Gesicht zum Antlitz eines weisen Clowns, mit Ähnlichkeit zum großen Fernandel. Seine verschmitzten Augen funkelten dann unter den dichten dunklen Augenbrauen, die wie ein Sonnenschutz über die Pupillen ragten. So saß er mitten auf dem Sofa, er saß stets mitten auf dem Sofa; denn spätestens nach dem zweiten Tag seines Besuches lagen links und rechts von ihm Berge von Büchern, die ich jeweils anschleppen musste, wenn ein neuer Problembereich das Gespräch erweiterte. Sein Jackett hatte er dann schon abgelegt, und die schlichten Hosenträger pendelten von seinen Schultern herunter. Der Hosenbund war weit geschnitten, weshalb gewiss auch die unendlich langen Träger nötig waren. Alles an seiner Kleidung war ordentlich und akkurat, Ton in Ton, dabei bescheiden und zurückhaltend.

Das lag aber nicht an ihm, sondern an seiner guten Frau. Diese konnte es nicht leiden, dass er Zigaretten rauchte, und zwar Kette, ohne Ende, mehr paffend, oft wie abwesend, und die Asche machte sich zuweilen auf den Weg zum Teppich. Es grenzte nahezu an ein eheliches Wunder, dass diese Zigarettengegnerin ihm die Droge Tabak sorgfältig nach Stangen geordnet in den Koffer packte. Sie versah auch seine Hemden und Unterwäsche mit Bändern, damit er sich besser zurechtfände. Seine Schuhe waren gepflegt und geputzt, allerdings nie von ihm. Er empfand es sicher als Lust, sich bedienen zu lassen. So bedurfte es nur eines Schnipsens mit zwei Fingern, und auch meine Frau ging nach oben, um ihm Zigaretten aus seinem Koffer zu holen. Man hätte ihn für einen Pascha halten können, und in dieser Hinsicht war er es auch.

Im Kopf so klug und mit den Händen so dumm. Aber er sah es ein und änderte nichts. Dabei genoss er die Flädlesuppe seiner Frau in vollen Zügen, zermatschte aber die köstliche Nordseescholle nach allen Regeln der Unkunst, bat bescheiden um Hilfe und verschlang den Fisch dann mit hörbarem Schmatzen. Er liebte den Rotwein. Aber der Unsrige war ihm nicht gut genug.

Den empfand er als »Scheiß«, was in seiner schwäbischen Mundart fast wie ein Kompliment klang. Immerhin ließ er sich vom Ulmer Weinkontor immer einen großen Karton mit seinem geliebten Württembergischen Wein vorschicken. An den langen Abenden durfte meine Frau davon auch trinken. Es grenzte an Gnade. Ich blieb bei meinem Whisky, vor dem er sich ekelte. Er ließ sich auch sein Gepäck vorschicken. Selber fuhr er mit der Bahn und trug lediglich ein Hirtentäschel, wie er es nannte. Er empfand sich nämlich stets als Pilger, als einer, der unterwegs war wie weiland die Vagabunden Gottes, die irischen Mönche, über die wir oft sprachen. Gallus war nicht nur der Gründer von St. Gallen, sondern auch der Missionar des Nordens, Seelsorger und geistlicher »Futterspender« und genau das faszinierte den alten Ferdinand.

So erlebte ich ihn alsbald im Kloster Neresheim, jener wunderschönen Benediktinerabtei, die von Balthasar Neumann erbaut wurde. Er und ich, wir bekamen dann je eine Kardinalszelle, was wir als angemessen empfanden. Zusammen mit den Brüdern aßen wir im Refektorium, während ein Mönch eine langweilige Lesung hielt. So ist das eben seit Jahrhunderten. Aber: Wenn die Mönche im Bett waren, was man nur vermuten konnte, lud uns Abt Johannes zu sich ein. Er tischte Salzgebäck und besten Rotwein auf. Aber er stellte eine Bedingung:

Es durfte nur Lateinisch gesprochen werden. So sprachen wir über gelehrte Werke und hinterließen geleerte Werke, kostbare Abende brüderlicher Ökumenizität. Ferdinand war ja katholisch. Dort feierten wir auch das Hochamt. Ich nahm teil an der Kommunion und feierte die Eucharistie. Später, viel später nahm er an meiner Abendmahlsfeier teil. Wir haben beide überlebt. Ich schreibe das nicht bissig, sondern als Anfrage an die Schande der Konfessionen, die sich gegenseitig aussperren.

Kennengelernt hatten wir uns im Urlaub auf einer Nordseeinsel. Sehr schnell wurden wir Freunde und Brüder und machten lange Strandwanderungen. Dabei blieb er etwa alle zehn Meter stehen, reckte den Gehstock schräg in die Wolken, wartete einige Lidschläge und stellte dann eine Frage, oder er stellte eine These auf. Immer ging es um Gott und die Welt, Päpste und Kirchen, Politik und Wirtschaft, Dichtung und Musik, Architektur und Vergangenheit, Glaube und Leben. Er war beschlagen, nicht wie ein Pferd beschlagen ist oder vielleicht doch; denn seine Gedanken konnten harte Wege gehen, ungewöhnliche Wege. So musste ich eines Tages nach seinem Diktat einen Brief an den brandenburgischen Ministerpräsidenten Manfred Stolpe schreiben, wegen der schreienden Ungerechtigkeit, wegen der Schere zwischen Arm und Reich. Unerbittlich war er, unnachgiebig. Aber es war nicht die Altersstarrheit, sondern das Veto eines lebendigen Christen gegen die Ungerechtigkeit in der Welt. Dabei benutzte er seinen Stock als Zeichenstift: Er malte Figuren in den Sand, setzte Zeichen und Symbole, dachte laut-leise vor sich hin und war mit meinen Antworten nie zufrieden. Aber er staunte über das Meer und das Land, und als ich ihm von Paul Tillich erzählte, der den Schnittpunkt von Meer und Land als Geburtsort wesentlicher Erkenntnisse bezeichnet hat, sagte er nur: Wunderbar! Oft sagte er: Wunderbar! Das sagte er auch, wenn mein Hund ihn leckte, wenn das Essen ihm schmeckte, wenn er einen Apfel vom Baum probierte oder wenn er den Dom zu Ribe bestaunte. Wunderbar!

Dabei war seine Vergangenheit alles andere als wunderbar. Schwere, enttäuschende Schulzeit, Novizenjahre, Steuerberater, und als solcher wies er Klienten ab, die von ihm Betrug erwarteten. Rückgrat. Seine Antwort. Position beziehen. Dabei litt er unter seiner Unzulänglichkeit, unter seiner Schwäche. Er machte es seiner Familie schwer. Aber er blieb sich treu.

Ich fuhr mit ihm nach Norwegen. Er wollte einen urtümlichen Urlaub machen. Ich musste ein Zelt kaufen, auch Kochgeschirr und Campingstühle. Auf den Spuren des Heiligen Olaf wollte er »wallen«. Aber es kam anders. Ich habe das Zelt nicht aufgebaut, das Kochgeschirr nicht benutzt. Wir lebten in guten Hotels, aßen Lachs und Elch. Der Genießer. »Wenn Buße, dann Buße, wenn Rebhuhn, dann Rebhuhn«, zitierte er Theresa von Avila. So war er. Ich habe seine Unterhosen gewaschen. Kein Problem. Wir haben in der Nähe einer Stabkirche Lachs gegessen. Herrlich. Er war ein Stauner und Genießer.

Er hatte Angst vor jeglichem Risiko, wohl wissend, dass sein katholischer Lieblingsphilosoph aus Münster, Peter Wust, einst schrieb: »Die Welt, dividiert durch Vernunft, geht nie ohne Rest auf.« Genau auf diesem Rest hockte seine Angst wie ein Kobold auf der Schulter. Wir sprachen oft darüber, aber Angst lässt sich nicht wegdiskutieren, lässt sich auch nicht wegbeweisen, lässt sich auch nicht verdrängen. Die Großmutter von Martin Luther King soll ihm einst gesagt haben: »Die Angst klopfte an die Tür, der Glaube antwortete, niemand trat ein.« Als ich meinem Freund Ferdinand diesen Satz sagte, lächelte er fast verträumt. Der Satz hatte ihn befreiend in der Seele getroffen. Seither liebe ich diesen Satz umso mehr.

Am Sonntag darauf feierten wir Gottesdienst, und wie ich schon schrieb: Er nahm klammen Herzens am Abendmahl teil. Da war sie wieder: die Angst vor Hölle und Verdammnis. Wie konnten es Kirchen und Kleriker nur verantworten, ihre Menschen mit diesen verlogenen magischen Zaubervorstellungen zu ängstigen! Aber nach der allgemeinen Beichte sang ich die Vergebung: *Ego vos absolvo ab omnibus peccatis vestris*. Da begann er zu weinen vor Glück über die Gnade, eingehüllt in seine geliebte lateinische Sprache. Ich habe den Satz auch auf Deutsch gesagt: Ich spreche euch frei von allen euren Sünden, *in nomine patris et filii et spiritus sancti*, im Namen des Dreieinigen Gottes. Da war er schon fast neunzig Jahre alt und war plötzlich so jung in seinem Glauben.

Noch einmal: Seine Welt waren Kirche, Schöpfung, Kunst, Literatur, Bildung im Allgemeinen, Wissen im Besonderen, Interesse an Geschichte, Beteiligung am Gegenwartsgeschehen, Gedanken über die Zukunft, Gespräche mit Menschen, Horchen auf das Gewissen, Leben mit den eigenen Schwächen, Demut gegenüber dem Großen, Zorn gegenüber der Schande. Ich dachte oft: So kann man alt werden, indem man nie aufhört, die Seele zu erweitern.

So nimmt es auch nicht wunder, dass er gern neben unserer alten Oma saß, ihre frische Suppe genoss, ihr das Du anbot, mit ihr am Meer spazieren ging und von seinen Wanderungen über die schwäbische Alb erzählte. Auch nimmt es nicht wunder, dass er Kinder mochte, sie zaghaft streichelte und sie großzügig beschenkte, was wohl ein besonderer Vorzug der Weißhaarigen ist. Und es überrascht auch nicht, dass er Wälder und Berge liebte, das glitzernde Wasser und die Tiere, und obwohl er Katzen nicht mochte, ließ er es zu, dass sie auf seinen Schoß sprangen und es sich dort bequem machten. Dann streichelte er sie ungeschickt gegen den Strich. Doch die Katzen blieben.

Vor dem Krebs aber gab es keine Flucht. Ich sandte ihm an sein Sterbebett das Kreuz des Heiligen Patrick aus Irland. So wurde er tatsächlich noch ein »Vagabund Gottes« auf seiner letzten Pilgerfahrt in die Ewigkeit. Wir sterben alle in Gott hinein. Wohin denn sonst?

Aufhören

Johannes Schöne [2 min]

Seit über vierzig Jahren gehört Frau Zwiesel zum Kirchenchor, singt ihre Zweitstimme so sicher vom Blatt, dass die anderen nicht selten sagten: »Ach, Zwieselchen, ein Segen, dass wir dich in unserer Mitte haben.« Ja, so sagte man im Alt. Seit einiger Zeit sagt es niemand mehr. Warum?

Frau Zwiesel weiß es selber nur zu gut: Ihre Stimme wird immer brüchiger. »Ich müsste aufhören«, ermahnt sie sich selbst, aber sie tut es nicht, kann es nicht. Die wöchentliche Chorstunde ist doch das einzige Licht im grauen Einerlei ihrer alten Tage. Mein Gott, was bleibt ihr noch, wenn dieses Licht erlischt, wie ihre Stimme schon erloschen ist?

Lange steht Zwieselchen an ihrem Küchenfenster und schaut in das kahle Geäst ihres geliebten Ahornbaumes. Der Nachtwind nahm die letzten Blätter. Nun hat er aufgehört zu atmen. Wie alle Geschöpfe duldet er klaglos sein Ende. Allein der Mensch muss unter Schmerzen lernen loszulassen, was ihm hier das Liebste war, nicht erst im Sterben, nein, in den Stufen des Alters.

Seit Menschengedenken ist Aufhören ein schwerer Lernprozess, dem wir mit unseren Kräften nicht gewachsen sind. Darum betete König David: »Herr, tu mir mein Ende kund und die Zahl meiner Tage! Lass mich erkennen, wie sehr ich vergänglich bin!« (Ps 39,5). Aufhören will mehr sein als Beenden. Indem ich betend lausche und warte, was Gott mir zeigen wird, lasse ich das Alte schon hinter mir.

Ob unserem Zwieselchen etwas geschenkt wird, was mehr ist als ein bloßer Ersatz? Kann man dazu helfen, ihr Vorschläge zu machen? Nein, sie muss selber entdecken, was ihrem Alter einen neuen Sinn gibt. Aber dass sie es findet, dafür will ich meine Hände falten.

Vom Loslassen

Anneliese Probst [4 min]

Immer wieder höre ich Worte, die sich fest in mein Bewusstsein eingegraben haben, die ich nicht mehr vergesse, die teilweise auch mein Leben bestimmen. Zum Beispiel das Wort »Loslassen«.

Ich nahm es zum ersten Mal bewusst in mich auf, als ich nach der letzten schweren Operation aus der Klinik entlassen wurde und der Arzt freundlich, aber sehr bestimmt zu mir sagte: »Sie müssen jetzt lernen, vieles loszulassen, was Ihnen lieb gewesen ist. Sonst müssen Sie vielleicht noch einmal unters Messer, und das wäre nicht gut für Sie.«

Ich lachte ihn an. Ich hatte so viel geschafft, da würde mir das Loslassen gewiss keine Mühe machen. Dachte ich. Und merkte schnell, welchem Irrtum ich da erlegen war.

Loslassen ist sehr schwer. Ist beinahe das Schwerste, was es im Leben gibt. Liebe Gewohnheiten loszulassen, mag noch angehen. Aber wenn man – wie ich – immer ein sehr aktiver Mensch gewesen ist, dem Arbeit jeglicher Art keine Mühe, sondern Freude bedeutet hat, ist das Loslassen anfangs beinahe ein Ding der Unmöglichkeit.

Die Verbote, die dieses Wort in sich trug, häuften sich quälend. Keine Gartenarbeit mehr – und ich hatte so gern die Erde zwischen meinen Fingern gespürt! Kaum noch Hausarbeit – gerade das Staubwischen war noch möglich, aber nur unten herum, was an Staub auf den Schränken lag, blieb liegen. Kein Wäscheaufhängen, kein Zimmerauswischen – und Einkaufen nur mit einem Rucksack auf dem Rücken und anfangs mit Krücken in den Händen. Da war an den Rollstuhl noch nicht zu denken.

Jeden Tag stieß ich an neue Grenzen, die mir gezogen waren. Ach, einmal wieder mit dem Rad die Feldwege entlangfahren können, oder im Grund umherwandern. Vorbei – je schneller ich das akzeptierte, umso besser für mich.

Loslassen – dieses Wort barg noch Schwereres in sich. Die Kinder und Enkel gingen eigene Wege. Das hieß für mich, die ich eine sehr enge Bindung an sie hatte, sie gehen zu lassen, zumindest äußerlich. Innerlich blieb ich mit ihnen eng verbunden, die Liebe baute Brücken und nahm diesem Wort, das ich bald nicht mehr hören mochte, die Schärfe.

Nur einmal beugte ich mich diesem Wort nicht! Als der Tod mir meinen Liebsten nahm, wollte und will ich bis heute nichts von Loslassen wissen. Ich hielt und halte meinen Liebsten in meinem Herzen fest. Und das wird so lange so bleiben, bis das letzte Loslassen auf mich zukommt. Das Loslassen, das große Abschiednehmen, eingeübt durch die vielen kleinen Verzichte, die jeder Tag von mir fordert und die mir immer leichter fallen, je älter ich werde. Nicht gefürchtet, nicht ersehnt, aber angenommen, wenn die Zeit gekommen ist.

So bin ich dem Arzt dankbar, der mich vor Jahren aus der Klinik entließ. Er hat mir die große Arbeit bewusst gemacht, die jedem alten Menschen zugewiesen ist. – Und wohl dem, der sie ohne Murren annimmt.

Furche-Verlag: Ein Geständnis

Peter Spangenberg [8 min]

Wir stiegen in Hamburg um. Der Tag hatte sonnig begonnen. Wir, meine Frau und ich, hatten gute Laune und kuschelten uns in die bequemen Sitze des ICE, der uns nach Nürnberg bringen sollte. Der Zug verließ den Bahnhof, und wir rollten leise an Hamburgs schöner Kulisse vorüber, bestaunten die riesigen Container-Stapel und freuten uns einmal mehr über die eleganten Bögen der Köhlbrandbrücke. War es das Stichwort Hamburg, oder war es der Zufall, von dem Jacques Monod sagt, es handele sich dabei um den Schnittpunkt von Notwendigkeiten, jedenfalls sagte ich leise: »Hier in Hamburg sind früher die so genannten *Stundenbücher* erschienen, viel Mystik, viel Lyrik, viel Theologie, viel Meditation.« Wir schwiegen. Meine Frau lächelte mich an: »Ich weiß«, meinte sie, »aber mir fällt der Verlag nicht ein, jedenfalls nicht auf Anhieb.« – »Mir auch nicht«, erwiderte ich knapp, »aber es war etwas mit M.« »Auf gar keinen Fall«, sagte sie etwas spitz, »auf gar keinen Fall, es war etwas mit K.« – »Du täuschst Dich«, und ich gab mir Mühe, Milde walten zu lassen. »Ich bleibe dabei, es war etwas mit M. Und mittendrin war ein A.« »Es war kein A«, widersprach sie, »es war ein Ö oder ein E.« »Es war weder ein Ö noch ein E, es war ein A oder vielleicht auch ein O.«

Wir schwiegen uns an und sahen aus dem Fenster. Bäume und Felder flogen vorbei, die Dame neben mir begann zu schnarchen, die Frau aus Bayern fuhr sich mit dem großen Taschentuch in den Ausschnitt und unter die Achselhöhle, um sich die Unterarmnässe abzuwischen. Das war schrecklich, denn gleich danach drückte sie sich einen dicken Wurm von Mayonnaise auf die Doppeldeckerstulle, die sie anschließend mit weit aufgerissenem Mund in Angriff nahm. Das wohlige Schmatzen und Rülpsen erinnerte mich an die Geräusche der Müllabfuhr. So jedenfalls schien es unmöglich, den Namen des Verlages zu finden.

Wir hatten das schon öfter erlebt: die Suche nach Namen oder Begriffen. Immer hatten wir uns gegenseitig helfen können durch Buchstaben oder assoziative Erinnerungen, Bilder oder Anlässe. Diesmal jedoch versagte unser Prinzip. »Du wirst eben auch älter«, unternahm ich den Versuch der Solidarisierung. »Und du bist eben schon älter«, meinte sie achselzuckend und spielte auf unseren Altersunterschied an.

Dabei hatte ich mir stets viel auf mein Gedächtnis eingebildet. Ich wusste viele Jahreszahlen und konnte viel auswendig. Aber dann kamen Augenblicke, wo mein angeblich brillantes Gedächtnis versagte. Jetzt aber kam es zum Höhepunkt: Die bayerische Frau lehnte sich zurück, öffnete den Mund und drückte sich die Mayonnaise aus der Tube direkt in den Rachen. Ich wandte mich angewidert ab. Der Verlag fiel mir nicht ein. Meine Frau schickte sich an, ein Sudoku zu lösen. Sie löste andauernd Sudokus. Ich weiß nicht, warum, aber es war eben so.

Ich lehnte meinen Kopf an das Kissen. Ich wollte dösen oder einfach etwas denken, wie ich es nannte: Bilder sammeln, Erinnerungen abrufen oder auch überlegen, wann Annette von Droste-Hülshoff gelebt hat oder auch das Kaiserlein Romulus Augustulus, mit dem das große Reich im 5. Jahrhundert zu Ende ging. Ich rief die verrücktesten Daten auf: Isidor von Sevilla, geboren in Cartagena, großer Denker, Konzil von Toledo. Ich mochte diese inwendigen Spiele. Ich dachte an Hermandus Contractus, den Abt auf der Insel Reichenau, der die sechzig Minuten einer Stunde entdeckte. Ja, ich mochte diese Spiele, aber sie halfen mir nicht weiter auf der Suche nach dem Verlag, und es lenkte mich auch nicht ab von der bayerischen Mayonnaise und der Unterarmnässe ihrer Verzehrerin.

Solche Reisen können zum Problem werden; denn ich fuhr in mein Altwerden hinein, während meine

Frau im ICE-Schlummer lächelte. Sie lächelte einfach und ließ mich mit meinem schwachen Gedächtnis im Stich. Ich begann, Kinderverse stumm aufzusagen. Es gelang. Ich begann, mir meine mathematische Abituraufgabe klar zu machen: Berechnen Sie den Ellipseninhalt 2 Pi AB mit Hilfe des Integrals. – Es gelang nicht. Ich rief Choräle ab. Das gelang besser.

Aber der Verlag? Wie hieß er? Hamburg lag weit hinter uns. Die Bayerin schlief. Wunderbar. Das Tuch lag quer über ihrem Schoß. Sie schien zufrieden. Die Stulle ging längst den Weg der Verdauung. Aber der Verlag? O, Ö, A, E. Es ließ mir keine Ruhe. »Ich werde alt. Nein, ich bin alt.« Mein Gedächtnis ließ mich im Stich. Liegt es daran, dass ich zu wenig Tomaten esse? Meine Frau meint: Ja. Und wenn sie Ja meint, gibt es kein Nein. Der Zug fuhr sanft, und die Gleisgeräusche waren wie zärtliche Musik. Die Schaffnerin war charmant, sie lächelte, ich lächelte, die Fahrkarten wurden gelocht, und die Ordnung hatte ihre Ordnung. Die Bayerin war aufgewacht. Sie suchte Kontakt zu ihrer Nachbarin. Die aber verweigerte die Kommunikation. Das verstand ich. Die Stulle mit der Mayonnaise saß mir zu tief im Gedächtnis.

Apropos Gedächtnis: Speicher der Erinnerung? Zentrale der Vergewisserung? Kennzeichnung des Menschen? Typisch für Geschichtsbewusstsein? Dann war ich aber ziemlich draußen. Ich wusste den Verlag nicht. Wir saßen im Speisewagen, aber wir erwähnten unser Problem nicht. Das Problem hieß ja nicht »Verlag«, sondern es hieß Gedächtnis und Älterwerden. Ich aß Chili con Carne. Aber es half nichts. Das Gedächtnis hatte ein Loch.

Wir kamen in Nürnberg an. Unser Sohn holte uns ab, Schwabach war unser Ziel. Sofort schoss es mir in den Kopf: Schwabacher Bekenntnis. 1526. O du mein Gedächtnis! Ich war stolz. Worauf? Wir verbrachten einen herrlichen Abend mit den Kindern. Dann gingen wir zu Bett und schliefen gut. Morgens um halb sieben wurde ich wach. Ich stand auf, ging an das Bett meiner Frau, weckte sie, salutierte und sagte: »Furche-Verlag.« Da lächelte sie, nickte und sagte: »Stimmt.«

Seither leben wir mit unseren Aussetzern, mit den Löchern im Gedächtnis, mit dem Älterwerden, mit dem Suchen nach Namen und Begriffen und nennen unsere Lücken »Furche-Verlag«, ein Geheimwort für die Zeichen der Lebenszeit. Dabei können wir lächeln.

Überraschung am Morgen

Johannes Schöne [5 min]

Das Postauto ließ seine Bremsen quietschen, wenig später erschien vor unserem Küchenfenster ein Mann in Postuniform. Sicher ist wieder ein Paket ausgelaufen, dachte ich und war froh, dass Rile den Postmann bereits abgefangen hatte und mit ihm verhandelte. Ihr Gesicht aber zeigte sich gar zu erstaunt, ja belustigt, als dass es sich um ein zerquetschtes Paket handeln konnte. So trieb meine Neugier mich hinaus. Der Postmann saß bereits auf der Veranda. Patzig, sagte er und drückte meine Hand, wie Verschwörer es tun, wenn alles klar ist und es losgehen kann. Er sei der Leiter des Landpostamtes im Kreis Freital, und da die Kollegin Grafe leider erkrankt sei und ihren Zustelldienst für längere Zeit nicht ausüben könne, suche er verzweifelt nach Ersatz, bis jetzt ohne Erfolg. Da habe er drüben im Laden nachgefragt, und alle hätten mich ihm empfohlen: Ich sei vertrauenswürdig und intelligent genug. Rile lachte los, auch ich fand es lustig, so lustig wie überlegenswert. Warum sollte ich eigentlich nicht Briefe und Zeitungen austragen? Der verstummte Postmann tat mir leid, und es gefiel mir, wie er sich für seine Sache ins Zeug legte. Wer mich denn einweisen würde, fragte ich. Da leuchtete sein Gesicht auf. Er habe alles für mich aufgeschrieben und sämtliche Unterlagen mitgebracht.

So kam es, dass ich am nächsten Morgen vor dem Straßenpförtchen stand und auf das Postauto wartete. Pünktlich kam es die Dorfstraße heruntergerollt. Der Fahrer wusste Bescheid. Ich quittierte den Empfang, sortierte auf der Veranda Zeitungen, Zeitschriften und Briefpost und schrieb einen Benachrichtigungszettel zur Abholung des einzigen Paketes, das mitgekommen war. Dann zog ich die harten Dienstschuhe an, die Herr Patzig mir übergeben hatte, und Rile half mir, die schwere Posttasche über die Schulter zu heben.

Der Gurt drückte, die Schuhe drückten, aber sonst drückte mich nichts, nein, mit jedem Schritt und an jeder offenen Tür wurde mir leichter, nicht weil die Tasche leerer und leichter wurde, sondern weil die Leute mir meinen Anfang leicht machten und nach Frau Grafes Ergehen fragten. Dass ich es war, der die Post austrug, schien keinen zu wundern. So blieb ich unbeschwert von törichten Fragen und vergaß den Riemendruck auf der Schulter und das scheuernde Leder an den Zehen. Den Großteil der Zeitungen und Briefe musste ich in die blechernen oder hölzernen Hausbriefkästen stecken, denn nur wenige Türen öffneten sich auf mein Klingeln,

Klopfen oder Rufen. Und wo es doch geschah, zeigte sich ein altes Gesicht. Immerhin hatte ich wohl mehr als zwanzigmal »Guten Morgen« gesagt und gehört, und das allein war mir wunde Zehen wert. Die aber wurden mir in dem Augenblick zur Qual, als ich am Ende meiner Tour entdeckte, dass eine *Fußballwoche* übrig blieb und ein *Eulenspiegel* fehlte. Da ich von Drösgen aus ohnehin am Erlbach entlang nach Hause gehen wollte, zog ich mir unter den Weiden Schuhe und Socken aus und kühlte die Füße im Wasser. Nur im Kopf wurde mir heiß und heißer, während ich die Zeitschriftenliste durchging und meinen Fehler doch nicht fand.

Rile suchte mich mit einem Briefträgerfrühstück zu trösten, puderte mir die Füße und riet, meinen Dienstweg künftig in eigenen Schuhen zu gehen. Am Nachmittag erschien der Gogi auf dem Gartenweg und brachte den fehlenden *Eulenspiegel*. Ob ich eine *Fuwo* übrig hätte, fragte er. Ich wollte gleich aufspringen und sie holen. Das habe Zeit, meinte er und ließ sich in den Sessel fallen, den Rile ihm zurechtgerückt hatte. Kuchen mochte er nicht, aber den Kaffee trank er gern zu seiner Zigarette, während er von seiner bettlägerigen Frau erzählte. Nun fehlte es nur noch, dass einer kam und nach dem *Eulenspiegel* fragte. Doch keiner kam.

Besuch von Urenkel Jakob

Anneliese Probst [3 min]

Ein Kind tippelt durch meine Wohnung! Ein kleiner Junge, mein Urenkel. Er betrachtet mich voller Skepsis, weicht jeder Liebkosung aus, so halte ich mich zurück, obwohl es mir schwerfällt. Er ist knapp zwei Jahre alt, aber ich sehe ihn zum ersten Mal, von Köln kommt man nicht so schnell zu mir und ich traue mir die lange Autofahrt sowieso nicht mehr zu. Also sind das jetzt Traumstunden, die mir geschenkt werden und die ich auch als Geschenk annehme.

Meine Enkelin ist eine schöne Frau geworden, ich bin stolz auf sie. Auch deshalb, weil sie mit Zähigkeit versucht, aus ihrem Leben das Bestmögliche zu machen, allen Schwierigkeiten zum Trotz. Und ihren Mann mochte ich von dem Augenblick an, da ich ihn kennenlernte. Ein sensibler Mann, Künstler, sehr still – ich frage mich immer wieder, woher der kleine Jakob sein überschäumendes Temperament hat!

Wir sitzen auf der Terrasse und beobachten ihn. Stöckchen sammeln, den kleinen Abhang hinunterlaufen – das Hinfallen gehört anscheinend dazu – kein Geschrei, die Hände an der Hose abgewischt – und dann weiter, immer in Bewegung, immer fröhlich, voller Neugier; wenn dann auch noch ein Hund zu sehen ist, erreicht die Freude ihren Höhepunkt. Nur schade, dass man den Hund nicht umarmen kann, aber da passt der Papa auf, und notgedrungen fügt man sich seinem Willen.

Ab und zu wirft mir Jakob einen Blick zu – »Oma« sagt er, und ich nicke und denke: Kleiner Liebling, worauf wirst du in deinem Leben zugehen? Leicht wird dein Leben gewiss nicht werden, aber ich bin sicher, dass du es packen wirst, nicht in der Ecke stehen und heulen, wenn einmal etwas schiefgeht, sondern wieder aufstehen, wie du auch jetzt aufstehst und weitermachst. Ich wäre froh, wenn ich dir alle Schwierigkeiten aus dem Weg räumen könnte, aber da dies nicht möglich ist, kann ich dich nur mit meinen Gedanken und mit meiner Liebe begleiten. Und das tue ich immerzu …

Viel zu schnell gehen diese Stunden vorüber. Der Abschied naht, und es soll noch ein Foto gemacht werden, von der Uroma und dem Urenkel. Aber dazu muss der junge Herr schon zu mir kommen, und tatsächlich kommt er, als ich ihn rufe, lässt sich von der Mama auf meinen Schoß heben und hält einen Augenblick still. Doch schon will er wieder fort, ich kriege noch einen Blick und ein lässig hingeworfenes »Oma« – und das war's dann! Vorbei dieser Kinderzauber, am Ende bleibe ich allein zurück in meiner gewohnten Stille, dankbar, dass mir ein solcher Kindertag geschenkt worden ist.

Und denke: Wie bescheiden man wird! Wie sehr hat man sich an dieses schmal gewordene Leben gewöhnt, an dieses Sich-Bescheiden, aus dem solche Glücksmomente, wie ich sie heute erleben durfte, wie Edelsteine herausleuchten!

Alter Mond: Mein kleiner Freund, der Häwelmann

Johannes Schöne [14 min]

Und wenn mir der letzte Zahn ausfällt, der süßeste Wein nach Essig schmeckt, die Sonne zu heiß ist und der Schatten zu kühl wird, kurz: wenn mir alles Leid oder Feind werden will, dann, mein Gott, lass mir Kinder noch lieb sein! Wo immer ich wohnen werde, an Kindern darf es nicht fehlen. Und vielleicht, mein Gott, hast du in meiner künftigen Nachbarschaft schon ein Kind vorgesehen, das mich brauchen wird, so wie der kleine Häwelmann den Mond brauchte.

»Leuchte, alter Mond, leuchte!«

Mein Häwelmann wird die Zungenspitze zwischen den Lippen und das Band mit dem Flurschlüssel um den Hals haben, den Kopf hält er vom vielen Denken ein wenig schief, und seine Augen fragen so viel wie sein Mund. Spielen die anderen Kinder auf dem Hof, lehnt er an der Mauer und lächelt.

Ich komme nach Hause, ein Körbchen in der linken, den Stock in der rechten Hand. Als ich über den Hof stake, löst das Kind sich von der Mauer, schaut in meinen Korb und dann zu mir auf. Ich bleibe stehen und lasse es den samtbraunen Hut des Kremplings streicheln und die Glöckchen des Heidekrauts, das ich um den Rand meines Korbes gesteckt habe. – Nun hat es genug geschaut und gestreichelt, denke ich und nehme meinen Schritt wieder auf. Das Kind aber hält den Korb am Bügel fest und hüpft neben mir her auf die Haustür zu und Stufe um Stufe treppauf. Vor seiner Wohnungstür macht es halt und klingelt Sturm. Während mir bewusst wird, dass ich mich um eine Treppe über meine Wohnung habe hinaufschleppen lassen, reißt eine erschrockene Mutter die Tür auf. Ich entschuldige mich, indem ich auf die kleine Hand an meine Korb deute. Das Kind flüstert der Mutter etwas ins Ohr, die Mutter fragt mich, und ich sage ja.

Am andern Tag steht mein Häwelmann schon marschbereit, als ich zur vereinbarten Zeit an seiner Tür klingle. Den Schulranzen hat er gegen einen winzigen Rucksack vertauscht und in der Hand hält er ein rotweiß kariertes Leinensäckchen. Nun schließt er die Wohnungstür zu, hängt sich den Schlüssel um und nimmt mich bei der Hand, damit wir gehen.

Während wir an der Haltestelle auf den Bus warten, taxiert mich mein Häwelmann vom Hut bis zu den Stiefeln.

»Muss ich«, sagt er und hält den Kopf schief, »muss ich wirklich Sie zu dir sagen?« »Wenn es deine Mutti wünscht, ja, dann musst du es.«

Noch andere Leute haben sich eingefunden und warten mit uns auf den Bus.

»Darf ich Opa sagen?«, fragt Häwelmann.

»Ja, das darfst du.«

»Wie alt sind Sie Opa?«

»Neunundsechzig.«

Er zieht sein Geldtäschchen aus der Hose und zählt, leise rechnend, den Inhalt. »Das ist gut«, sagt er. Da fährt der Bus um die Ecke. Wir steigen als Letzte ein. Der Fahrer kassiert. »Zwei Kinder«, sagt Häwelmann und legt einen Fünfziger auf das Brettchen. »Wie weit?«, fragt der Fahrer. Häwelmann sieht sich nach mir um, und ich sage: »Forsthaus Auer.« Der Bus ist voll besetzt. Wir stehen im Gang. In den Kurven halte ich den Jungen fest. Der Blick aus dem Fenster ist ihm durch Bäuche und Rücken verstellt. Schon fahren wir durch schütteren Kiefernwald. Plötzlich kreuzt eine Messerklinge meine Aussicht. »Für die Pilze!«, ruft Häwelmann durch das Motorgebrumm. Eine Frau neben mir zuckt nervös zurück; der Bus geht in eine Kurve; schnell fange ich die messerbewehrte Hand auf: »Für Pilze«, sage ich, »aber nicht für Nasen!«

Als wir ausgestiegen sind und ich am Forsthaus in

einen schmalen Pfad einbiege, fragt Häwelmann hinter mir, ob es hier zu den Pilzen gehe. – Ja. – Das Messer habe Vati ihm zum Schulanfang geschenkt. – Ach so. – Ob ich Messerwerfen könne? – Nein.

Birken und Brombeergestrüpp säumen unseren Pfad; dahinter steht hochstämmig der Kiefernwald.

»Komm«, sage ich und steige durch stachelige Ranken. Aber mein Häwelmann ist weg. Ich pfeife. Nichts. – Hat er sich versteckt? Eine Weile lausche ich, dann gehe ich den Pfad zurück. Hinter der letzten Biegung kauert er und späht ins Dickicht.

»Fünf Pilze!«, meldet er. »Nehmen wir die nicht mit?«

»Nein. Es sind nur Täublinge.« Ich versuche, ihm zu erklären, warum wir sie stehen lassen.

»Schade«, sagt er, ohne sich vom Fleck zu rühren. »Fünf Mann. Ist das eine Brigade?«

»Nein, eine Familie. Guck, sie wachsen alle aus diesem weißen Gewebe!« – Ich hab die dünne Decke welken Birkenlaubs abgehoben und zeige es ihm.

»Ist das bei allen Pilzen so?«

»Ich glaube schon.«

»Aber du weißt – Sie wissen es nicht, Opa.«

»Nein.«

Im Hochwald streifen wir eine Weile kreuz und quer. Da steht braunhäuptig eine Marone vor mir. Ich rufe Häwelmann und zeige ihm meinen Fund. Ob das nicht auch bloß wieder so ein – so ein Angeber sei? – Ein Täubling? Nein, das sei eine Marone, und er könne sie abschneiden, hier, dicht am Fuß. Häwelmann zückt sein Messer und setzt die Klinge an.

»Tut ihm das auch nichts?« – »Nein.«

Als er den Pilz in beiden Händen dreht und wendet, zeige ich ihm das Röhrenfutter als Zeichen für die meisten guten Pilze. Häwelmann nickt und hält die Nase an den Pilzhut.

»Du kannst ihn in dein Säckchen stecken«, sage ich.

»Nein«, erklärt er, »mogeln tu ich nicht. Eins zu null für Sie, Opa.«

Mit Eifer schaut er nun hinter jeden Baum. Schon höre ich ihn rufen. Ich eile zu ihm. »Lauter Makronen!«, triumphiert er. »Maronen«, verbessere ich. »Na ja!«, wehrt er ab. »Sind es welche, Opa?« – »Ja, du Glückspilz!« Ich lasse ihn allein mit seinem Fund. – »Sechs zu eins!«, ruft er hinter mir her.

In den Wipfeln der Kiefern rauscht es. Die Sonne hat sich mit Wolken verdeckt. Eine Senke, mit jungen Buchen bestanden, öffnet sich vor uns. Da grüßt mich ein Riesenschirmling mit einem breiten Hut. Ich rufe nach Häwelmann. Staunend kniet er sich hin, schaut unter den Hut, betastet seine Hose und springt auf.

»Mein Messer!«, haucht er. Ich helfe ihm suchen. Die Bäume schütteln zornig ihre Kronen. Als habe jemand einen Vorhang zugezogen, so dunkel ist es um uns her. Neben einem vertrockneten Bovist steckt das Messer im Boden.

»Komm!«, rufe ich, als Häwelmann sich noch umsieht.

»War das denn kein Guter?«, fragt er vorwurfsvoll.

»Nein, komm schnell! Es gibt ein Gewitter!«

Mein Häwelmann springt vor mir her. Der Wind legt sich und lässt den Regen gießen. Schon haben wir das Forsthaus erreicht, und als sei er bestellt, kommt ein Bus daher, freilich ein Bus, der in die Kreisstadt fährt. Macht nichts! Nur rasch ins Trockene!

Der Bus fährt schon über die Brücke in die Altstadt. Am Rathaus hält er an. Wer keinen Schirm hat, flüchtet in das nahe Wartehäuschen. Wir haben keinen Schirm. Den Fahrplan studierend, stelle ich fest, dass unser nächster Bus erst in einer Dreiviertelstunde fährt. Was nun? Ich sehe mich nach Häwelmann um. Vor dem Kasten einer Eisverkäuferin, die sich ebenfalls hierher gerettet hat, steht er und zahlt. Ja, was nun?

»Für Sie, Opa«, sagt er und reicht mir ein Eis am Stiel, während er an dem seinen schon leckt. »Eine verkehrte Welt«, bemerkt eine alte Frau neben mir. Ihre Nachbarin nickt und schüttelt den Kopf immer abwechselnd.

Wir sind unmöglich. Aber nun gerade! Mit langer Zunge, wie Häwelmann es kann, schlecke auch ich an meinem Eis herum. »Klasse«, sagt Häwelmann, leckt und schließt die Augen. Also mache auch ich die Augen zu, lecke und grunze genießerisch. Durch den Regenschleier erkenne ich jenseits der Straße das Stadtmuseum. Jetzt weiß ich, was nun. »Los!«, sage ich, packe Häwelmann beim Arm und springe mit ihm über Pfützen genau ins Stadtmuseum hinein. Die Pförtnerin schläft. Ich poche sie an der Scheibe wach und verlange »zwei Halbe«. Häwelmann hält, während ich zahle, mein Eis. »Das ist deins, Opa«, sagt er und reicht mir das längere Eis am Stiel. – Deins? Bin ich so weit gesunken? Oder gestiegen? – Im ersten Schauraum steht Porzellan.

»Tassen!«, sagt Häwelmann und wirft den Stiel seines aufgeleckten Eises in eine monumentale chinesische Bodenvase. Ich weise ihn zurecht. Ob das denn kein Papierkorb sei, fragt er. Nein. Um das Hölzchen wieder herauszuangeln, senke ich meinen Arm in die Tiefe der Vase, komme aber nicht auf Grund.

»Was tun Sie da?«, fragt eine strenge Stimme hinter mir. Ich richte mich auf und stehe unter dem strafenden Blick eines Fräuleins.

»Ob man«, stammle ich, »ob man im Rokoko Porzellan schon von innen glasierte – das wollte ich eben feststellen.«

»Oh – Opa!«, ruft Häwelmann und läuft auf eine Wand zu, an der ein blankes Schwert hängt. Das Fräulein ist schon zur Stelle, um zu erklären: »Mit diesem Richtschwert wurden am 21. Oktober 1808 sechs Räuber enthauptet. Der Holzschnitt in dieser Vitrine stellt die Hinrichtung dar.« Häwelmann beugt sich über das Glas der Vitrine. »Richtige Räuber?«, fragt er. »Und die Köpfe abgehauen?« Er reibt sich den Nacken. Dann blickt er noch einmal zu dem Schwert an der Wand.

Während der Heimfahrt spüre ich an meiner Seite Häwelmanns prüfenden Blick. – Was will er nur! Warum fragt er nicht! – Jetzt rückt er, soweit der Sitz im schaukelnden Bus es erlaubt, von mir ab und fingert mit einer Hand zwischen unseren Gesichtern.

»Was soll das?«, frage ich. Er spreizt seine kleinen Schwurfinger und klappt sie zu, auf und zu – auf und zu.

»Sie müssen«, sagt er, »geradeaus gucken, Opa – bitte!«

Gut, ich zeige ihm wieder mein Profil.

»Opa, zu Hause mache ich das – eine Sillewette von dir.«

»Eine Silhouette«, verbessere ich und schlage vor, lieber einen Scherenschnitt von seiner Mutter zu probieren; die sähe hübscher aus.

Da stößt er mich begeistert in die Seite und ruft, dass die Fahrgäste vor uns die Köpfe wenden: »Weißt du was, Opa! Ich schenke die Silhouette dann meinem Vati zu Weihnachten.«

»Ja«, stimme ich zu, »und jetzt müssen wir aussteigen.«

Schon brennen die Straßenlaternen. In der dunklen Gartenstraße fasst Häwelmann meine Hand. Schweigsam trottet er neben mir her. Vor unserem Haus hebt er die Hand mit dem Pilzsäckchen und deutet zu seinem Fenster im dritten Stock hinauf.

»Mutti«, sagt er.

Als wir den Treppenabsatz vor meiner Tür erklommen haben, verabschiede ich ihn. Er stapft die letzten Stufen hinauf. Ich sehe ihm nach.

Da hält er ein und ruft leise zurück: »Opa!«

Der Einzelgänger

Peter Spangenberg [7 min]

Ich habe einen Onkel, der auf die neunzig zugeht. Er lebt in Hamburg in einer Seniorenwohnanlage. Er hat viel zu leiden. Die Beine wollen nicht mehr. Er hievt sich mit großer Mühe aus dem Sessel in die Senkrechte. Sein Gesicht verzerrt sich für kurze Augenblicke. Jeder Handgriff kostet Kraft, jede Bewegung verursacht Schmerzen. Aber er klagt nicht, er jammert nicht, er sagt, den Teufel müsse man auslachen. Das tut er.

Er ist ein Einzelgänger, ein Oldtimer des Abendlandes, ein auslaufendes Modell. Er ist ein skurriler Typ. Nicht weil er alt ist, sondern weil er jung war. Er war ein Draufgänger, wie man sagt, ein menschlicher. Je älter er wurde desto mehr entwickelte er sich zu einer Romanfigur, zu einem Menschen mit Ecken und Kanten. Er heißt Rudolf, ist aber absolut kein Rentier und hat auch keine rote Nase. Aber er ist ein unmöglicher Zeitgenosse. In Gesprächen bringt er alles sofort auf den Punkt, aber was der Punkt ist, bestimmt er. Er spricht von Realität, aber was Realität ist, bestimmt er. Er spricht auch von Gott. Aber nie hatte ich das Gefühl, dass er auch bestimmt, wer Gott ist. Doch zuweilen war er dicht dran. Er trinkt gern einen norwegischen Aquavit, klopft mit dem Finger auf den Tisch, sagt »Een to tid«, lächelt mich an und hebt das Glas.

Er war Journalist, unerbittlich in der Recherche, penibel in der Sprache, konturenscharf in der Photographie und hartnäckig in der Meinung. Information, Position, Vision und Emotion: Eigenschaften und Ziele dieses Tartarin von Tarascon. Ein Narr. (Vielleicht doch mit roter Nase?) Ein Jäger, ein Sammler, ein Träumer, ein Globetrotter, ein Schreibmaschinenfanatiker, ein Hinterfrager, ein Sucher, ein Antworter, ein Wegweiser, ein Fehlermachender, ein Einzelgänger. Ein Urgestein in der Welt der Gleichmacherei und des medialen Wirrwarrs. Ein Mann des Disputs und der Diskussion, messerscharf in der Argumentation, weich in der Kommunikation, witzig und ernst, fromm und ketzerisch, lächelnd und weinend, offen und grüblerisch. In Abwandlung eines Songs von Dirk Busch könnte ich sagen: »O Mann, ich mag diesen Mann.«

Ich erzähle das, weil mich die Verbindung von Intellektualität und Emotionalität fasziniert, weil ich das Jugendliche im alten Menschen einfach mag, weil ich das Alte im jungen Herzen bewundere.

Rudolf ist unmöglich. Er bringt das Personal auf Trab, er reißt sein freches Maul auf, wenn er Ungerechtigkeit aufdeckt. Er liest Zeitung, natürlich, und er protestiert gegen Bushs Irak-Krieg, gegen den Krieg in Nordirland, gegen den Krieg Israels im Libanon, gegen den Terrorismus aller Schattierungen in Vergangenheit und Gegenwart, gegen Kreuzzüge und NS-Terror, gegen die Stasi, gegen die Tamilen und Singalesen auf Sri Lanka. Aber es ist nicht nur ein »Dagegen«. Er plädiert für Frieden und Versöhnung. Er hält Vorträge in seinem Alter, zeigt Bilder und Eindrücke, steht für Leben und Bildung, kennt Lessing und Goethe, bereiste Österreich und die Schweiz, Frankreich und Deutschland, lernte Menschen und Meinungen kennen und genoss den Wein und die Zigarre und die Speisekarte und das Essen und den Charme einer Landschaft und die Architektur und die Kunst und die Musik und die Dichtung und das Skatspiel und den Streit. Eben ein unmöglicher, weil einzigartiger Zeitgenosse.

Er lästert gern, ohne zu verletzen. Er telefoniert gern, ohne zu schwatzen. Er isst gern Kuchen, ohne zu völlen. Er genießt, ohne sich zu verlieren. Er lässt die Zeit rinnen und lebt in ihren Räumen. Es ist erstaunlich, dass ein Mann dieser Generation sich solche Himmels- und Weltoffenheit bewahren konnte. Gewiss, seine Seele trägt Schürfnarben, und er gehört auch zur Generation der schweigenden Väter, zu jenen Menschen, die um die stärksten Jahre ihres Lebens gebracht wurden, eben verraten und verkauft, von denen die neue Zeit wenig oder gar nichts wissen wollte und will. Erlebte Geschichte, aber leere Seiten der Geschichte. Allein mit dem Denken und Grübeln, allein mit Rückblick und Hoffnung. Doch da sind die Altersgenossen in der Wohnanlage (was für ein Begriff! Klingt mehr nach Aufstallung von Mastvieh). Sie hören gern seine Lichtbildvorträge, die er wegen seiner geringen Sehkraft frei aus dem Gedächtnis hält, und zwar immer mit einem unbändigen, ja ungezähmten Humor, wobei das Lachen unter den Augenbrauen wohnt, bevor es sich auf die Lippen setzt. Vielleicht hat er doch etwas von einem Rentier, das sich die Nahrung unter Schnee und Eis freischarrt, auch unter Schnee und Eis einer Gesellschaft, in der das Homo-Homini-lupus-Prinzip gilt: Der Menschen wird dem Menschen zum Wolf. Der große Engländer Thomas Hobbes hat dies zum Zentrum seiner Ideen vom Bösen gemacht, aber der Mann in Hamburg weiß wahrscheinlich, dass dieser Satz vom römischen Komödiendichter Plautus im 3. vorchristlichen Jahrhundert stammt: Vorhang auf! Es darf gelacht werden. Was heißt hier »darf«? Es muss!

Erinnerungen an den Bruder

Anneliese Probst [5 min]

In meinem Schlafzimmer hängt eine Photographie. Sie zeigt einen Soldaten in Uniform und daneben ein Grab mit einem einfachen Holzkreuz, über dem ein Stahlhelm hängt. Auf dem Kreuz nur eine Jahreszahl: 1941.

Der Soldat ist mein Bruder. Oder besser: Er war mein Bruder. Mein sechs Jahre älterer, von mir sehr geliebter Bruder. Er starb mit einundzwanzig Jahren in diesem schrecklichen, sinnlosen Krieg und er starb in dem Bewusstsein, für Deutschland zu kämpfen.

Ich frage mich zuweilen, wie lange wohl dieses Bewusstsein bei ihm angehalten hätte, wäre er am Leben geblieben. Wann hätte er die Sinnlosigkeit, die Bösartigkeit dieses Krieges durchschaut – und wie hätte er sich mit diesem Wissen auseinandergesetzt?

Mein Bruder war mir in allem ein großes Vorbild. Er war lebensfroh, immer aktiv, sehr gut in der Schule, er hatte einen großen Freundeskreis, und er war der erklärte Liebling meiner Mutter. Das wurde nie ausgesprochen, aber ich fühlte es wohl. Ich war jedoch nicht eifersüchtig, ich verstand meine Mutter, und ich war glücklich, wenn sich mein Bruder einmal Zeit für mich nahm. Unvergesslich die Radtouren im Sommer und das Skifahren im Winter, wenn einmal Schnee bei uns lag. Unvergesslich vor allem die wenigen ernsthaften Gespräche, die wir miteinander führten; er wollte immer wissen, wie ich mir mein künftiges Leben vorstellte, und nur mir vertraute er seine große Sehnsucht nach der Welt an. Als Journalist wollte er die Welt bereisen und über Erlebtes schreiben, er steckte voll brennender Neugier auf Menschen und Länder und Abenteuer aller Art – war der Krieg für ihn nichts anderes als ein großes Abenteuer?

Als er das letzte Mal auf Urlaub kam, setzten wir uns wieder eine Weile auf unseren Lieblingsplatz hoch über der Saale. Und da musste ich ihm versprechen, unsere Eltern nie allein zu lassen, sollte ihm etwas passieren. Er könnte ruhiger an die Front zurückkehren, sagte er, wenn er wüsste, dass sie im Alter nicht allein und verlassen sein würden. Ich versprach es ihm sofort. Das Erschrecken über diese Bitte kam erst später über mich, da war er schon wieder im Einsatz. Wir warteten täglich voller Unruhe und Angst auf Post – und dann kam der Augenblick, der mich um Jahre älter machte, kein Mädchen mehr von fünfzehn Jahren, sondern ein Mensch, dem plötzlich der Boden unter den Füßen weggezogen war und der sich hilflos fühlte. Absolut hilflos!

Aber dieser Mensch musste handeln, er trug plötzlich die Verantwortung, und niemand fragte, wie er das schaffte …

Als ich den Brief geöffnet hatte und laut las, dass mein Bruder als Erster der Einheit gefallen sei, wurde meine Mutter ohnmächtig. Ich konnte sie gerade noch auffangen. Ich rief um Hilfe, ein paar Hausbewohner kamen, sie legten meine Mutter auf die Couch, während ich versuchte, meinen Vater zu erreichen, der im Erzgebirge zur Kur war. Ich konnte ihn aber nicht sprechen. So gab ich nur an, dass meine Mutter und ich am nächsten Tag zu ihm kommen würden, es sei etwas Wichtiges geschehen.

Schon als der Zug in den kleinen Bahnhof einlief, sah ich ihn. Sein Gesicht hatte alle Heiterkeit verloren, es war todernst. Wir stiegen aus, meine Eltern umklammerten sich und weinten – und ich setzte mich draußen vor dem Bahnhof auf eine Bank und war allein.

Dieses Gefühl des Alleinseins überkommt mich oft noch heute, wenn ich diese Photographie in meinem Schlafzimmer betrachte. Der Schmerz, den ich dabei fühle, ist geringer geworden, aber er ist noch zu spüren. Wie schön war das damals, einen Bruder zu haben, wie schön wäre es heute im Alter, den Bruder neben mir zu wissen und mit ihm jenes Spiel zu spielen, das zwischen alt gewordenen Geschwistern gern gespielt wird und das immer mit den Worten beginnt: »Weißt du noch …?«

Aber das ist nicht mehr möglich. Nur die Erinnerung ist da, und ich bin dankbar für sie und hüte sie wie eine Kostbarkeit.

Krank

Johannes Schöne [4 min]

In das Menschenbild, das uns durch Medien und Werbung vermittelt wird, will der Kranke und Leidende nicht passen. Wünschen wir uns etwas, dann heißt es: »… und vor allem Gesundheit!« Ja, darf ein vernünftiger Mensch überhaupt daran zweifeln, dass Gesundheit die Hauptsache ist?

Als der junge König Salomo im Traum gefragt wird, was er sich als Einziges von Gott erbitte, antwortet er: »Ein gehorsames Herz.« – In unseren Volksmärchen geschieht es nicht selten, dass ein Mensch drei Wünsche äußern soll. Ich entsinne mich nicht, dass Gesundheit auch nur einmal genannt wird.

Wie kann man sich das erklären? War dem Menschen früherer Zeiten Gesundheit selbstverständlich? Im Gegenteil, er war Krankheit und Seuchen viel hilfloser ausgesetzt, als wir es sind. Aber er nahm beides – Gesundheit und Krankheit – aus Gottes Hand. In guten Tagen dankte er Gott für einen gesunden Leib, oder er vergaß es auch. In Krankheit schaute er auf zum Bilde des Gekreuzigten, das über dem Fußende seines Bettes hing, und fand in Christus den Bruder, der durch Krankheit und Leiden hindurchführt. Dann kann Krankheit zur »heimlichen Gnade« werden, wie eine junge krebskranke Ärztin von sich bezeugte. Eine heimliche Gnade – erfahrbare Gottesnähe – wartet auf mich, wenn ich krank bin. Sie wird mir aber nur in der Stille zuteil. Suche ich Zerstreuung, bleibt sie fern. Finde ich tagsüber keine Stille, weil es um mich herum immer geschäftig zugeht, so steht sie mir doch in den Nachtstunden offen.

»Ins Heiligtum, ins dunkle, kehr ich ein, Herr, rede du, lass mich ganz stille sein.«

Komme ich auch dann zu keiner inneren Ruhe, weil über Sorgen und Ängste hinaus auch körperliche Schmerzen mich quälen, so darf ich Gott bitten, dass er meinem Leiden ein Ende setze. Und wenn sich an meiner Krankheit auch da nichts ändert?

An Gottes Nähe zu zweifeln, dafür gibt es keinen Grund, vielmehr darf ich nun erst recht gespannt sein, was er weiter mit mir vorhat. Paulus flehte wiederholt, Gott möge ihn von dem »Pfahl im Fleisch« befreien (2 Kor 12,7–10). Heilung schenkte Gott ihm nicht, er gab unvergleichlich viel mehr: eine nie gekannte Kraft inmitten seiner Schwachheit.

Doch selbst hier, wo statt physischer Heilung eine innere Wandlung sich vollzieht, können Stunden und

Tage der Verzagtheit kommen. Dann ist es gut, einen Menschen zu haben, dem man alles sagen und klagen kann, einen Menschen, nicht diesen und jenen.

Kranke, die ihr unheilbares Leiden annehmen, beginnen zu leuchten. Es gibt Blinde, deren Angesicht strahlt. Und ein von Erblindung Bedrohter bekennt:

»Erlischt mein Auge,
bleibt Gott mir Licht und Schatten
und mein Farbenspiel.«

Im Zeichen der Hühnergötter

Peter Spangenberg [11 min]

Ich weiß nicht, woher die Jammerbucht im Norden Dänemarks ihren Namen hat. Jedenfalls trafen wir in unseren Urlauben dort nie ein lacrimarum vallis, ein Tal der Tränen an; denn seit Luthers Übersetzung sind Welt und Menschenleben zum Jammertal degradiert, weil das alte Wort »Jammer« Klage und Heulen, Weinen und Trauer, Elend und Not bedeutet. Vielleicht ist ja damit auch der Wind gemeint, wenn er sich zum Sturm steigert.

Wir allerdings fuhren stets mit Vorfreude und Spannung an dieses Fleckchen Erde, wo die vier Elemente auf Geheiß des Schöpfers Frieden geschlossen haben mussten. Zuweilen döste das Meer behäbig vor sich hin, aber auch in Bewegung schien es mit einer Glanzdecke überzogen. Verstohlen küsste der Wind die Wogen, und auch wenn er zum Sturm wuchs, schmiegte er sich in die Fluten. Das Feuer der Sonne blendete die Augen und warf das Licht in Millionen Funken über die Weite. Und manchmal trieben die Sonnenwinde das Nordlicht in die Wasser. Wir aber standen oder liefen auf einem Stück Erde, das von Endmoränen gesäumt und von Sand bedeckt wurde. Nirgends eine Schifffahrtslinie, nirgends eine Strandburg, nirgends ein Strandkorb, nirgends eine Würstchenbude. Stattdessen einige schmale Bäche, die sich vom höheren Land her ihr Bett über den Strand hin ins Meer spülten.

Wenn wir im Spätsommer und Frühherbst dort Urlaub machten, gab es außer uns kaum noch Menschen. Stundenlang begegneten wir oft niemandem und konnten ungeniert, frei und selbstverständlich laufen und baden und in eines der letzten Paradiese eintauchen.

Lange Märsche am Strand waren ein Hochgenuss für alle fünf Sinne, besonders für die Augen, die zu Ferngläsern wurden, wenn wir Hühnergötter suchten. So nennt man Flintsteine, durch die ein kleines Loch führt. In Jahrmillionen hat das Meer die Kalkeinlagerungen herausgewaschen. Der seltsame Name hat seine Wurzel im Unwissen der Menschen, die sich den Vorgang nicht erklären konnten und ein Geheimnis damit verbanden. Später hat man angeblich Steinketten an Hühnerställe gebunden, deren Geklapper bei starkem Wind den Fuchs fernhalten sollte. Jedenfalls hier bei uns an der Küste nennen wir sie Hühnergötter. Sie wurden früher auch als Glücksbringer gesehen, als Talisman, eben als geheimnisvolles Zeichen. Wir aber haben einfach nur Freude daran, und in manchem Urlaub haben wir ungefähr fünfhundert Stück gefunden, die meine Frau dann auf harten Bindfaden zog. Vielen Menschen haben wir damit eine Freude gemacht. Wenn wir ganz kleine Lochsteinchen fanden, wurden sie zum richtigen Überraschungsgeschenk als Halskette oder Schlüsselbundanhänger.

An der Jammerbucht also, im Zeichen der Hühnergötter, trafen wir erstaunliche Menschen. Einer wird uns immer im Gedächtnis bleiben: der Strandläufer. So nannten wir ihn, da er uns täglich am menschenleeren Strand begegnete. Seine Gestalt war klein und gedrungen, muskulös und ohne überflüssiges Fett, sein Haar schneeweiß, sehr gepflegt und seine Haut straff und gebräunt. Er lief. Aber sein Laufen hatte eine ganz eigenartige Ausdrucksform: Er lief, aber nicht wie ein Läufer, er ging, aber nicht wie ein Geher, er war alt und wirkte überraschend jung, er hielt seinen Blick streng nach vorn, aber in dieser Strenge lächelte sein Gesicht. Er ließ sich durch nichts ablenken und nahm doch wohl alles um sich herum wahr. Ich musste mit ihm sprechen. Tags darauf winkte ich ihm zu. Er winkte zurück. Wir sahen ihn nicht wieder.

Aber im folgenden Jahr war er der Erste, dem wir begegneten. Er erkannte uns, vielleicht mehr an unseren Hunden. Er hielt an, ja, unser Strandläufer hielt. Wir gaben uns die Hand. Wir stellten uns gegenseitig vor. Meiner Frau gegenüber machte er einen angedeuteten artigen Diener. Es stellte sich heraus, dass er fließend Deutsch sprach. Im Gespräch erzählten wir uns ein wenig von unseren Lebensgeschichten. Er lebte jetzt in Kopenhagen, in einem Haus namens »Sorgenfri«. Er hatte Latein, Deutsch, Englisch und Französisch studiert und im Lehramt vermittelt. Seit vierzig Jahren kämen sie nun schon hierher, sagte er, aber seine Frau könne nun nicht mehr so viel laufen. Er redete sich in Begeisterung, als er über die Bedeutung der Sprachen sprach: über die Wörter als Vehikel des Inhalts, über die Sätze als Ausdruck von Logik und Emotionalität, über die Geschichten als Vermittlung von Kultur und Bildung, und eben über die Sprache als Brücke für Versöhnung und Frieden. Er war weit über achtzig Jahre alt, und dennoch sprühte er vor Begeisterung, vor innerer Bewegung, vor Freundlichkeit und Herzlichkeit und fügte hinzu: Das habe ich meinem Schöpfer zu verdanken. – Sprach's, nickte zum Abschied und lief weiter.

Das Gespräch ging uns noch lange nach. Wo trifft man heute schon auf Menschen, die ihren inneren Reichtum so großmütig verschenken? Menschen, die jenseits aller Ressentiments und Vorbehalte leben. Menschen, die ohne Vorurteile auskommen. Menschen, die keine Seele haben, sondern Seele sind.

Wenig später gingen wir wieder am Strand entlang. Da saßen sie in einiger Entfernung von uns: die alte Frau und der alte Mann. Sie saßen da wie das alt gewordene Paar Maria und Joseph, oder auch wie zwei Käthe-Kollwitz-Figuren oder wie eine Barlach-Plastik en miniature. Wir blieben stehen und sahen ohne Scheu zu ihnen hin. Sie saßen unter einem einfachen Sonnendach, das sie sich aus einem riesigen Handtuch gezaubert hatten. Sie las in einem Buch, er las in einer angesehenen deutschen Wochenzeitung. Sie winkten uns heran. Im Näherkommen erkannten wir, dass beide ganz nackt waren. Es war eine braungebrannte und keusche Nacktheit. Sie saßen beide leicht gebeugt, lächelten uns an, sprachen uns an, ihre Brüste waren klein und wirkten wie zwei kleine kostbare Taschen, die nun leer waren, weil sie ihrer Bestimmung gefolgt waren. Beider Haut war faltig und doch glatt. Beider Körper waren zart, aber nicht schwach. Sie verbargen ihr Blöße nicht vor uns. Sie schämten sich nicht. Sie brauchten kein Feigenblatt. Ich gewann den Eindruck: Sie waren gar nicht nackt in ihrer Nacktheit, sondern wir waren es trotz unserer Bekleidung. Wir hockten uns zu ihnen und erfuhren von ihrem Schicksal im Krieg und danach. Auch jetzt verzichteten sie auf jede sprachliche Umkleidung, sie erzählten in nackter Sprache von nackten Tatsachen. Das machte sie so beeindruckend. Sie kamen ohne Umwege aus. Sie sprachen ohne jeden Anflug von Hass oder Bitterkeit. Im Gegenteil: Zwischendurch gaben sie sich die Hände wie zum Zeichen der liebenden Vergewisserung oder des bleibenden Einverständnisses. Es war wunderbar, und wir schwiegen lange, als wir sie verlassen hatten.

An einem der langen blauen Himmelstage kündigte sich ein besonderes Abendrot an, ein Sonnenuntergang, in dem schon Anfang des 20. Jahrhunderts die »Maler des Lichts« schwelgten. Wir gingen an den Strand. Auf zwei Klappstühlen saß das Paar, warm eingepackt in dicke Jacken, mit bunten Pudelmützen auf dem Kopf und einer Wolldecke über den Knien. So saßen sie da und schienen mit dem rotglühenden Sonnenball am Horizont Kontakt aufzunehmen. Es war kühl geworden im Zeichen der Hühnergötter.

Wir wollen Abschied nehmen, wandte sich die Frau an uns, ohne den Kopf zu wenden. Sie hatte uns gefühlsmäßig wahrgenommen. Wir sind wahrscheinlich zum letzten Mal hier an unserem Lieblingsplatz der Welt.

Wir schwiegen. Wir schwiegen lange. Die Sonne verwandelte ihre Farbenpracht in dunklere Töne, ihre späten Strahlen lagen als langgezogenes dreieckiges Mosaik auf dem ruhigen Meer. Caspar David Friedrich, dachte ich, und ein wenig Emil Nolde. Farben. Pracht. Farbenpracht, die zur Musik wird. Die Sonne geht unter, sagte er unvermittelt.

Wir schwiegen. Wir schwiegen lange. Das ist im Leben auch so, wagte ich zaghaft zu sagen. Ja eben, meinte sie, das ist im Leben genauso. Dennoch, fuhr ich fort, dennoch gibt es einen Sonnenaufgang. Genau deswegen sitzen wir hier, fügte sie ein. Ja, genau deswegen, bestätigte er sie.

Wir schwiegen. Wir schwiegen lange. Der Sonnenball war inzwischen um die Hälfte kleiner geworden, scharf vom Horizont durchschnitten. Möwen suchten nach später Beute. Wir haben es gut miteinander, sagte sie. Er neigte seinen Kopf an ihren. Meine Frau und ich nahmen uns an der Hand. Es war sehr feierlich.

Ich zitierte leise den 8. Psalm: »Herr, unser Herrscher, wie herrlich ist dein Name in allen Landen.« Da ging die Sonne zu Bett. Wir verabschiedeten uns und verließen zwei dankbare Menschen. Sie mussten nun allein sein, und sie waren nicht einsam.

Ein Traummärchen vom Liebsten

Anneliese Probst [3 min]

Ich habe heute Nacht ein Märchen geträumt. Ein Traummärchen. Ich will es Dir erzählen, mein Liebster, denn Du spielst darin die Hauptrolle.

Der Traum brachte mich in eine fremde Stadt, ich kannte diese Gegend nicht und auch nicht die Menschen, die mich umgaben – Männer, Frauen und Kinder. Manchmal berührten sie mich, dann war es, als ob mich ein kalter Hauch streifen würde. Ich fühlte mich sehr verlassen und allein und wollte nach Hause, aber so viel ich auch suchte – ich fand den Weg nicht.

Als ich schon ziemlich verzweifelt war, begegnete ich einem Mann, der mich freundlich ansah und mich fragte, ob er mir helfen könne, ich sähe so aus, als ob ich Hilfe bräuchte.

Ich sagte ihm, dass ich hier fremd wäre und nach Hause wolle, aber allein den Weg nicht fände.

Er nickte, fasste meinen Arm und meinte, ich solle ihm folgen. Wir gingen eine Weile nebeneinander, anfangs machte mich seine Gegenwart ruhig; die Unruhe, die mich bis dahin erfüllt hatte, fiel von mir ab.

Als ich aber spürte, wie er sich an mich drängte und mich näher zu sich zog, kehrte die Unruhe zurück. Ich streifte seine Hand von meinem Arm und sagte, er solle das lassen, wenn er nur auf ein Abenteuer aus sei, solle er gehen.

Er lachte, blieb stehen, umarmte mich und küsste mich. Anfangs wehrte ich mich energisch, aber allmählich ließen meine Kräfte nach, ja – voller Erschrecken wurde mir bewusst, dass ich seine Umarmung sogar genoss.

In diesem Augenblick hörte ich, wie ein Mann lachte – und sofort wusste ich: Das konnte nur mein Liebster sein! Ich löste mich energisch aus der Umarmung und sah mich um und sah mitten in Dein vertrautes Gesicht! Du lachtest so herzlich, wie Du zu Deinen Lebzeiten gelacht hattest, ich sah mitten in Deine guten Augen. Du hattest Deinen alten, braunen Anorak an, strecktest mir beide Hände entgegen, und ich fasste sie und ließ mich zu Dir ziehen. Als Du mich küsstest, musste ich weinen vor Glück!

Wie lange wir so beieinander standen, konnte ich später nicht sagen. Ich wollte Dich nicht wieder loslassen und hielt Dich ganz fest und sah Dich immerzu an, ich spürte Deine Küsse auf meinem Mund und weinte vor Glück – und als ich endlich aufwachte, war mein Gesicht noch tränenfeucht. Ganz langsam erlosch das

Glücksgefühl in mir und mir wurde bewusst, dass alles nur ein Traum gewesen war.

Ein Märchentraum, der mir gezeigt hat, wie nah wir uns – trotz der langen Trennung – noch sind. Ein Traummärchen, das mich glücklich gemacht hat und für das ich Dir danke. Denn ohne Dich hätte ich diesen Traum nicht träumen können …

Grünen, fruchtbar und frisch sein!

Johannes Schöne [4 min]

In den biblischen Psalmen steht das unglaubliche Wort: »Die in Gott gepflanzt sind, werden grünen; und wenn sie auch alt werden, werden sie dennoch blühen, fruchtbar und frisch sein« (Ps 92,14.15). Fruchtbar kann unser Alter sein! Da gibt es Früchte, die in uns wachsen und reifen wollen. Der Apostel Paulus nennt sie die »Früchte des Geistes«.

Liebe, Freude, Friede und Geduld sind die ersten vier, die er nennt. Die Liebe steht allen voran. Weil wir wissen dürfen, dass Gott uns liebt (gerade und besonders in unseren Leiden), können wir auch andere Menschen lieben. Nun hat sich aber gerade im Alter eine solche Menge an Vorurteilen und Kritik angesammelt, dass wir uns mit der Liebe oft schwertun. Da sollten wir uns freundlich beschämen lassen. (Sooft ich beim Einkauf einen jungen Menschen gebeten habe, mir das Kleingedruckte auf einer Verpackung vorzulesen, ist mir die Bitte übrigens erfüllt worden.)

Als nächste Frucht des Geistes will Gott in uns Freude wachsen und reifen lassen. Hier sind wir Alten herausgefordert, anderen Menschen erfahrbar zu machen, dass Freude mehr ist als Spaß. »Die höchste Freude ist unabhängig von äußeren Verhältnissen, sie hat ihre unversiegbare Quelle allein in Gott«, schreibt Eva von Thiele-Winkler.

Wie sollte nicht auch Friede zu den erstgenannten Früchten des Geistes gehören? Friede in einer friedlosen Welt, in der Gewalt und Vergeltung ihr Recht fordern – und Friede im Kleinen, in unseren Häusern, in Familien und Ehen. Welche Rolle spielen wir Alten dabei? Genügt es, wenn wir uns aus allem heraushalten? Oder wagen wir es, zwischen den Streitenden zu vermitteln?

Die vierte Frucht des Geistes ist Geduld. Sie zu üben dürften wir im Alter genug Gelegenheit haben. Alles wird langsamer: das Gehen, das Sprechen, das Verstehen, die häuslichen Verrichtungen. Da heißt es geduldig zu sein und zu bleiben, ein jeder mit sich selbst und mit dem anderen. Denn geduldig bleiben ist eine Spielart der Liebe, und »wer in der Liebe bleibt, der bleibt in Gott« (1 Joh 4,16).

Wenn wir in der Liebe Gottes bleiben, dann wachsen wir über uns selbst hinaus. Aber wenn nun zu vieles, zu Schweres auf mir lastet und mich niederdrückt, wie soll ich da über mich selbst hinauswachsen? Jesus sagt: »Wer mir nachfolgen will, der nehme sein Kreuz auf sich und folge mir.« Wer also täglich bereit ist, Schweres, ja schier

Unerträgliches zu ertragen, der ist bereits über sich selbst hinausgewachsen in die Nachfolge Christi. Die unerträglich scheinende Last ist ja eine von Gott mir auferlegte Last. Also hat sie einen Sinn, auch wenn ich ihn nicht ergründen kann. Im Vertrauen darauf, dass Gott mir nichts Unzumutbares zumutet, wachse ich wieder über mich hinaus. Deshalb können wir sagen: In unserer täglichen Hingabe an Gott liegt das Geheimnis unseres Wachstums im Alter.

Du, meine Krankheit

Peter Spangenberg [2 min]

Am liebsten würde ich dich siezen, du, meine Krankheit.
Ich würde dich auch gern hassen,
und am liebsten würde ich dich umbringen, regelrecht vertilgen.
Warum überfällst du mich? Warum springst du mich an?
Über Schnupfen und Husten lasse ich mit mir reden.
Über Grippe auch noch. Über Zahnschmerzen zur Not,
über Durchfall und Kopfschmerzen auch noch.
Aber wenn es schlimmer kommt?
Amputation! Krebs! MS! TBC! Rheuma! Zucker!
Du, meine Krankheit, du hast so viele Gesichter.
Oder sollte ich besser sagen: So viele Masken und Fratzen?
Ich habe Angst. Ich suche Hilfe. Ich suche Trost.
Die meisten Menschen speisen mich ab. Sie sagen, es gäbe Schlimmeres.
Aber ich bin allein mit dir, du, meine Krankheit!

Du würgst mich. Du bedrohst mein Leben.
Ich kann nichts mit dir anfangen.
Ich gäbe viel darum, in dir einen Sinn zu erkennen.
Einen Sinn, der mich trägt und zwar bis ans andere Ufer möglicherweise.
Du musst wissen: Ich hänge am Leben, ich hänge an meinen Menschen,
ich möchte gern noch erleben und erkennen.
Plötzlich bekommt jeder Tag seine Bedeutung und sein Gewicht.
Die Zeit wird zum Adventskalender, und ich öffne täglich voll Vertrauen ein Türchen.
Ich will ja kämpfen, ich will ja Widerstand leisten, ich will mich auch beschränken,
ich vertraue auch meinem Arzt, ich schlucke auch die Medikamente.
Andeutungsweise ahne ich: Krankheit kann Segen sein, Segen in einem ganz anderen Sinn: Krankheit vermittelt die Nähe Gottes.
Dieser Gedanke ist für mich jung, sehr neu, aber bevor ich mich füge, will ich mich einfügen. Habe ich eine andere Chance?
Sicher nicht. Aber ich will es versuchen.

Geschichte vom Sonnenlicht

Anneliese Probst [3 min]

Es war einmal eine Frau, die liebte jene Tage besonders, an denen das Sonnenlicht die Erde traf und alle Städte und Felder, alle Bäume und Blumen mit seinen Strahlen verzauberte. Die Tage, an denen die Sonne hinter Wolken verborgen blieb, mochte sie nicht sonderlich, weil ihr an solchen Tagen jegliche Arbeit nicht gut von der Hand ging. Schien aber die Sonne, fiel ihr alles leicht und sie war fröhlich von morgens bis abends.

Das war schon so, als sie noch ein kleines Mädchen war. Wenn morgens ein Sonnenstrahl ihre Nase kitzelte, nieste sie laut, lachte, sprang aus dem Bett, lief zum Fenster, warf der Sonne eine Kusshand zu und tanzte neugierig und erwartungsfroh in den neuen Tag. Er würde wieder wunderschön werden und alle kleinen Kümmernisse, die in ihm verborgen waren, würden nicht zählen.

Als sie älter wurde und erwachsen war, als sie einen Mann und Kinder hatte und später auch noch einen Beruf, ließ sie sich von den Sonnenstrahlen am Morgen nur ungern wecken. Sie wäre morgens lieber im Bett geblieben und hätte sich richtig ausgeschlafen, aber dazu fehlte die Zeit. So störten die Wolkentage sie nicht mehr, doch wenn mittags dann einmal die Sonne vom wolkenlosen Himmel schien, freute sie sich an ihrer Wärme und an ihrem Licht und merkte voller Staunen, dass ihre Kinderfröhlichkeit – wenigstens für kurze Zeit – zu ihr zurückkehrte und sich alle Arbeit fast von allein tat. So wurde sie älter und älter. Krankheiten stellten sich ein, die Kinder gingen ihre eigenen Wege, der Mann, den sie sehr geliebt hatte, starb. Sie musste sich in der Einsamkeit einrichten. Das gelang ihr, weil sie sich selbst nicht so wichtig nahm, weil sie für jeden Tag, den sie noch leben durfte, dankbar war, vor allem, wenn ihm die Sonne Wärme und Farbe gab.

Aber nicht mehr der Sonnenstrahl am frühen Morgen und das helle Mittagslicht beglückten sie. Nun war es das warme Abendrot, das sie verzauberte und zu dem sie sich hingezogen fühlte. Wenn sich der Himmel mit diesem leuchtenden Rot überzog, das auch die Erde färbte und alle Ecken und Kanten glättete, wurde ihr Herz still. Dann fühlte sie sich geborgen in dem großen Geheimnis des Lebens, zu dem auch der Tod gehörte, an den sie zuweilen dachte, den sie aber nicht fürchtete. Das Abendrot grüßte wie aus einer anderen Welt zu ihr hin, und sie dachte: Du bist das schönste Sonnenlicht, das es gibt und das ich kenne. Ich bin dankbar, dass ich dich sehen darf – und durch dich mitten hinein in den offenen Himmel …

Zeit haben

Johannes Schöne [2 min]

In meinem Alter aber treibt mich nichts. Ich verweile am Zaun und wende mein Angesicht denen zu, die hier auf mich warten: der Brennnessel, der knospenden Ackerwinde, dem Frauenmantelblatt und dem Regenwurm. Da gehen sie mir auf in ihrer vergänglichen Schönheit und Traurigkeit, und es geschieht, dass die Angesehenen nun mich ansehen. – Und wenn es nur die Geranien auf deiner Fensterbank sind? Dass du sie mit Wasser und Blumendünger versorgst, genügt nicht; sie dürsten nach der Wärme deiner Augen.

Gewiss wird im großen weltweiten Maßstab die Erde weiter geplündert. Wo sie aber hier und da im noch so Kleinen aufmerksame Liebe erfährt, bahnt sich an, was einmal neue Erde werden will. Solange meine Füße mich noch tragen, will ich hinausgehen an die Hecken, Tümpel und Büsche und die Unscheinbaren aufsuchen. Ich will es tun, weil ich gar nicht anders kann. Denn mein Engel, der mich ansieht, ist mir nirgendwo so nah und bewusst, wie dort, wo ich nach meinen Mitgeschöpfen frage.

Mein Engel? Ja. Von den kleinen Kindern sagt Jesus: »Ihre Engel im Himmel sehen allezeit das Angesicht meines Vaters im Himmel« (Mt 18,10). – Was die Kinder unbewusst zu ihrem Glück erfahren, das darf uns Alten frohe Gewissheit werden. Der Engel, der dir zugeordnet ist, nähert sich dir wieder und sieht dich an, wo immer du bist.

Geschenktes Leben

Peter Spangenberg [2 min]

Meine Mutter starb früh.
Ich erzog meine Geschwister.
Ich war in Stellung.
Die Arbeit war schwer.
Ich saß unter der Kuh.
Ich wusch Wäsche.
Ich drehte den Pfennig um.
Ich ging gerne tanzen.
Ich liebte das Singen.
Ich mochte den Garten.
Ich war viel in Dänemark.
Ich hatte oft Heimweh.
Ich arbeitete im Krog.
Ich sorgte für meine Kinder.
Meine Tochter saß im Apfelbaum.
Sie liebte die Bücher.
Ich bin nur eine kleine Frau.
Aber ich kenne die Welt.
Ich war in Spanien und England.
Ich lese Zeitung und sehe fern.

Ich kritisiere die Politik
und versorge mich immer noch selber
mit siebenundneunzig!
Hört Ihr? Mit siebenundneunzig Jahren.
Ich habe den Kaiser erlebt in Flensburg,
ich weiß, was Inflation ist,
ich weiß, was Armut bedeutet,
und Krankheit und Tod,
Verlust von Menschen, die ich liebte.
Mir macht keiner was vor.
Manchmal träume ich von früher,
und die Gedanken wandern durch die Zeit.
Ich liebe das Leben und die Menschen,
meine Familie und die Freunde.
Ich bin 97. Das ist wunderbar.
Das Leben ist ein Geschenk.

Tage des gläsernen Lichtes

Anneliese Probst [4 min]

Es gibt Tage, an denen ist das Licht auf besondere Weise durchsichtig und klar, es ist beinahe ein gläsernes Licht, das die Konturen der Häuser, der Bäume, der Landschaft scharf umreißt und sich gleichzeitig zum Horizont hin in leichtem Dunst verliert. Die Schönheiten ringsum, aber auch die Schrunden und Beulen treten deutlicher hervor als sonst. Man kann nichts übersehen; fast hat man hat das Gefühl, als wolle das Licht einen bei der Hand nehmen und mit sich führen, fort aus dem täglichen Einerlei, das so leicht blind macht und kraftlos und müde.

Ich erinnere mich, dass ich mir als junges Mädchen an solchen Tagen mein Rad griff und hinaus zur Franzigmark fuhr, jenem eigenartigen Landstrich am Ufer der Saale nördlich von Halle, der geprägt wurde von Porphyrhügeln und kleineren oder größeren Tälern. Ein schmaler Weg führte am Ufer der Saale entlang in Richtung Wettin, aber nach Wettin kam ich selten. Entweder stieg ich auf eine der Talrandhöhen, legte mich auf den kurzen, trockenen Rasen, beobachtete die Vögel über mir und die Schmetterlinge um mich herum und schaute in das Flusstal hinunter, oder ich streifte durch eines der Täler, setzte mich hinter Gestrüpp und Gesträuch und dachte mir Geschichten aus, Geschichten, die alle mit dieser Landschaft zu tun hatten, deren unauffällige, bescheidene Schönheit mich immer wieder anzog.

Auch der Petersberg zog mich magisch an. Ich konnte stundenlang oben auf dem Kirchberg sitzen und in die Weite schauen. Hinter Dunstschleiern in der Ferne lag die Stadt, mehr erahnt als wirklich wahrgenommen. Ganz nah waren Wiesenblumen, Käfer, Insekten, ganz nah war auch der Wind, der die Stille ringsum hörbar machte. Kroch dann die Dämmerung herauf, fuhr ich nach Hause, müde und zufrieden. Diese Landschaft suchte ich auch in den ersten Jahren nach dem Krieg häufig auf, freilich nicht mehr der Stille wegen. Ich suchte dort vielmehr, zusammen mit anderen, die abgeernteten Felder nach Essbarem ab, nach Ähren, Kartoffeln und Rüben. Abends schleppte ich jedoch nicht nur gefüllte Beutel und Taschen heim, ich hatte, ganz nebenbei, für mich selbst Neues und Schönes entdeckt: eine Baumgruppe mitten auf einem Acker, einen Tümpel hinter flachen Hügeln, zuweilen auch ein Haus, das alt und baufällig wirkte, als stamme es aus einem Märchen. Und Tiere! Im Auenwald an der Saale nisteten Weißstorchpaare, es gab hier auch eine Reiherkolonie und der

Rote Milan hatte hier seine Heimat. Diese schönen Vögel saßen oft auf Lichtmasten und Zaunpfählen, um später mit weiten Flügelschlägen aufzusteigen und mit dem Wind in den Lüften zu segeln. Selten kam ich ohne Blumen nach Hause. Wiesenblumen, deren Zartheit mich immer wieder beglückte: wilde Glockenblumen, Pechnelken, weiße und gelbe Blüten, deren Namen ich nicht kannte.

Immer wieder dachte ich: Wo gibt es Schöneres? Freilich eine bescheidene Schönheit, die sich keinem Auge aufdrängt, aber die beglückt, wenn sie wahrgenommen wird. Mich beglücken jetzt sogar die Erinnerungen an diese längst vergangene Zeit. Es war einmal – und es war schön! Und diese Erinnerungen versöhnen mich ein wenig mit den Entsagungen des Alters.

Bald

Johannes Schöne [3 min]

Das letzte Wort, das Christus seiner wachen Gemeinde zuspricht, heißt: »Ja, ich komme bald« (Offb 22,20). – So unberechenbar dieses Bald auch ist und bleiben wird, die Gemeinde Christi nimmt es mit Freuden auf und singt: »Er wird nun bald erscheinen in seiner Herrlichkeit.«

Wirklich mit Freuden? – Am Bald scheiden sich die Geister. Nur wer entzündbar ist, in Sehnsucht oder auch in Neugier entflammen kann, wird das Abenteuer bestehen, das sich mit jedem großen Bald verbindet. Bergleute, die unter Tage nach Zinn oder Kohle schürften, prüften unablässig das tote Gestein, und ihre Herzen brannten, wenn der Steiger sagte: Bald. Wir Heutigen bauen an einer berechenbaren Zukunft, aber was sich für morgen planen und berechnen lässt, ist weit entfernt von dem, was den Namen Leben verdient. Denn Liebe und Freude, Schmerz und Genesung, Lachen und Weinen, Unglück und Glück werden sich nie berechnen lassen. Wahres, lebenswertes Leben ist noch immer Leben aus Gottes Geist. Und da gibt es nichts Festlegbares, da ist alles offen und in Bewegung und voller Überraschung.

Kinder sehen nicht nach der Uhr. »Sind wir bald da?«, fragt der kleine Enkel die Großmutter, die ihn wieder zu seinen Eltern bringt. »Ja, bald«, sagt die Großmutter, und das Herz tut ihr weh, wenn sie an den nahen Abschied denkt. »Bald – bald – bald«, singt der Enkel vor sich hin, während er zum Abteilfenster hinausschaut. Die nahe Heimkehr ist es, die ihn singen und hüpfen lässt.

Wird es immer so bleiben, dass ein Bald die einen froh, die anderen traurig macht? Nein, es kommt auf das letzte Ziel aller Dinge an, es kommt darauf an, ob wir es ins Auge fassen. Und das letzte Ziel ist Heimkehr zu dem, der von sich bezeugen darf: »Ich bin der Erste und der Letzte und der Lebendige« (Offb 1,17). Durch ihn allein ist ungewisses Warten keine Zumutung mehr, sondern geschenkte Zeit oder – wie es früher hieß – Gnadenzeit.

Vor Jahrhunderten – so erzählt Werner Bergengruen – ritt ein Herzog mit Gefolge durch sein Gebiet. Vor einer Kapelle saß er ab und trat allein in das Halbdunkel des geweihten Raumes. Da erblickte er an einer Wand eine leuchtende Schrift, und er las: »Nach sechs ...«, und schon war die Schrift erloschen. Er deutete sich die zwei Worte als Ankündigung auf seinen Tod. Wann aber sollte er sterben; in sechs Stunden – Tagen – Wochen oder Jahren? Er stellte sich ein auf die kürzeste Frist, auf das Bald, und ordnete mit Besonnenheit, was sich noch ordnen ließ. Als auch sechs Jahre vergangen waren, erkannte er: Das Leben unter dem Bald war ihm und seinem Lande zum Segen geworden.

Du, mein Tod

Peter Spangenberg [2 min]

Seit ich denken kann, weiß ich, dass es dich für mich gibt.
Gevatter hat man dich genannt. Bruder Schlaf zuweilen.
Sensenmann auch. Freund Hein war dein Name.
Und andere Begriffe spielten eine Rolle: Erlösung, Befreiung, Erfüllung.
In den Anzeigen wirst du umspielt: Heimgegangen ist der Verstorbene,
eingeschlafen ist er, abgerufen wurde er, heimgeholt.
Rund um diese Erde bist du, mein Tod, die letzte Bedrohung,
und die Menschen haben allezeit versucht, dich zu umgehen oder zu bestechen.
Ich lache dir in dein Grinsen: Ich habe keine Angst vor dir.
Jesus, der Christus, der Gekreuzigte, hat dich entlarvt
in deiner armseligen Rolle des tödlichen Clowns.
Du lässt dich unter Vertrag nehmen von den großen und kleinen Killern,

von den Terroristen und Rassisten aller Schattierungen.
Trotzdem gebe ich zu, dass ich Angst habe:
Nicht vor dir, mein Tod, sondern vor meinem Sterben.
Ich weiß nicht, wann und wo, wie oder warum.
Das bestürzt mich.
Ich weiß nur zu gut, dass alles Leben sterben muss.
Das ist auch nicht mein Problem.
Aber werde ich in Würde sterben? In Begleitung?
Wird mir jemand den Segen spenden? Werde ich noch beten können?
Wird mein Leben zum Vermächtnis?
Werden Menschen um mich trauern?
Werde ich Spuren hinterlassen?
Wirst du, mein Tod, plötzlich kommen? Oder schleichend?
Gewaltsam? Oder willkommen?
Wirst du mich rechtzeitig benachrichtigen?
Wirst du mir Zeit lassen, einen Engel zu bitten, mich zu geleiten?
Du musst wissen: Ich bin ein Liebhaber des Lebens.
Das passt dir nicht. Ich weiß es.
Aber du sitzt am längeren Hebel.
Werde nur nicht hochmütig: Auch du bist nur ein Diener des Schöpfers.
Der aber hält seinen Segen für mich bereit. –

Das Märchen vom geschwänzten Engel

Anneliese Probst [3 min]

Schon als Kind habe ich Märchen geliebt, das ist auch jetzt im Alter noch so. Märchen sind voller Wunder, voller Abenteuer, voller Spannung – und es siegt fast immer das Gute.

Das ist tröstlich und beruhigend, das hebt sie über die Wirklichkeit hinaus, am Ende lacht man über das Böse, das einem sonst oft den Atem nimmt.

Auch die Gleichgültigkeit, die so häufig unsere Tage mit einem grauen Schleier überzieht, ist den Märchen fremd, und so ist es wohl erlaubt, dass ich mein enges Zusammenleben mit meinem Kater fast als ein Märchen empfinde, das mir heute die Einsamkeit erträglich macht.

Als ich noch gehen konnte und keinen Gedanken an einen Rollstuhl verschwendete, kam irgendwann ein Kater an meine Haustür, dünn, zerzaust, mit einem Schwanz, der zur Hälfte mit Tesafilm umwickelt war. Er hatte offensichtlich großen Hunger, ich gab ihm zu fressen – und damit begann eigentlich schon das Märchen mit diesem geschwänzten Engel, den ich Fränzchen nannte, weil er ja einen Namen haben musste. Er kam erst einmal täglich, dann häufiger – und endlich zog er ein, beachtete meine beiden anderen Katzen kaum, wollte im Grunde nur in meiner Nähe sein, sogar die täglichen Spaziergänge draußen wurden immer kürzer Er saß vor der Tür, maunzte, drängte sich an mir vorbei, wenn ich die Tür öffnete, sprang, sooft es möglich war, auf meinen Schoß und schnurrte genüsslich, wenn ich ihn streichelte.

Eines Tages merkte ich, dass sich der Schwanz unter dem sehr straff geklebten Tesafilm entzündete. Die Tierärztin, die sich den Schwanz besah, entschied, dass er amputiert werden müsse, da es sonst zu Komplikationen kommen könne.

Also wurde Fränzchen operiert, aber trotz des kleinen Stummels, der vom Schwanz übrig blieb, war er weiter mein geschwänzter Engel, der mir immer wieder durch die Tage half, ohne es zu wissen. Der mir auch hier, in meinem neuen Zuhause hilft, indem er da ist, indem er meine Nähe fordert, indem er nicht zulässt, dass mich die Traurigkeit wieder verschlingt, indem er mich mit den Dummheiten, die er begeht, fröhlich oder wütend macht, je nach der Stimmung, in der ich mich gerade befinde. Indem er vor allem die Langeweile vertreibt, die zuweilen wie ein Gespenst aus den Zimmerecken kriecht – und wenn er nachts in mein Bett kommt und es sich auf meinem Bauch bequem macht und mir seine Wärme spendet, denke ich oft: Das ist wie ein Märchen – da kommt ein fremdes Tier und bleibt, um mich durch die Tage zu begleiten und die Tage mit mir zu leben. Ein Wunder, das ich dankbar annehme, eine kleine Sonne, die mich wärmt und auf die ich nicht mehr verzichten möchte.

Ein Märchen also, das mit den uralten Worten beginnt: Es war einmal …

Die Kinder von Nordermoor

Peter Spangenberg [16 min]

Dies wird keine spannende Geschichte, es wird das Protokoll eines heißen Sommers.

Ich kenne ein Buch mit dem Titel »Enkel schreibt man nicht mit ›g‹«. Dabei denke ich an unsere so ganz normalen Enkel und halte uns auch für ganz normale Großeltern. Meine Frau ist mir allerdings, wenn es um großelterliche Qualitäten geht, turmhoch überlegen. Zunächst einmal: Sie ist innen noch runder als außen, und außen ist sie rund. Des Weiteren: sie hat eine schier unendliche Geduld. Gerade für die Beziehungen zwischen den Generationen ist diese Gabe besonders wertvoll. Zum Dritten: Sie weiß immer ganz genau, wo die richtigen Bücher für Kinder stehen. Sie hält da nämlich Ordnung, alphabetisch nach Verfassern. Das käme mir nie in den Sinn. Zum Vierten: Sie weiß immer einen Rat, ohne viele Worte zu machen. Schließlich: Ihr wird nichts zuviel. Ich frage mich, wie das möglich ist. Und hinter und neben und über dem allen liebt sie Blumen und Bäume, Tiere und Landschaften, Geschichten und Gedichte, Porzellan und Glas, na ja: und eben die Kinder, mit und ohne Rotznase, mit und ohne Windel, mit und ohne Allüren, mit und ohne Frechheiten.

Ich musste diese Ausführungen voranstellen, um mich selber zu bewundern, dass ich es mit dieser Frau aushalte, ohne Minderwertigkeitskomplexen zu verfallen. Grau- und weißhaarige Leser werden hinter solchen Zeilen gewiss die verborgene Liebeserklärung erkennen.

Wir stellen im gemeinsamen Älterwerden immer wieder fest, wie gut es tut, wenn wir wie die Sparkasse leben: »Wie gut, wenn Kompetenzen sich ergänzen.« Wir haben unsere Kompetenzen, die uns zwischendurch vieles vergessen oder besser einordnen lassen: den Bandscheibenvorfall, die taube Wade, die ständigen Rückenschmerzen, die vielen Krankheiten in der Familie und im Freundeskreis, die vielen Todesfälle und Traurigkeiten, die Sorgen um andere Menschen. Ja, das alles gehört auch zu uns. Dann singen wir oder schweigen uns aus, wir können beten und über Literatur sprechen, oder ich mache Marmelade und Gelee, backe Brot und koche: Das nämlich ist meine Kompetenz, wenn ich nicht gerade mit meinem Freund Harald Schach spiele oder mit meinem Hund schmuse oder schreibe oder mit meinen Studenten beim Kaffee in der Uni sitze und über Gott und die Welt spreche. Aber eben über Gott und die Welt, als wären es zwei Brennpunkte in einer Ellipse.

Ein Freund schrieb uns ins Gästebuch: »Suche dir ein Dorf und mache es zum Mittelpunkt der Welt.« Das haben wir getan, wir leben sozusagen für uns am archimedischen Punkt, jedenfalls bilden wir uns das ein, und es hilft. Wir sitzen auch oft mit älteren Menschen zusammen. Da erleben wir fast nur Gespräche über Alter und Krankheit, über Rente und Gesundheitsreform, über Enttäuschungen und Angst vor dem Sterben. Man könnte den Satz mit dem Dorf und dem Mittelpunkt auch übertragen: auf Etage und Schrebergarten, auf Villa und Baracke, auf Seniorenwohnanlage und Mallorca. Es kommt wohl darauf an, inwieweit man sich öffnet und bereithält, Verbitterungen entsorgt und den Rückwärtsblick abschafft, die körperlichen Beeinträchtigungen für zweitrangig erklärt und die Krankheiten irgendwann bejaht. Ich musste das aussprechen, weil das Leben so reich ist, auch wenn die Kräfte nachlassen.

So also begann der heiße Sommer in Bullerby, Tschuldigung: auf Nordermoor. Als Astrid Lindgren mir 1980 schrieb, dass Kinder nichts anderes brauchten als die Freiheit des Spiels, begriff ich sie noch nicht ganz. Später schrieb sie: »Lieber Peter, ich bin nun zu alt, aber sag deinen Kindern: Das Leben ist wunderbar.« Da begriff ich. So erlebte ich es auch mit Gerhard Schöne, dem begnadeten Kindersänger und Sängerkind, der vom »größten Popel« sang und den Elefantenrüssel meinte. Kindersprache, ohne kindlich oder gar kindisch zu sein. Dann brachte er mir ein Ständchen zu meinem Geburtstag in unserer Wohnung. Wir brauchen mehr Vernetzung, mehr Schulterschluss. Da sind Großeltern genau die richtigen Menschen. Sie haben nicht etwa das Leben hinter sich; sie haben die Kinder vor sich.

So also begann der heiße Sommer auf Nordermoor. Nordermoor – das sind viertausend Quadratmeter Land, die wir vor Jahren erwarben. Ja, wir sind bevorzugt. Wer hat schon so viel Land? Doch wir hatten dem Schöpfer versprochen, ihm mindestens neunzig Prozent zurück zu geben. So haben wir aufgeforstet, einen Graben gezogen, fünfzig Meter lang, in dem das Regenwasser vom Dach unseres Hauses gesammelt wird. Der Graben gibt das Wasser in den Teich. Gehölze haben wir gesammelt und gepflanzt: Himalaya-Birke und andere Birken, nordamerikanische Rotesche, verschiedene Eichen und Erlen, kaukasische Flügelnuss, Bergahorn, Feldahorn, Trauerweide, andere Weiden, Haselnuss, Walnuss, Vogelkirsche, Mehlbeere, Lärche, Graupappel, Blutbuche, Schwarzkiefer, Linde und vieles mehr, ein ganzes Orchester rauschender Blätter und dazu viele Obstbäume, durchzogen von Schlängelwegen mit Sitzbänken und Futterhäuschen für Vögel. Überall Lauben und Sitzmöglichkeiten, etwas Rasen und vor dem Haus ein Garten mit über dreihundert Staudenarten.

Da waren sie also: die Enkel und Nichten und Freunde, Kinder zwischen eins und vierzehn, nicht alle auf einmal, aber doch in stattlichen Gruppen. Unsere Wohnung war jedesmal innerhalb von Minuten gründlich verändert: Der Geräuschpegel stieg ins Unermessliche, die Schlafzimmer verwandelten sich in Abstellräume, die Treppe wurde zum Schuhregal umfunktioniert, das Badezimmer entwickelte sich zu einem Ausstellunsgelände für Kosmetika, Zahnpastatuben und Handtücher, die Küche wurde umgehend »Konferenz-« und »Sitzungs-Zentrale« mit einer Arbeitsfläche für leere Saftflaschen. Wiedersehen mit Nordermoor! Offene Arme, offene Augen, Herzlichkeit, Freude, Strahlen: Ferien bei den Großeltern.

Es dämmerte bereits. Das Abendbrot hatte geschmeckt. Ich hatte die Schatzsuche sorgfältig vorbereitet. Auf kleinen Zetteln hatte ich die Verstecke grob gezeichnet; denn nicht alle Kinder konnten schon lesen. Die Zettel hatte ich in kleine Tabakdosen gelegt, die ich im Gelände verteilte; z. B. an der großen Holzeule, am Bären, am Reiher, auf der kleinen Brücke, im Holzstall, im Rasentrecker usw. Ich stellte drei Bedingungen: Alle mussten gemeinsam beraten, keiner durfte allein vorweg laufen, keiner durfte allein bleiben. Dann ging es los. Wir schlichen geduckt durch die Wege durchs Gebüsch, ich machte den Schrei des Uhus nach, ein bisschen

Gruseln konnte nichts schaden, wir hatten ja auch kleine Laternen. Unter großem Jubel wurden alle Zettel nacheinander gefunden und schließlich auch der Schatz, der in einem Sack versteckt in meiner Werkstatt an der Decke hing, für jeden etwas, und es wurde redlich und fair geteilt. Alle waren glücklich, und ich erst: riesenglücklich. Meiner Frau ging es genauso. Die eine kleine Schramme wurde mit Streicheln behandelt und schließlich mit dem Johanniskrautöl, das meine Frau immer selber macht.

Wenn alle müde sind, geduscht und ihre Zähne geputzt haben und in ihren Betten liegen, lesen wir vor oder erzählen Geschichten. Beliebt sind stets Erzählungen von unseren Reisen oder von früher oder oder oder, möglichst ohne Ende. Da erleben die Kinder meine Begegnung mit dem Bären in Kanada, mit den Elefanten in Afrika, mit farbigen Kindern, mit Löwen und Schlangen, mit großen Heuschrecken und kleinen Webervögeln, mit den Hirten der Masai, mit den wilden Ziegen auf Bornholm und mit der sprudelnden Erde auf Island. Dabei stellen wir immer wieder fest, dass Kinder nur zu gern auf große Fantasiereise gehen, Bilder im Kopf und Herzen entstehen lassen, mitdenken und mitfiebern, um sich so die große Welt in ihre kleine zu holen. Mit dem Gute-Nacht-Gebet bringen wir nicht nur die Kinder, sondern auch den Tag zu Bett. Die Nacht kann kommen und mit ihr der Traum und zuweilen auch eine klitzekleine Angst. Da die Eltern dieser Kinder es ganz genauso machen, treffen wir natürlich auf offene Ohren. Das tut richtig gut und schmiedet die Generationen zusammen. Außerdem stellen wir oft fest, dass wir viel von den Kindern lernen können, jedenfalls das, was wir mittlerweile verlernt haben, oder was uns aberzogen wurde, oder was uns unterwegs so eben mal verloren ging.

Ich hatte für die Kinder kleine Möbel für den Rasen gebaut und dunkelblau gestrichen. Nun wollten sie auch etwas in der Werkstatt basteln. Wir beschlossen: Wir bauen Nistkästen. Bretter hatte ich genug. Nun wurde ausgemessen, Bleistiftstriche wurden gezogen, alles für drei Meisenkästen. Wir banden uns Schürzen um. Ich hatte das kleine Werkstattradio angestellt, und schon gings los. Zunächst mit der elektrischen Stichsäge an den Bleistiftstrichen entlang. Meine Frau sah herein und schlug die Hände über dem Kopf zusammen. Kinder und Stichsäge! Das darf nicht sein. Ich lächelte sie an und führte die Kinderhand behutsam und vorsichtig in der richtigen Richtung. Alles wurde passend geschnitten. Nur das Einflugloch übernahm ich mit einem Spezialblatt auf dem großen Bohrer. Anschließend wurde alles von Kinderhand aneinander gefügt, und der Akkuschrauber konnte seine Arbeit tun. Fertig. Wunderbar.

Wir tanzten zur Musik einen kleinen Werkstatttanz. Würde sich Maria Montessori gefreut haben? Selber bauen!

In meiner eigenen Kindheit hatte ich das so erlebt. Als mein Vater im Krieg war, gab es in der Nachbarschaft den Opa meines Freundes. Er baute und bastelte mit uns in seiner Werkstatt. Wichtig für uns waren seine Art und sein Vertrauen; wichtig war natürlich auch das Ergebnis. Wer keine Enkel hat, sollte Kinder der Nachbarschaft zu Enkeln ernennen. Man könnte sich ja auch mit anderen Großeltern zusammentun, eine Werkstatt finden, ein Kinder-Café könnte in einer Ecke entstehen, und ganz nebenbei ließe es sich gut erzählen, von früher und heute, aus Leben und Erfahrung und für die Träume unserer Enkel, die wir nur abrufen müssen, wenn wir das Leben verstehen und gestalten wollen.

Wasserspiele waren angesagt in diesem herrlichen Sommer. Wir fuhren mit dem Auto bis an den kleinen blitzblanken Bach und nahmen die Hunde mit. Wir stiegen aus. Die Hunde tollten los, wir hinterher. An der dicken Erle machten wir halt, und ich gab die Anweisung: Schuhe, Strümpfe, Hosen und T-Shirts ausziehen. Plötzlich schallendes Gelächter. Die Kinder sahen mich an, lange, lachend, prustend. Ich begriff: Da stand ich vor ihnen, der Großvater, in seiner alten schwarzen Turnhose (Turnvater Jahn oder so, ging es mir durch den

Sinn), und ich stand auf meinen langen weißen Stachelbeerbeinen, mit meiner reichlich behaarten Brust, mit meinem großen Kopf, mit der runden Knubbelnase im Gesicht, mit meinen weißen Haaren und dem weißen Vollbart. Mein erstaunlicher Bauch wölbte sich rund und vorwitzig. Die Kinder lachten. Da lachte ich mit und rief: Wer hat schon solchen Bauch wie ich? Wer hat schon solche Nase wie ich? Wer hat schon solche Beine wie ich? Niemand! Also los, auf in den Bach. – Das Lachen verstummte. Hatte ich den Kindern etwa klar gemacht, dass ich eben ich bin, unverwechselbar und dadurch einzigartig, ein Original aus der Meisterwerkstatt des Schöpfers? Ob sie das begriffen? Hoffentlich.

Es wurde ein sagenhafter Nachmittag. Wir flitzten zusammen mit den Hunden bachabwärts, flogen der Länge nach ins Wasser, spritzten und juchheiten, fanden Steine und Stöcke, sahen Fische und Enten, fingen die Sonne und prusteten vor Lebensfreude. Die Kinder sahen den weißen Wasserhahnenfuß (oberlehrermäßig sagte ich: ranunculus aquatilis, was überhaupt keinen Eindruck machte). Die Hunde brachten Stöcke. Am Ende sagte eines der Kinder: Wir sind total versaut. – Ich musste schlucken, aber dann fand ich es toll, dass ich ganz versaut war; denn als ich an mir heruntersah, entdeckte ich Schlamm und Schilf, Sand und Lehm, eben versaut. Sie hatten mich an- und aufgenommen trotz meines Bauches und meiner Beine.

Übrigens: Wir sprachen abends noch lange über Wasser und Leben, über die Elemente und uns Menschen und sogar über den Sinn des Lebens. Ja, man kann mit Kindern über den Sinn des Lebens sprechen. Überhaupt nicht akademisch, sondern eben kinderisch. Dieses Wort habe ich eben erfunden, weil mir meine Enkelin abends sagte: Ich bin ich. Das ist genug.

Dass ich so etwas mit meinen zweiundsiebzig Jahren noch erlebe, ist schon erstaunlich genug.

Es gäbe noch viel zu berichten von den Ferien auf Nordermoor: vom Kochen, Spätzle-Machen, von verklebten Arbeitsflächen, von verdreckten Herdplatten, vom Matschen im Hackfleisch, vom Gemüseschneiden, vom Spritzen mit dem Gartenschlauch, vom Eisessen beim Italiener, vom Himbeerenpflücken, vom Geleekochen, vom Brotbacken, vom Treckerfahren, vom Bildermalen, vom Muschelnkleben, vom Singen und Tanzen, vom Brettspiel und vom Schwimmen. Kurzum: von den Ferien auf Nordermoor. Aber dieser Text ist nur wie ein Blick in ein Fotoalbum. Momentaufnahmen sind es, nicht mehr und nicht weniger. Großeltern aller Länder, vereinigt euch! Das wäre es doch. Oder?

Die Vögel

Anneliese Probst [3 min]

Früher habe ich sie kaum wahrgenommen. Ich habe mich über ihren Gesang und ihr Zwitschern gefreut, habe sie schon einmal im Geäst der Bäume entdeckt, aber sonst waren sie für mich mehr oder weniger unsichtbar gewesen. Die Vögel.

Seit diesem Winter hat sich das geändert. Ein Vogelhaus auf der Terrasse, drei weißgraue Birkenstämme geben Halt, das Dach auf dem Futterhäuschen schützt Futter und Vögel vor Regen und Schnee. Und ich schaue hinaus und frage mich, woher die Vögel wissen, dass hier neuerdings für sie der Tisch gedeckt ist. Sie erfahren es irgendwie, und nun beobachte ich das wachsende Durcheinander und habe meinen Spaß daran. Kohlmeisen, Blaumeisen, Kleiber, Rotkehlchen, drei Amseln und Spatzen. Sie beherrschen das Revier, aber da sie nur aufpicken, was heruntergefallen ist, stören sie nicht. Sie haben auch Hunger. In ihrem Schwarm fliegen stets zwei Finken mit, grau mit gelben Flügelstreifen, zart und im Spatzenschwarm ein wenig ängstlich. Allerdings bleiben sie meist zurück, wenn die Spatzen davonfliegen und picken nun geruhsam das, was übrig geblieben ist.

Inzwischen wird das Futterhäuschen vor allem von den Meisen aufgesucht. Man fliegt elegant heran, pickt die Brotkrumen und die Körner, fliegt wieder davon, um vor allem das Brot auf den Ästen der nahe stehenden Bäume mit den Krallen festzuhalten und in Ruhe zu fressen; dann kommt man zurück, schaut, ob das Häuschen von Artgenossen besetzt ist. Andernfalls klammert man sich an den Tannenzweig, den ich am Dach des Häuschens befestigt habe. Es gibt niemals Streit um die Nahrung, und so wird jeder der gefiederten Gesellen satt.

Ich aber sitze und staune. Staune über die Eleganz, über die Leichtigkeit und Schönheit und Vielfalt, lasse alle Arbeit liegen, fühle mich eins mit diesen Geschöpfen, freue mich, als später auch noch die Amseln kommen und ein kleines Zubrot suchen, zwei Amseldamen und ein Amselmännchen. Wie schön, denke ich, wenn im Frühjahr hier irgendwo in der Nähe die Amseljungen ihre Schnäbel weit aufsperren vor Hunger und die Eltern ihnen das Futter bringen, dann brauchen sie mich nicht mehr – aber ich, das wird mir mit der Zeit immer bewusster, brauche sie! Brauche diesen Wirbel Leben, der mich von trüben Gedanken ablenkt, der sie gar nicht in mir aufkommen lässt und der mir schon jetzt im Winter einen Sommerhauch beschert.

Ich

Johannes Schöne [3 min]

In seinen ersten Lebensjahren braucht ein Kind gute Zeit, bis es sich selbst als ein Ich erlebt und begreift, als eine erste Person: »Ich will zu meinem Papa.« Ist dieser Durchbruch einmal vollzogen, wird es nie wieder zurückfallen in die dritte Person und etwa sagen: »Bubi will zu Papa.« Nie wieder? Nein, das Kind fällt nicht zurück.

Der Greis aber wird allzu oft gedankenlos von seiner Umgebung wieder zu einer dritten Person gemacht: »Was möchte unser Opa denn trinken?« Der so Gefragte empfindet darin vielleicht keine Herabsetzung, oder er zeigt sie nicht. Er ist eben das liebe Altchen und nimmt die Rolle an.

Die Entmündigung des alten Menschen wird auf beiden Seiten kaum wahrgenommen, weder bei den Jungen noch bei den Alten. Denn wer im Alter mit sich selber nichts anzufangen weiß, für den mag es schon das Beste sein, die Jungen geben ihm das Gefühl, er werde ja noch gebraucht und gehöre zu ihnen, an den Tisch und vor den Bildschirm.

Viele werden diesen Weg in die menschliche Geborgenheit als wünschenswert ansehen, wenige nur scheuen vor ihm zurück, wollen ihre Selbstständigkeit bewahren solange es geht, wollen bleiben, die sie sind und nicht aufgehen in der undifferenzierbaren Gattung »liebe Altchen«. Diejenigen, die diesen Willen haben und bekunden, werden oft als Außenseiter abgetan. Ich fürchte, man tut ihnen unrecht.

In meinen Augen wahren sie nur den Kern ihrer Menschenwürde, ihre Gottebenbildlichkeit. »Durch Gottes Gnade bin ich, was ich bin«, bekennt Paulus (1 Kor 15,10). – Er kann das so sagen, weil er ganz erfüllt ist von Christus, dem Auferstandenen: »Ich lebe, doch nun nicht ich, sondern Christus lebt in mir« (Gal 2,20). Je deutlicher mein Leben sich dem Ende zuneigt, umso bewusster will ich fragen: Wer bin ich? Bin ich nur der, der ich geworden bin? Oder nicht viel mehr der, der ich sein werde?

Ich kann mir nicht genug sein lassen an dem, der ich bin, mag nicht stehen bleiben – selbstzufrieden oder stumm resignierend – und mich damit tröstend, ich sei nun eben so. Nein, ich will und ich kann noch anders werden, so wie Gott mich gemeint hat, als er mich ins Leben rief.

Es ist wunderbar: Ich habe wie in jungen Tagen – und doch in viel tieferem Sinn – noch alles vor mir. Dass ich die Reife dessen erlange, der von sich sagen konnte: Durch Gottes Gnade bin ich, was ich bin.

Arche, Nest und Schilfkörbchen: Ich bin Ombudsmann für Kinder

Peter Spangenberg [26 min]

Man fragte mich vor Jahren, ob ich das werden wollte: ehrenamtlicher Ombudsmann für Kinder? Ich sagte spontan zu und habe es nie bereut.

Im skandinavischen Raum ist ein Ombudsmann eine Art Bürgerbeauftragter gegenüber dem Parlament. In Deutschland gibt es inzwischen auch Ombudsleute z. B. für Patienten. Aber für Kinder? Meines Wissens bin ich da der einzige.

Also: Ich wollte für Kinder da sein, die einsam sind, allein gelassen, die geschlagen oder missbraucht wurden, verachtet oder entwürdigt, hilflos, am Ende ihrer Kräfte und Träume. Die Nachricht von meinem neuen Amt kam in die Zeitung, außerdem entwarf ich einen Handzettel, den ich auch über die Schulen verteilen konnte. Laienhaft, aber eben selbst entwarf ich eine kleine Zeichnung, gleichsam als Erkennungszeichen: Christophorus. Im Hintergrund steht die alte Legende von dem riesengroßen Mann Ophorus, der den mächtigsten Herrscher suchte. Er ging beim König in Dienst. Der aber hatte Angst vor dem Teufel. Da heuerte er beim Teufel an. Auf einem wilden Ritt kamen sie an einem Christuskreuz vorbei. Ophorus sah, wie der Teufel ausspuckte und auswich. Da musste also einer noch viel mächtiger sein, als es der Teufel war. So nahm der große Mann die Arbeit bei einem Fährmann auf, der sich freute, solch eine starke Hilfe zu bekommen. In einer dunklen Nacht hörte der Riese eine leise Stimme am anderen Ufer. Da nahm er seinen Stock und watete durch das Wasser. Auf der anderen Seite fand er ein Kind, hob es auf und setzte es sich auf die Schulter. So watete er zurück, aber das Wasser stieg und schlug ihm fast über den Kopf. Da fragte er das Kind: Wer bist du, dass du so schwer auf mir lastest? – Ich bin Christus und mit mir trägst du alle Kinder dieser Welt. – Von der Zeit an nannte man ihn »Christophorus«, den Christusträger.

Nun bin ich kein Riese, aber ich möchte zu denen gehören, die Kinder durch den Strom der Zeit tragen, vor allem, wenn sie zu ungewöhnlicher Zeit vom andern Ufer des Lebens um Hilfe rufen. Was da in der Legende erzählt wird, ist inhaltlich hochaktuell eine Einladung zur Nachfolge.

Das kleine Mädchen stand plötzlich am Hoftor. Beide Hunde schlugen nicht an. Ich kam gerade aus dem hinteren Grundstück, hatte Gartenhände und wollte durch den Carport zum Stall mit dem Rasenmäher. Da sah ich die Kleine. Behutsam ging ich näher zu ihr, machte mich so klein, wie ich eben nur konnte und sah dem Mädchen durch die hölzernen Stäbe in die Augen. Ich sah in ihnen den ganzen Kummer eines kleinen Lebens, Tränenschleier verdeckten den Blick, und dicke Tropfen kullerten die Wangen herab.

Willst du auf den Hof kommen?

Schweigen.

Willst du auf den Hof kommen?

Sie nickte. Ich öffnete die Tür, ging zu ihr, suchte ihre kleine Hand und holte sie auf den Hof. Ich kniete mich hin. Ich wollte dieselbe Ebene einnehmen wie sie. Sie hielt immer noch meine Hand fest. Ich spürte ihre kleine Hand. Ich spürte, wie sie Halt suchte. Kinderhände können sprechen. Das hatte ich sooft gespürt. Aber Kinderhände sprechen nur, wenn Vertrauen da ist, und sei es noch so winzig. Ich hatte es auch irgendwo gelesen, wahrscheinlich bei dem großen Janusz Korczak, dem polnischen Pädagogen, irgendwo in seinen großartigen Büchern. Vielleicht in »König Hänschen«? Ich wusste es nicht mehr. Aber diese Kinderhand erinnerte mich an jenen Liebhaber des Lebens.

Jetzt kuschelte das Kind seinen Kopf an meine Schulter. Ganz leise begann es zu schluchzen. Meine Knie begannen zu schmerzen. Durchhalten! dachte ich. Mein großer Neufundländer kam näher, zögernd erst, dann aber entschlossen und rieb seinen Hals am Körper des Kindes. Dann schob er seine schwarze Schnauze ganz unvermittelt an das Gesicht des Kindes und leckte verstohlen an seinem Ohr. Das Mädchen hob das Gesicht, tränenverschmiert, es öffnete die Augen, sah das große Tier und schlang zärtlich die Arme um den pelzigen Hals. Der Hund hielt still, abwartend, liebevoll, als ahnte die Kreatur in ihrer Seele, worauf es jetzt ankam.

Ich heiße Rita, flüsterte das Kind. Es flüsterte seinen Namen für den Hund, wollte aber wohl, dass ich ihn auch verstand. Ich bin Rita, wiederholte sie, ich bin sechs. Wie alt bist du?

Ich bin sieben, antwortete ich für den Hund.

Dann sind wir beide fast gleich alt.

Das stimmt nicht, sagte ich für den Hund. Wenn Hunde sieben Jahre alt sind, dann sind sie viel älter als Menschen.

Komm, sagte ich zu Rita, wir gehen dahin, wo uns keiner sieht und hört. Ich erhob mich schwerfällig, die Knie schmerzten stärker von den Hofsteinen, ich holte zwei Becher und eine Flasche Rhabarbersaft. Rita schob die kleine Hand in meine Pranke, und wir gingen durch den kleinen Wald hinter dem Haus bis zu dem Wall, der die Grenze war, aber den Blick freigab auf eine große Wiese. Wir setzten uns: Rita links von mir, der große Hund links von ihr, der kleine Hund rechts von mir. Ich goß den Saft in die Becher, reichte ihr einen und sagte: Na denn! – Siehe da: Sie sagte: Na denn! Vor unsern Augen weideten drei Kühe, vier Kälber, zwei Pferde und etwa fünfzehn Schafe. Über uns kreisten Schwalben, vor Rita schlängelte sich ein Regenwurm. Ich erzähle das so genau, weil Kinderaugen alles sehr genau sehen. Sie hatte alles gesehen. Ich spürte das. Der Saft schmeckte, wir schwiegen, ich hatte Zeit, und Zeit zu haben ist wohl der entscheidende Schlüssel für die Befreiung einer kleinen aufgescheuchten Seele.

Sie ist einfach weg. – Rita hatte das Schweigen gebrochen.

Wer ist einfach weg? fragte ich.

Mama, sagte sie.

Was heißt weg?

Na eben weg.

Das Gespräch wurde eine Mischung zwischen Klage und Anklage, Hoffnung und Sehnsucht, und in der Sprache eines Kindes wird das alles noch himmelschreiender, noch trostloser, noch einsamer. Wir saßen lange auf dem Wall, sehr lange. Ein leichter Wind kam auf, Rita fröstelte. Ich erfuhr, dass die Mutter die Wohnung verlassen und die Möbel mitgenommen hatte, jedenfalls die meisten und auch die ältere Schwester. Rita hatte die Wohnung leer vorgefunden, als sie vom Kindergarten kam. Der arbeitslose Vater war noch nicht zurück. Er war auf Stellensuche. Da war sie mit ihren sechs Jahren sieben Kilometer zu Fuß gegangen, um mich zu treffen. Sie wusste von mir von ihrer älteren Schwester. Wir gingen in die Küche. Ich machte ihr ein Brot. Ich goß Saft nach. Der große Hund saß an ihrer Seite. Sie musste auf Klo. Sie kam wieder. Wir sprachen miteinander. Sie erklärte sich einverstanden, mit mir nach Hause zu fahren. Nach Hause? Was hieß das schon? Wir fuhren. Wir kamen an. Ich traf den Vater. Er weinte. Die Wohnung war halb leer. Leer waren auch die Augen des Mannes. Er stimmte zu, dass ich Rita wieder mitnahm. Ich wusste, dass meine Frau einverstanden sein würde, wenn ich ihr sagte, dass dieses Mädchen bei uns übernachtet. So geschah es. Sie lag im Bett. Ich erzählte eine Gutenachtgeschichte, eben eine Bettkantengeschichte. Es waren kostbare Augenblicke. Ich sprach ein Gebet:

Hier ist Rita! Lieber Gott, komm, ich brauche dich. Deck mich zu.

Schlaf gut. Du brauchst sicher auch Ruhe. Ich bin müde. Amen.

Ich fand keine anderen Worte, aber Rita schlief ein. Wie es weiterging, erzähle ich vielleicht ein anderes Mal. Es wurde gut.

Aber es dauerte sehr, sehr lange. Später wurde mir klar: Wir brauchen mehr Archen, nicht so groß, wie

Noah sie einst baute, damals in der Wüste gegen die drohende Flut. Aber eben Archen müssen es sein, auch gegen das Gelächter und Unverständnis der Umgebung. Behütende, beschützende Orte, sozusagen für kindliche Asylbewerber, für kleine Menschen, die Obhut suchen und Zärtlichkeit, Zeit und Verständnis. Menschen in Hamburg und Berlin, Leipzig und Köln, in Hochhäusern und Gartenstraßen, in Lehrerzimmern und Stammkneipen, die mit geöffneten Armen und liebevollen Augen Kinder willkommen heißen. Märchenstunden im Wohnzimmer von Großmüttern, Bastelstunden mit Großvätern in der Werkstatt, Spaziergänge im Park, im Zoo. Schularbeitenhilfe und Erzählstunden von früher. Ehrenamtlich. Aus Freude. Aus Liebe. Aus Verantwortung. Rita ist überall. Große Hunde gibt es nicht überall. Große Grundstücke auch nicht. Gewiss aber große Herzen und großen Mut, und eben nicht nur für die eigenen Enkel, sondern für Nachbarskinder und Fremde, für Suchende und Weinende, deren kleine Hände große suchen, um sich festzuhalten. Archen brauchen wir, bis die Taube mir sagt, dass Land in Sicht ist. Ich denke an Rita. Sie hat mir viel geschenkt: Ihr Vertrauen.

Hallo?

Hallo?

Kannst du kommen?

Wohin?

Zur Post!

Warum?

Wir finden unseren Freund nicht. – Die Mädchenstimme am Telefon klang verzweifelt.

Ich komme. Ich komme sofort.

Ich ließ alles stehen und liegen, schwang mich ins Auto. Die vier Kilometer waren kein Problem. Ich bog ein, hielt an, stieg aus, sah die beiden Mädchen, ging auf sie zu, sie flogen am ganzen Leibe.

Er ist nicht zu finden. Wir haben ihn überall gesucht.

Kommt, sagte ich. Wir suchen, wo ihr ihn verloren habt.

Mein großer Hund saß hinten im Auto. Wir fuhren bis zum Sportgelände. Wir stiegen aus. Der Abend kam. Nebel zog auf. Die Mädchen weinten. Wir liefen über das Gelände. Der Hund empfand es erst als Spiel. Wir suchten. Mit keuchenden Lungen erzählten mir die Mädchen beim Laufen und Suchen, dass Joachim ihr bester Freund sei. Nichts weiter. Eben ein total cooler Kumpel. Es dauerte lange, bis mein Hund plötzlich verhielt und vor einem Gebüsch stehen blieb. Er gab Laut. Ich teilte das Gebüsch. Da lag er. Ich beugte mich herunter. Er stank nach Schnaps, war völlig weg, durchgeknallt würde man heute sagen. Ich nahm ihn auf den Arm. Er hatte sich erbrochen. Ich empfand Ekel. Ich hielt durch, und wir fuhren ihn zu seinem Vater. Joachim war dreizehn, der Vater alleinerziehend, ganztägig aus dem Haus. Ich legte den Jungen auf das Sofa. Dort erbrach er sich wieder. Ich wischte die Kotze auf. Ich ekelte mich nicht mehr. Hier sah ich in ein Schicksal, in ein Loch, in einen Abgrund. Aber die Mädchen hatten den Freund gerettet. Mich brauchte der Junge nicht. Er hatte Freundinnen. Er brauchte mich nur als Vermittler zu seinem Vater. Das versuchte ich auch. Es gelang nicht; denn der Mann war selber viel zu verzweifelt, als dass er mich hätte verstehen können. Ich vermittelte fachkundige Hilfe. Sehr viel später sah ich den Jungen, wie er beim Italiener Eis aß, zusammen mit den Freundinnen. Er lächelte mich an. Das war wie Musik.

Da kam mir die Idee: Nester müsste man bauen. Die Vögel machen das klug: versteckt, verborgen, gegen Räuber, gegen Versuchungen, gegen Alkohol, gegen Drogen. Ich merkte, wie ich gedanklich das Bild bereits übersprang. Aber wo sind die Nestbauer in unserer Gesellschaft? An den Ecken, in den Schulen, in den Etagen, in den Bars? Wo sind sie? Wo bin ich? Ich bin nur ein Großvater. Was heißt hier nur, meine Freunde? Ich bin ein Großvater, und ich kann meine breiten Schultern zeigen, ich kann Geschichten erzählen, ich kann beten, ich kann singen, ich kann tanzen, ich kann schweigen! Ja, schweigen kann ich. Und das ist wichtig.

Mir kam im Laufe der Jahre die Idee: Schilfkörbchen müsste man flechten. Ich denke an die Mutter des Mose, die ihren Sohn einem Schilfkörbchen anvertraute, durch das er auf dem Nil gerettet und von der ägyptischen Prinzessin erzogen wurde. Niemand ahnte, dass auf diese Weise der Befreier eines Volkes aufwuchs und der Vermittler der Zehn Gebote, der Ethik für die Wüste.

Das Telefon klingelte. Ich meldete mich.

Hier ist Klara. Kannst Du mir ein Gebet schreiben? Schickst du es mir per Fax?

Ich schaltete kurz.

Ja, klar, sagte ich. Warte zwei Minuten, und ich legte auf.

Ich ahnte nicht, was da auf mich zukam.

Ich schrieb das Gebet für ein zehnjähriges Kind. Ich war überrascht, ich war dankbar. Wo gab es in unserer gebetsarmen Zeit schon solch einen Wunsch? Ich empfand das Gebet plötzlich als Schilfkörbchen, das uns Menschen der Gefahr entnimmt und in die Hände der Obhut treibt. Es entstand aus diesem nächtlichen Kontakt eine wunderbare Freundschaft zwischen einem Kind und einem alten Mann. Wir trafen uns, wir liefen durchs Wasser, wir tollten über das Feld, und Klara gestand mir, dass sie Angst habe vor dem Heim, in das sie gegeben werden sollte. Wir saßen am kleinen Fluss. Der Nachmittag verschenkte seine Wärme an den nahenden

Abend. Ich sagte: Du steigst nie in denselben Fluss. Ich erinnerte mich an die alte griechische Weisheit. – Was meinst du damit? fragte sie sofort. Jeder Tag, sagte ich, jede Stunde, jede Minute ist neu. Das meine ich damit. Du musst, sagte ich leise, du musst begreifen, dass du einmalig bist, unwiederholbar. Dein Leben ist einzigartig. Du wirst die Zeit im Heim überstehen, ganz gewiss, wenn du weißt, dass du du bist. Ich war mir sicher, sie würde ein Schilfkörbchen flechten für diese Erkenntnis.

Dies sind nur Beispiele für die Arbeit des Ombudsmannes mit seinem Hund. Es bleibt mein Traum, dass es mehr Schilfkörbchen geben wird, um Menschenleben zu bergen und zu retten mit den bescheidenen Mitteln des Alltags. Dom Helder Camara sagte einmal: Wo einer träumt, ist es Illusion. Wo zwei träumen, ist es ein Schritt zur Wirklichkeit.

Sommer

Anneliese Probst [3 min]

Und was für ein Sommer! War das Frühjahr zu feucht und zu kühl, so ist die Sonnenwärme jetzt wetterbestimmend, die dreißig Grad werden fast täglich erreicht und manchmal sogar überschritten. Da bin ich froh, wenn ich in meiner kühlen Wohnung sein kann. Nur morgens, wenn die Katzen versorgt sind, rolle ich auf die Terrassen und gieße die Pflanzen, der Oleander will anscheinend in diesem Jahr nicht blühen, er hat zwar Knospen, aber sie öffnen sich nicht. Dafür liegen die Terrassen morgens voller Kienäpfel, es tut weh, wenn man einen davon auf den Kopf bekommt, man müsste welche für Weihnachten sammeln – aber wer tut das?

Sommer … Es dämmert bereits, wenn ich gegen vier Uhr aufstehe. Und wenn ich abends im Bett liege, scheint noch die Sonne. Die Nächte sind kurz, zuweilen ohne Schlaf, dafür mit vielen Gedanken. Und mit Träumen. Ich hole meinen Liebsten zu mir, ich lasse ihn nicht los, ich brauche seine Nähe, seine unsichtbare Gegenwart, ich rede mit ihm, spiele das Spiel »Weißt

Du noch …?« und bin dankbar, wenn ich darüber doch einschlafen kann.

Der Tag danach ist wieder ein Sommertag, ich genieße den Blick hinaus in den Park, höre auf das Gezwitscher der Vögel. Die Meisen, die Kleiber und die Spatzen bevölkern immer noch die Terrassen, obwohl sie jetzt nicht gefüttert werden, aber sie fühlen sich wohl hier, und das macht mir Freude. Es macht mir auch Freude, wenn das schwarze Katerchen kommt und zu fressen haben will, dreimal am Tag, ich gebe ihm das Futter, das er mag und für das er sich regelmäßig bedankt, bevor er davonspringt, es muss schließlich alles seine Ordnung haben!

Sommer … Hier auf dem Schreibsekretär blühen zwei Rosen, eine lachsfarbene und eine rosafarbene. Deine Rosen, Liebster, sie stehen hier an Deinem Bild und grüßen Dich zur anderen Seite hin, siehst Du sie? Sommergrüße – Du hast die Rosen so geliebt! Ich denke, Du liebst sie auch jetzt noch, denn es ist ja nichts zu Ende, solange ich Dich in meinen Gedanken halte und Dich nicht loslasse und jede Stunde mit Dir lebe. Auch jede Sommerstunde …

Pater Brown und die Ochseninsel

Peter Spangenberg [11 min]

Die große Ochseninsel liegt im dänischen Hoheitsgebiet der Flensburger Förde. Die junge Frau, die zusammen mit ihrem Partner dieses Eiland auf fünfundzwanzig Jahre gepachtet hat, ist eigentlich Bildhauerin. Sie stammt aus meiner letzten Kirchengemeinde. Sie und ihre Schwester hatten mich telefonisch gebeten, ihre Töchter zu taufen. Ich sagte gern zu. Um eine weitere Schiffsreise zu vermeiden, verabredeten wir uns zum Taufgespräch in einem Flensburger Café. Das hatte ich auch noch nicht erlebt. Ich spürte so etwas wie Verlegenheit. So wählte ich den Tisch in der hintersten Ecke. Dann waren sie plötzlich da und umarmten mich mit einer derartigen Herzlichkeit, dass mir fast die Luft wegblieb. Die beiden jungen Frauen strahlten wie die Sonne, und das nach so vielen Jahren, in denen wir uns nicht gesehen hatten. Da war aber auch Stella, die mit ihren neun Jahren getauft werden wollte, was sie mir sofort gestand. Das andere Mädchen konnte nicht mitkommen, sein Vater auch nicht, die beiden würde ich also dann später auf der Insel kennenlernen.

Doch Stellas Vater war mit. Er saß mir gegenüber und lächelte wunderbar befreiend. Wir gaben unsere Bestellungen auf; dann standen Tassen und Gläser auf dem Tisch, in wenigen Minuten brachten wir uns gegenseitig auf das Laufende, erkannten uns wirklich wieder, das alte Vertrauen war lebendig, die alte Vertrautheit leuchtete, und wir gestanden uns, dass solche Begegnung eine Wohltat sei. Es dauerte auch nicht lange, dass ich spürte: Unsere Vergangenheit trägt. Sie ist ein verlässliches Fundament: der Konfirmandenunterricht vor vielen Jahren, die Zeit der Jugendgruppe, die ungezählten gemeinsamen Gottesdienste, die Fahrten und Freizeiten, Erntedankfest und Weihnachten. Stationen der Zeit, Stationen des Kirchenjahres, Stationen des Lebens.

Meine Sorge um den Inhalt des Taufgesprächs war im Nu verflogen. Sie hatten sich vorbereitet, hatten Texte ausgesucht, erzählten mir von der gestalterischen Vorbereitung, und ich empfand eine ungeschminkte, ja heitere Begeisterung für das Sakrament. Das machte mich sehr froh. Und später verabschiedeten wir uns temperamentvoll und glücklich. Meine Frau war dazugekommen und geriet umgehend in den lebendigen Wirbel von Erinnerungen, Vorfreude und Abschied. Wir hatten vergessen, dass wir in einem Café saßen.

Es kam der große Tag. Wir fuhren mit dem Auto über die Grenze und dann an der Förde entlang durch Kollund bis zum Parkplatz am kleinen Anleger. Der Wind pustete gehörig, die Wolken hingen dunkel am Himmel wie graue Säcke. Im grauen Dunst sahen wir beide Ochseninseln liegen wie überdimensionale Flusspferde oder auch wie aufgeplusterte Riesenschildkröten. Wir sollten ja auf die große der beiden Inseln, und gerade sie schien unendlich weit entfernt. Wir stiegen aus, ich streckte meine Arme, spürte den zarten Regen, der nicht störte, und sah das Auto, das gerade einparkte. Eine junge Frau stieg aus, wir erkannten uns und lagen uns in den Armen. Als wäre das Flensburger Café plötzlich hier. Der Regen wurde stärker, wir zogen uns unter unsere Blechdächer zurück. Plötzlich wurde die rechte hintere Tür aufgezogen, und herein huschte eben diese junge Frau aus dem dünnen Regen. Meine Frau, die ich »Menschlein« nenne, lächelte versonnen, denn sie spürte wohl, dass wir umhüllt waren von einer Woge der Freundlichkeit. Nach einem munteren Gespräch während der Wartezeit stiegen wir aus, um auf dem Steg die Fähre zu erwarten.

Aus dem dünnen Regen wurde dichter Regen, ich setzte meine Ledermütze auf, andere spannten ihre Schirme auf.

Übrigens, Helmut Thielicke denkt in seiner Ethik darüber nach, ob man sich mittels eines Schirms überhaupt gegen die gute Gabe von oben wehren dürfe. Er muss viel Zeit gehabt haben, dachte ich, sehr viel Zeit. Aber mindestens so viel Zeit nahm sich die Fähre. Der Steg erwies sich als schmal, die Latten hatten große Zwischenräume, das Ganze war nicht plan oder im Lot, wie man sagt, sondern leicht schräg und dann auch wieder zur anderen Seite, zwischendurch ging es bergauf und bergab. Inzwischen waren wir zu einer Taufgesellschaft von etwa fünfundvierzig Personen angewachsen. Die Fähre kam und entpuppte sich als kleines Motorschiff oder eine Art Barkasse mit einem kleinen Steuerhaus, das im Handumdrehen voll war; denn es war überdacht, während der größere Teil »oben ohne« war und die Tapferen aus unserer Schar aufnahm. Olli war der Kapitän und schipperte uns in großem Bogen zur großen Ochseninsel – im strömenden Regen. Aber Wasser gehört eben zur Taufe. Und dort: Wieder solch ein schräger Steg. Menschlein und ich standen auf den Planken des kühnen Kahns, und ich kam mir vor wie Pater Brown mit seiner Haushälterin, strafversetzt auf eine einsame Insel mit schwierigen Verhältnissen. Olli zeigte sich als galanter Ausbooter. Alle gelangten trockenen Fußes auf die Insel, gelangten in das Gebäude mit Vorraum und Gastraum, legten die Regensachen ab und die Schirme und genossen es, im Trockenen zu sein.

Der Ofen bullerte, die langen Tische waren gedeckt und geschmückt, der vorbereitete Altar wurde von draußen nach drinnen geholt, die Sonnenblumen in der Vase leuchteten. (José Fernandez hat diese Blume im Mittelalter aus Mittelamerika nach Europa gebracht. Schnell wurde sie das Symbol für Hoffnung und Auferstehung.) Was für ein sichtbarer Einstieg in die Taufe. Zur Begrüßung gab es ein großes Glas mit klarem Wasser! Aqua divina, nannte ich es für mich: Göttliches Nass. Was für eine Idee!

Wir stellten uns einander vor, und warteten noch auf eine zweite Fahrt der Fähre. Olli holte Nachzügler. Ich hatte Zeit, Sophie kennen zu lernen, das zweite Mädchen, das getauft werden wollte. Dreizehn Jahre! Und so innerlich engagiert. Ich war sehr froh.

Dann sah ich die Großmütter, die gestandenen Frauen, sah ihre Falten und ihr Lächeln, sah ihre Geduld und ihre Erfahrung, sah ihr Glück und ihre Hoffnung: wundervolle Frauen, Tresore des Lebens. Dann lernte ich die Paten kennen, stolz und zuversichtlich, bereit, den Segen zu teilen, bereit, die Mädchen ein Leben lang zu begleiten. Und das in unserer Welt des Individualismus und Egoismus.

Wohltat auf der Insel. Pater Brown muss lächeln. Da hat sich sein Bischof wohl geirrt. Menschlein zückt die Kamera und macht Bilder, die mehr sind als nur Dokumente im Fotoalbum. Sie fotografiert auch mich neben dem lebendigen Esel draußen, also zwei alte Esel.

Immerhin nannte schon Franz von Assisi den Körper des Menschen »Bruder Esel«. Da ist schon was dran, wenn man an dieses störrische Element des Lebens denkt.

Jetzt sind alle da. Der Ofen sprüht Hitze. Mein Platz ist in seiner Nähe. Ich weiß, was auf mich zukommt: Inspiration und Transpiration. Es hilft alles nichts. Die Taufe ist wichtig. Ich erzähle den Gästen die Geschichte vom Heiligen Ansgar, der im 9. Jahrhundert die Taufe von Süden nach Norden brachte: über Haithabu bei Schleswig, über die Ochseninseln nach Ribe, weiter nach Aggersund bis nach Birka in Schweden, ein Weg des neuen Glaubens und der Freiheit in Zeiten von Angst und Seuchen und Unterdrückung. Wir sind in einem Schankraum. Das ist schnell vergessen. Die Kerzen leuchten, wir singen neue Lieder, die Menschen singen begeistert. Es tut gut.

Sie hören mir zu, die Menschen im Raum. Sie hören den alten Taufbefehl aus dem Matthäusevangelium, sie horchen auf das Gebet, auf das Bekenntnis in neuer Sprache. Und dann bitte ich die Mädchen zu mir an den Altar. Ich lege ihnen die Hand auf die Schulter und spreche über die Originalität des Menschen, über das Wunder, aus der Meisterwerkstatt des Schöpfers zu stammen, über die Kostbarkeit des Lebens, über seine Einmaligkeit und darüber, dass die Taufe die Auszeichnung mit dem Siegel Gottes ist, für ein ganzes Leben, unverwechselbar und unverlierbar – ein einziges Wunder.

Die Mütter hatten die Tauftexte gelesen. Das war wichtig. Und dann kamen die Paten nach vorn. Atemlose Stille. Ich nahm das Wasser und taufte die Mädchen in Christus hinein. Die Paten hielten ihre Hand zum Segen über die Köpfe der beiden. Unvergessliche Augenblicke des Schenkens. Danach Singen, Danken und Freude.

Ich sagte ihnen noch etwas, was von den Indianern stammt: »Lege ein Ohr an den Erdboden; dann ist das andere offen für den Himmel.«

Ochseninsel. Pater Brown. Nein, das war es nicht. Es war ein Wunder. Und nach einem wundervollen Essen fuhren meine Frau und ich wieder ab: herzliche Umarmungen, Winken und kein Regen, sondern glänzende Sonne und schillerndes Wasser.

Dass Natalie spontan im Gottesdienst Harfe spielte, war eine besondere Überraschung. Lieber Gott, in deiner geschundenen Welt erlaubst du uns so viel Nähe und so viel Tiefe. Danke.

Frau B.

Anneliese Probst [3 min]

Eigentlich gehört sie nicht richtig hierher, diese Frau B. Sie hat eine ABM-Stelle inne und muss sich um die Heimbewohner kümmern, die mit sich selbst allein nicht viel anfangen können, die nicht krank, nicht gesund, ziemlich schwierig im Umgang mit anderen Menschen und mit sich selbst sind. Sie ist sechzig Jahre alt, eine große, kräftige Frau mit einem freundlichen Gesicht, auf die man erst aufmerksam wird, wenn man in ihre Augen schaut. Es sind gute Augen.

Die Heimbewohner mögen sie, brauchen das Zusammensein mit ihr, werden in ihrer Nähe ruhiger und vergessen manche geheime Angst, die sie umtreibt. Frau B. singt mit ihnen, sie bastelt mit ihnen, sie geht mit ihnen im Park spazieren – und sie hört auf das, was man ihr erzählt.

Dieses Zuhören ist so wichtig! Auch dann, wenn die Worte kaum zu verstehen sind. Dieses Zuhören ist ein Ausdruck liebevoller Zuwendung, die Frau B. nicht spielt, sondern ehrlich lebt und die den Menschen einen Hauch Wärme schenkt und sie lächeln lässt. Es ist oft sehr kühl um sie, die innere Einsamkeit lähmt und macht die Tage grau. Verständlich, dass man sich an diese Frau klammert und das Zusammensein mit ihr genießt, wie das warme Licht der Sonne.

Ich lernte sie kennen, als sie eines Tages vor meiner Tür stand und fragte, ob sie mich einmal um den großen Teich fahren könne, allein schaffe ich es wohl nicht, und sie habe gerade etwas Zeit. Ich war natürlich einverstanden. Ich freute mich, auf diese Weise auch den hinteren Teil des Parks kennen zu lernen, der sonst für mich wirklich unerreichbar war.

Und dann erlebte ich nicht nur den Park mit seinen herrlichen alten Bäumen, ich erlebte einen Menschen, für den jede Pflanze ein Wunder war, der die Heilkraft vieler Blätter und Knospen kannte, der mir ein Gänseblümchen pflückte und mir gleichzeitig das Rezept für einen schmackhaften Gänseblümchensalat lieferte. Ein Mensch, der mit der Natur lebte und wohl aus ihr die Kraft schöpfte, so zu sein, wie er war. Ein Mensch, der keineswegs seine Sorgen leugnete, aber der so fest in sich ruhte, dass er von seiner Kraft beinahe ungewollt an andere abgeben konnte.

Seither fährt mich Frau B. zuweilen um den Teich, und ich genieße jedes Mal diese Stunde, bin dankbar für die Gespräche, die wir führen und bewundere immer wieder ihre gleichbleibende Freundlichkeit. Und hoffe, dass die Leitung des Heims weiß, was sie an ihr hat und sie nicht gehen lässt, wenn ihre ABM-Zeit abgelaufen ist!

Peter Spangenberg [1 min]

Willst du die Eule nächstens schreien hören,
dann suche Einsamkeit und helles Wachen.
Dann wird sie rufen, und die Rufe zehren,
als wollte sie das Herz dir schwerer machen.

Doch mitten in der Nacht und allem Schweren
lernst du, die Angst alsbald zu überlachen;
denn Weisheit wird sich in der Seele mehren,
und tiefer Trost wird deine Augen neu entfachen.

So lass die Eule ruhig zu dir sprechen;
sie ist Symbol und hilft auf deinen dunklen Wegen,
wenn du die Ruhe suchst in Gott und tiefen Sinn.

Mit neuem Mut wirst du die Zweifel brechen,
in deinem Leben wächst so runder guter Segen;
aus allen Ängsten wird geheimnisvoll Beginn.

Jahres- und Lebensrückblick

Anneliese Probst [3 min]

Lieber Gott, wieder ist ein Jahr vorüber, es kehrt zu Dir zurück in die Ewigkeit und es wird Zeit, dass ich mich von ihm verabschiede. Ein gutes Jahr – ein schlechtes Jahr – für mich ein erträgliches Jahr, für das ich Dir danke. Ohne große Schmerzen, vielmehr mit einem Einrichten in die körperlichen Gegebenheiten, mit dem Annehmen der Behinderung, die mich an den Rollstuhl fesselt. Es gibt Schlimmeres, das habe ich mittlerweile begriffen. Und ich habe begriffen, dass es an mir liegt, ob ich mich in Depressionen fallenlasse oder ob ich stattdessen versuche, jedem Tag eine winzige Freude abzugewinnen. Die gibt es nämlich, man muss sie nur finden wollen.

Allerdings wischt eine solche Freude den bleibenden Schmerz, den ich seit dem Tod meines Liebsten tragen muss, nicht aus. Dieser Schmerz gehört zu mir, ist mittlerweile ein Teil von mir geworden, ich will ihn nicht mehr missen, weil er mich lehrt, dass er zwar weh tut, mich aber auch reich macht. Auf eine seltsame, nicht erklärbare Weise.

Der letzte Tag des Jahres. Da holt man nicht nur dieses Jahr in die Erinnerung zurück, sondern das gesamte Leben. Ich jedenfalls tue es. Dabei wird mir bewusst, dass es auf jeden Fall ein reiches Leben gewesen ist, auf das ich zurückschauen kann. Erfüllt mit Kummer, mit Leid und Schmerzen, aber ebenso erfüllt mit Glück und Liebe, und diese beiden Gefühle wiegen alle Tränen auf. Kinder, Enkel, Urenkel – welch ein Reichtum! Eine große Liebe, die auch der Tod nicht auslöschen kann – welch ein Geschenk!

Und so danke ich Dir, lieber Gott! Für jeden Tag meines Lebens. Auch für die Tage, da ich an Gräbern stehen musste, voller Verzweiflung, voller Zorn auf Dich, immerzu fragend: Warum? Du hast mir darauf nicht geantwortet. Du weißt, dass ich mich zuweilen von Dir abgewandt habe, dass Du mir fern warst, meinem Herzen entglitten. Dass ich Dich auch nicht gesucht habe. Aber diese Zeiten haben nie lange angehalten. Plötzlich warst Du wieder da, nicht nur ein Wort, sondern ein Wesen, an das ich mich klammern konnte. Unerklärbar, aber auf geheimnisvolle Weise tröstend. Dann war ich ganz erfüllt von Dir, und ich war glücklich.

Hab nochmals Dank dafür! Und bleibe bei mir, jeden Tag, jede Stunde, bis zu dem Augenblick, wo du mich zu Dir holen wirst. Ich werde gern kommen, und in der letzten Sekunde werde ich nochmals danken: Hab Dank, du mein Gott – und: es ist genug …

Rile Schöne [1 min]

Mit welkenden Händen
pflücktest du,
was die Wiese dir schenkt.
Deine Augen
leuchten wie Blüten.
Ach, wie jung
ist noch dein Herz!

Biographien

Peter Spangenberg

Geboren 1934 in der Magdeburger Börde, studierte Peter Spangenberg Theologie in Göttingen und Münster. Nach langjährigem Wirken als Schulpfarrer und Gemeindepfarrer schreibt er seit über 40 Jahren theologische Texte, Theaterstücke, Geschichten, Lyrik, Kinderbücher und mehr.

Außerdem ist der Vater und Großvater seit vielen Jahren Dozent für Theologie an der Universität Flensburg und lebt in einem Dorf nahe der dänischen Grenze in Nordfriesland.

Johannes und Rile Schöne

Johannes Schöne wurde 1906 geboren, 1955 begann er für die Evangelische Verlagsanstalt zu schreiben. »Solange meine Füße mich noch tragen, will ich hinausgehen an die Hecken, Tümpel und Büsche und die Unscheinbaren aufsuchen.« Diese *Unscheinbaren* waren es, denen er sich thematisch widmete: Flüchtlinge, Stationshilfen, vergessliche Alte. 52 Jahre lang blieb er der Evangelischen Verlagsanstalt verbunden, bis er 2006 nach einem erfüllten 90-jährigen Leben verstarb.

Rile Schöne war ihm Ehefrau und Partnerin im Schreiben, so dass gemeinsame Bücher entstanden. Eigenen Werken wie Kinderbüchern, Gebetsbüchern und Lyrik konnte sie sich erst widmen, als die sechs gemeinsamen Kinder eigene Wege gegangen waren. Rile Schöne war zehn Jahre lang Mitarbeiterin einer katholischen Zeitung und lebt nunmehr in Dresden.

Anneliese Probst

Anneliese Probst wurde 1926 in Düsseldorf geboren und begann schon als junge Frau mit dem Schreiben von Erzählungen, Jugendbüchern und Romanen. Eine zeitweilige Verpflichtung als Dramaturgin bei der DEFA gab sie um ihrer schriftstellerischen Tätigkeit willen auf. Nach der Geburt des dritten Sohnes starb ihr Mann. Die zweite Ehe machte sie zur Pfarrersfrau, glückliche Jahre im Saalkreis folgten, bis 1997 auch ihr zweiter Mann verstarb. In den folgenden Jahren erschwerten gesundheitliche Probleme das Leben von Anneliese Probst, seit

2002 ist sie an den Rollstuhl gebunden. Sie lebt in einem Altenwohnheim in der Nähe von Halle/Saale und wird somit tagtäglich mit den Problemen des Altwerdens konfrontiert. Ihre Bücher wurden u. a. ins Bulgarische, Chinesische und Russische übersetzt.

INHALT

WAS BISHER GESCHAH

Die Vampirin Dilara versucht, Licht ins Dunkel ihrer Vergangenheit zu bringen und sich vom Einfluß des Fürsten der Nosferati, Antediluvian, zu befreien, der ihr durch den Kuß der Verdammnis ewiges Leben schenkte. Als Gefährten gewinnt Dilara den jungen Buchhändler Calvin. Das Vampirpaar beschließt, in die unterirdische Welt der widerständlerischen Vampirgruppe Cemeteries zu fliehen und mit ihnen den Kampf gegen Antediluvian aufzunehmen. Vorher bittet Calvin Dilara, ihm mehr über ihr Leben zu erzählen.

Sie beginnt mit einem Abschnitt ihres Lebens, als Antediluvian von ihr verlangte, sich ein Schriftstück aus den Archiven des Vatikans anzueignen. Dilara schaffte es tatsächlich, bis dort vorzudringen, wurde jedoch angegriffen. Der Teil der geretteten Dokumente offenbarte, daß die Wiege der Nosferati auf vorsintflutliche Zeiten zurückgeht, und daß einer alten Prophezeiung zufolge das Zeitalter der Zusammenkunft aller Nosferati unter der Herrschaft eines Blutgottes begonnen hat...

1891 lernte Dilara den Anthropologen Roger Gallet kennen, der sie einlud, ihn auf einer Forschungsreise nach Mexiko zu begleiten. Was weder er noch Dilara wußten: Antediluvian war der Auftraggeber der Expedition. Dilara sollte für ihn den Sonnenstein rauben, der seiner Meinung nach das Fünfte Zeitalter einleiten würde. Als die Expedition Aztlan, die Urheimat der Azteken, erreichte, stellte Dilara fest, daß sie deren Sprache kannte. Sie wurde gefangengenommen und den Dienern des Tonatiuh übergeben, dessen Hohepriester niemand anderes als Antediluvian war. Gallet wurde von den Priestern der Mondgöttin Coyolxa verschleppt, in deren Tempel sich auch der Sonnenstein befand. Dilara befreite Gallet mit Antediluvians Hilfe und raubte den Stein. In Aztlan kam es auf der Großen Pyramide zu einer offenen Konfrontation zwischen Coyolxa und Antediluvian, und die Stadt wurde durch die außer Kontrolle geratene heilige Flamme auf der Spitze der Pyramide vernichtet...

Gestärkt durch ihre Erinnerungen will Dilara mit ihren Verbündeten den Kampf gegen Antediluvian fortsetzen. Doch dieser hat andere Pläne. Dilaras verlorenes Wissen um den Sonnenstein ist der Schlüssel, den er zur Erweckung Tonatiuhs benötigt. Nachts lockt Antediuvian die Vampirin in das British Museum, um an einer dort ausgestellten Mumie das Ritual zu vollziehen. Doch der Sarkophag birgt nicht Tonatiuh, sondern Coyolxa. Als die Göttin erwacht, vernichtet sie Antediluvian. Dabei fängt der Gebäudeflügel Feuer. Mitten in den Flammen steht die neuerwachte Göttin…

MORS PORTA VITAE

(Der Tod ist die Pforte des Lebens)

"Und sie nahmen den Kelch, teilten ihn unter sich auf und ließen aus den Stücken viele fertigen, damit kein Streit um den einen entstehe. Doch sie sahen, daß er wertlos geworden war. Keiner der Kelche schien mehr Macht zu besitzen. Das Wehklagen über den verlorenen Schatz war groß. In dieser Nacht erhielten sie Besuch von einem Ägypter, der schien über geheimes Wissen zu verfügen. Er bat sie, ihm die Kelche bis zum Morgen zu überlassen, er wolle bis dahin ihr Rätsel ergründen. Weil sie ihm mißtrauten, schlossen sie ihn ein, doch als sie am nächsten Morgen die Türe zu seiner Kammer öffneten, waren der Mann und ihre Kelche verschwunden. Der Ägypter aber gab jedem seiner Söhne eines der Gefäße und sandte sie in alle Himmelsrichtungen davon, auf daß sie ewig wandern möchten. Nur einen Kelch behielt er für sich. Dieser war ein besonderer – anders als die anderen. Mächtiger. Von dunkler Natur war seine geheimnisvolle Kraft. Der Ägypter nannte ihn den Schattenkelch."

Anonymer Verfasser: La chronique des ombres

London, November 2005

Die Flammen griffen erst sacht und spielerisch – beinahe zärtlich – und dann immer fordernder nach ihr. Fünf züngelnde Feuersäulen, die über sie leckten und sie mehr und mehr einhüllten. Sie, die danach gierte, endlich wieder ihre dunklen Schwingen zu entfalten, die ihren Odem auf die Welt loslassen und ihren unseligen Geist über die armselige Kreatur MENSCH schicken wollte. Ihre alte – ihre *uralte* – Seele wollte wie Phoenix aus der Asche aufsteigen und sich nicht nur die Kreaturen der Nacht – die Schattenwesen – untertan machen. Ihr war nach weitgreifender Macht. Nach alles beherrschender, zerstörerischer Macht!

Mühsam öffnete sie ihre bernsteinfarbenen Augen einen Spalt breit, blickte durch die Flammenwand und machte eine Gestalt aus, die ebenfalls mit dem todbringenden Element kämpfte und von ihm umschlossen wurde – Antediluvian! Der Narr, der nicht sie erwecken wollte, es aber dennoch getan und somit sein eigenes Schicksal besiegelt und seine beinahe unsterbliche Seele verwirkt hatte. Er, der Dilara – die ihr gehörte! – schützen wollte. Wie er es seit derer Geburt getan hatte.

Und es doch schlußendlich nicht vermochte.

Sie fühlte, daß er sein unseliges Leben verlieren würde, und eine tiefe Genugtuung machte sich in ihr breit, als sie seinen enttäuschten Schrei vernahm, sobald er ihrer angesichtig wurde. Einen Schrei, der eine Spur des Entsetzens trug, als er erkannte, daß er getäuscht worden war, daß er nicht den Sonnengott Tonatiuh, sondern *sie* erweckt hatte. Einen Schrei, der immer schriller ausuferte, in einen gurgelnden Laut mündete und dann allmählich erstarb. So wie die Seele des Urnosferatus, die sich ein allerletztes Mal aufbäumte, bevor er zu Asche zerfiel.

Nun schrie die Mondgöttin.

Triumphierend, wenn auch von der Ahnung erfüllt, daß ihre Seele gleichfalls nicht unversehrt dem Feuer, das ihre letzte Hülle vollends verbrannte, entsteigen würde. Aber es vermochte sie auch nicht zu vernichten, denn es war ihr bestimmt zu leben – einst, jetzt und immerdar.

Das Feuer griff von dem abgegrenzten Aztekensaal des British Museums auf die anderen Räume über.

Sie spürte, daß es an der Zeit war, sich zu erheben und in Sicherheit zu bringen. So breitete sie ihre verkohlten Schwingen aus und erhob sich im Taumelflug in den Nachthimmel.

Der Tod öffnete ihr seine Pforte in ein neues Leben – und der Mond verdunkelte.

Einsatzwagen der Feuerwehr rasten mit lauten Sirenen und grell leuchtenden, rotierenden Lichtern durch die Straßen Londons in die Richtung des British Museums, aus dessen zerborstenen Fensterscheiben schwarzer Rauch und dichte Flammen quollen. Menschen strömten wild gestikulierend aus den benachbarten Häusern. Schaulustige rannten herbei, teilweise mit Nachthemd und Pyjama unter ihren Mänteln, die sie sich hastig übergeworfen hatten, um auch ja nichts zu versäumen. Aufgeregt tuschelnd bildeten sie kleine Grüppchen und begafften das Feuer, das im Museum ausgebrochen war. Sie verstummten nur, als sich plötzlich über sie und das Mondlicht ein geflügelter Schatten legte, der aber so schnell wieder verschwand, daß die meisten von ihnen später nicht mehr zu sagen wußten, ob es Einbildung oder Realität gewesen war.

Zeitgleich floß ein Schemen durch den Hyde Park auf das Apsley House zu. Aber nicht nur er, in dieser Nacht schienen *alle* Untoten noch ruheloser zu sein, als sie es ohnehin schon waren. Als spürten sie, daß etwas Einschneidendes geschah. Daß etwas Uraltes auf die Welt losgelassen wurde. Etwas Uraltes und abgrundtief *Böses*. Das trieb die Wesen der Nacht hinaus in die Finsternis. So auch ihn, der in seinen beiden Leben immer ein Rastloser gewesen war. Ein Getriebener. Ein Gefangener seiner unheilvollen Obsession.

Er stoppte nicht einmal, als sich das Apsley House mondbeschienen vor ihm erhob.

Der hagere Schemen glitt durch die dicken Mauern des alten

Palastes, dort an dem Bildnis des dritten Dukes of Wellington vorbei, Henry Wellesley, der hier im April des Jahres 1846 das Licht der Welt erblickt hatte.

Der Wiedergänger nahm erst in der Galerie wieder Gestalt an. Mit zwei, drei ausholenden Schritten erreichte er zielsicher die abgelegene Nische, in der Dilaras Portrait hing, und verharrte in Verzückung, den Blick gebannt auf das Bildnis gerichtet.

Er ahnte, daß Antediluvian die schöne Vampirin in dieser Nacht bezwingen und dem Gott, dem er diente, wieder auf diese Welt helfen wollte, und spürte bei dem Gedanken, Dilara auf ewig zu verlieren, eine Leere in sich, die sein „Leben“ noch unerträglicher machte. Wehmütig erinnerte sich der winzige verbliebene Roderick-Teil in ihm an den Tag, als er sie hier das erste Mal auf der Bank vor dem Portrait hatte sitzen sehen. Die Aura, die von ihr ausgegangen war, war immer noch spürbar, als er näher an ihr gezeichnetes Ebenbild herantrat und hinauf in das funkelnde Grün ihrer Augen sah.

Immer noch wirkte das Portrait seltsam lebendig.

Und das mutete auch nicht mehr befremdlich an, seit er die Hintergründe kannte.

Die Sirenen, deren schriller Klang ganz London zu erfüllen schien, wurden lauter.

Der Wiedergänger verspürte ein ungutes Gefühl in sich. Irgend etwas Altes war auf die Welt losgelassen – war wiedergeboren worden. Etwas Unheilvolles, das das Reich der Dunkelheit mit noch mehr Düsternis erfüllen würde.

Ein Wesen wie er spürte das.

Kraftlos sank der Wiedergänger auf die Bank vor dem Portrait. Auf die Stelle, an der SIE damals gesessen hatte.

Dilara.

Die schöne Vampirin mit den katzengrünen Augen, dem ungebrochenen Stolz und dem dunklen Herzen, das doch für einige wenige schlug, besonders für einen, jedoch nicht für ihn.

Der Wiedergänger seufzte und wünschte sich seinen Tod herbei. Er war es müde, nirgendwo hinzugehören. Und er war des *Triebes* müde, der immer unheilvoller Besitz von ihm ergriff.

Wenn nun auch Dilara aus dieser Welt der Dunkelheit gebannt wurde, wollte er nicht mehr in ihr verbleiben.

Wenn du gehen mußt, nimm mich mit!, dachte er mit all der Inbrunst, zu der seine finstere Seele fähig war.

Als habe ihn eine unheilvolle Macht erhört, zerbarsten plötzlich die Fensterscheiben der Galerie mit einem einzigen lauten Knall. Ein blauer Feuerschweif zischte kometenhaft herein, ummantelte den Wiedergänger und schoß zielstrebig auf Dilaras Portrait zu. Fünf Flammenzungen lösten sich daraus und hüllten das Bildnis der Vampirin ein, das in Sekundenschnelle lichterloh brannte, während der Wiedergänger am Fuße der Bank verkohlt liegenblieb.

London, Dezember 2005

In den ersten Tagen nach Antediluvians schrecklichem Ende verspürte Dilara nicht nur die neugewonnene Freiheit und Unabhängigkeit, sondern auch eine unbestimmbare Leere in ihrem Inneren. Seit seiner Vernichtung fühlte sie eine Verunsicherung in sich, die sie nicht für möglich gehalten hätte. Weniger aus dem Verlust des Urnosferatus heraus, der doch nicht in dem Sinne ihr Feind gewesen war, sondern mehr aus der Tatsache, daß etwas beendet wurde, das eine Art innerer Antrieb für sie gewesen war. Antediluvians Undurchsichtigkeit, der Anschein des Verrats, den er ihr gegenüber erweckt hatte, die Erinnerungsbarrieren, die ihr auferlegt wurden, hatten dazu beigetragen.

Dennoch hatte der Fürst der Nosferati das Gros ihres Daseins bestimmt. Dieser Motor, diese Eigendynamik war plötzlich entwichen und machte einem Gefühl der Desorientierung Platz.

Seltsamerweise hatte Dilara den Eindruck, daß mit Guardian eine ganz ähnliche Veränderung vonstatten gegangen war. Es war wie eine besondere, stille Einigkeit zwischen ihnen. Nicht mit der zu vergleichen, die Dilara mit Calvin verband, aber nicht weniger intensiv. Wenngleich die Vampirin das Gefühl nicht loswurde, daß Guardian sie ab und an besorgt betrachtete. Als befände sie sich nach wie vor in Gefahr, oder als hege er die Befürchtung, sie könne aufgrund der neugewonnenen „Freiheit" aus seinem näheren Umfeld geraten.

So bot er ihr und Calvin weiterhin seine Gastfreundschaft an, auch wenn es eigentlich nicht mehr erforderlich war. Dilara nutzte diese für ausgiebige Konversationen über ihre Art und Überlegungen, was auf das Ende von Antediluvians Herrschaft folgen könne. Sie wurde dabei das Gefühl nicht los, in ihren Versuchen, Guardians Geheimnis zu lüften, nicht einen Schritt weiterzukommen. Sie fragte sich auch immer mehr, was genau sie miteinander verband, fand darauf aber keine Antwort. Und auch wenn sie Guardian nicht aus den Augen verlieren wollte, so zog es sie doch aus der unterirdischen Welt der Cemeteries, in deren Abgeschiedenheit sie sich immer mehr wie eine Gefangene fühlte.

Als eines Abends der Wind eine vergilbte und zerfledderte Ausgabe des *Daily Mirrors* über den Brompton Cemetery trieb und Dilaras Blick zufällig auf eine Seite fiel, die sich in einer der alten Weiden verfangen hatte, wurde ihr bestätigt, daß sie endgültig frei war.

Der Leitartikel berichtete von einem mysteriösen Feuer in einem Saal der Apsley-Galerie, das nur ein einziges Bild vernichtet hatte. Merkwürdigerweise war dabei jedoch ein Besucher – es mußte ein Einbrecher gewesen sein, denn die Galerie war um diese Zeit bereits geschlossen – zu Tode gekommen.

Dilara ahnte, wer der zur Unkenntlichkeit verbrannte Mann war, und fühlte darüber eine seltsame Erleichterung. Damit war das letzte Band ihrer geistigen Abhängigkeit gesprengt worden, und sie konnte sich uneingeschränkt ihrer Vergangenheit und Zukunft stellen und sich mit ersterer auseinandersetzen, um dann auf letztere zuzugehen. Sie war – wie es ihrem eigentlichen Naturell entsprach – begierig auf das, was auf sie zukam. Ihre Lebensform bot so viele Möglichkeiten, die sie in vollen Zügen genießen wollte.

Jetzt, wo sie einen Gefährten wie Calvin an ihrer Seite wußte, erst recht!

So beschlossen Dilara und Calvin, in das Haus der Vampirin in der Park Lane zurückzukehren. Ihnen drohte nun keine Gefahr mehr, denn unmittelbar nach Antediluvians Vernichtung war unter den Nosferati ein erbitterter Erbfolgekrieg ausgebrochen, der den Bann, der auf die beiden gelegt worden war, vergessen machte.

Man mochte von Antediluvian gehalten haben was man wollte, aber unter seiner Herrschaft hatte es Ordnung und Stabilität gegeben. Das Gegenteil war nun der Fall. Das Chaos riß unzählige Untote in die schwarzen Abgründe der Hölle. Sie zerfleischten einander in so unbändiger Wut, daß sie darüber sogar das eherne Gesetz vergaßen, das ihnen gebot, ihre Existenz vor den Sterblichen verborgen zu halten. Da sie nicht nur unter ihresgleichen wüteten, häuften sich bald die Nachrichten von grausamen Morden mit offensichtlich rituellem Hintergrund. Auffällig war die Tatsache, daß manche Opfer regelrecht verblutet aufgefunden wurden.

Heute waren es die Traditionalisten, geführt von einem mysteriösen ungarischen Grafen Károly, die die Oberhand gewannen, morgen ein Verrückter, der sich Jumpin Jack Flash nannte und wie ein Rockstar gebärdete. Eine Zeitlang gelang es ihm, eine ganze Armee bleicher Schönheiten und langhaariger Vampirjünglinge um sich zu scharen, doch eines Nachts wurde er von einer Bande Vermummter in seinem als Nachtclub getarnten Unterschlupf in Soho brutal gepfählt. Selbst Guardian und die Cemeteries waren gezwungen, in diesem Spiel Position zu beziehen, wenn sie nicht zwischen zwei Machtblöcken zerrieben werden wollten. Dilara hatte den Eindruck, daß Guardian dabei sogar sehr geschickt vorging. Der Brompton Cemetery blieb fest in der Hand seines Clans, dessen eigene Verluste sich in Grenzen hielten. Ja, die Cemeteries konnten gar ihren Einflußbereich ausdehnen und versprengte Mitglieder anderer Clans dazu bewegen, sich ihnen anzuschließen.

Doch weder Guardian, noch Dilara oder Calvin, und auch keiner der anderen Emporkömmlinge im Machtpoker um die Herrschaft der Untoten in London bemerkte das verborgene Erstarken einer dritten Macht. Einer Macht, die alle anderen zur Bedeutungslosigkeit verblassen ließ.

London, Januar 2006, Paddington

Das schrille, nervende Rasseln des Weckers hob Mick aus einem wilden Traum. Mit einem unbeherrschten Schlag brachte der junge Cop den Störenfried zum Schweigen und sank noch einmal verschlafen in die Kissen. Müde räkelte er sich unter dem Laken. Nackt, wie immer, denn er trug nie etwas zur Nacht, weil er es als störend empfand. Seine Wesenheit liebte keine hinderlichen Hüllen und Einschränkungen. Seine *beiden* Wesenheiten. Mick schielte in die Richtung des Weckers und stieß einen unwilligen Laut aus. Es wurde Zeit. Schließlich hatte er sich selbst für den nächtlichen Einsatz gemeldet. Ächzend hievte er sich hoch und blieb benommen auf der Bettkante sitzen.

Er hatte von Greg geträumt. Greg Lane, seinem ermordeten Partner. Mick fragte sich, wieso, denn Greg war ihm zwar nicht unsympathisch gewesen, hatte ihm aber nicht sonderlich nahegestanden. Dafür war ihre Zusammenarbeit auch zu kurz und teilweise nicht unproblematisch verlaufen. Hinzu kam, daß Mick als Einzelgänger ohnehin immer auf eigenen Pfaden gewandelt war. Dennoch verspürte er Zorn über die Kreaturen, die frech vor seiner Nase wilderten. Denn daß hier kein gewöhnlicher Killer mordete, das war Mick beim ersten Blick aufs Gregs Leiche klar gewesen. Wie schon bei den Morden, die sie gemeinsam aufklären sollten, waren auch hier die Zeichen deutlich. Mick fühlte sich nicht wohl in der Haut, als er Greg die hanebüchene Geschichte der Satanisten-Morde auftischte.

Greg hätte ihm gefährlich werden, sprich, hinter sein Geheimnis kommen können. Weil er nicht zu den teilweise stumpfsinnigen Kollegen gehörte, die ihre Fälle nach Schema „F" bearbeiteten. Greg Lane hat sich als ein Mensch mit besonderem Gespür gezeigt.

„Vielleicht ist es besser so, alter Junge, daß du ins Gras gebissen hast!"

Mick erhob sich von der Bettkante und angelte erst nach seiner schwarzen Lederhose, dann nach einem weißen Shirt.

„Auf geht's!" forderte er sich auf, als er sich angekleidet hatte. „Es wird Zeit!"

London, Januar 2006, Park Lane

Calvins Hand schloß sich instinktiv um das Amulett, das er um den Hals trug, und sein Blick fiel auf das Buch, das Dilara auf dem Portobello-Markt aufgestöbert hatte. Jenes Buch, in dem exakt dieselbe Abbildung des Kelches zu sehen war wie auf dem Anhänger, den er trug, solange er zu denken vermochte. Das konnte kein Zufall sein. Calvin war überzeugt, daß man Dilara das Buch bewußt in die Hände gespielt hatte. Doch wer hatte es getan, und vor allem: Wie hatte derjenige das bewerkstelligt?

Calvin runzelte unwillig die Stirn.

Seit das Buch aufgetaucht war, ließ Dilara nicht mehr locker in ihrem Bestreben, mehr über das Amulett und seinen Hintergrund zu erfahren.

Calvin seufzte. Wenn es so einfach wäre, ihr das zu erklären, dachte er. Aber wie sollte er Dilara etwas erläutern, das er selbst nicht in Gänze verstand?

Schließlich war die Gralswelt eine mystische, weitverzweigte.

Der Gral, Sinnbild unzähliger Rätsel. Der geheimnisvolle Kelch, der der Überlieferung nach das Blut des Erlösers aufgefangen hatte. Das Blut, das ewiges Leben versprach.

Wie passend für unsere Art, dachte Calvin zynisch. Als Vampir war er ohnehin so gut wie unsterblich. Seine Hand ließ das Amulett los. Es konnte auch kein Zufall sein, daß ihm Dilara begegnet war und den Kuß der Verdammnis aufgehaucht hatte.

Blut – es verband sie.

„Blut, das ewiges Leben verspricht!“ murmelte er nachdenklich. „Eine ewige Lebensquelle.“

„Hier bist du!“ erklang es hinter ihm. Dilaras Stimme trug jene deutliche Nuance des Unwillens, die ihren Klang noch erotischer machte.

Calvin drehte sich langsam herum und blickte seine Gefährtin ernst an. „Ja, hier bin ich.“

Sie setzte sich ihm gegenüber, sank wie er in die Polster der großen Ledersessel in ihrem Kaminzimmer.

„Du bist so gedankenversunken in letzter Zeit, Cal. Was beschäftigt dich?“

Seine Hand umschloß erneut das Amulett. „Wie du, bin auch ich nicht frei von den dunklen Schatten der Vergangenheit.“

„Ich weiß!“ sagte sie schlicht, doch die Art, wie sie diese beiden Wörter betonte, zeigte ihm, daß sie mit ihm fühlte.

Calvin wurde sich wieder der tiefen inneren Verbundenheit zwischen ihnen bewußt, und er fragte sich, wie leer sein Leben vorher gewesen sein mußte. Doch das war im Moment ohne Belang.

„Und welche Schatten suchen dich gerade heim?“ Der Klang ihrer Stimme streichelte ihn ebenso wie die besondere Sprache ihrer grünen Augen.

Calvin schluckte. Immer noch verstand sie es, ihm mit nur einem Wimpernschlag das Gefühl zu geben, ihren Reizen ausgeliefert zu sein.

Dilara betrachtete das Buch, das vor Calvin auf dem Tisch lag. Jenes Werk, das sie auf dem Portobello-Markt gefunden hatte.

Calvins Blick folgte dem seiner schönen Gefährtin.

Der Gral, dachte er wehmütig und erinnerte sich daran, daß viele Überlieferungen, auch dieses Buch, offenließen, was der

Gral eigentlich war. Aber Calvin wußte eines, es gab einen Kelch, einen *besonderen* Kelch, von dem sein Vater immer gesprochen hatte. Mit jenem fanatischen Glitzern in den Augen, das Calvin als Kind immer Furcht eingeflößt hatte und später eine Kluft zwischen ihn und seinen Vater grub.

Den *Schattenkelch!*

Dilara las den Schmerz der Erinnerung in Calvins Blick und ergriff seine Hand. Als stummes Zeichen, daß sie da war und vor allem mit ihm fühlte.

Doch sie spürte auch, daß Calvin ihr selten so fern gewesen war wie in diesem Moment. Sie mußte ihm aus seinem seelischen Tief heraushelfen, damit sie sich beide wieder näherkommen konnten.

„Komm", flüsterte sie. „Laß uns hinausgehen. Die Nacht ist noch jung!"

London, Januar 2006, in den Katakomben des Brompton Cemeterys

Guardian hörte geduldig zu, was ihm der junge Vampir von den Geschehnissen der vorangegangenen Nacht berichtete, doch er war nicht mit voller Aufmerksamkeit bei der Sache. Er fragte sich, ob Dilara in diesem Augenblick seinen Schutz benötigte.

Einmal schon hatte er versagt und konnte es sich nie verzeihen, obwohl… inzwischen war er davon überzeugt, daß sich niemand seiner Bestimmung in den Weg stellen konnte. Auch Dilara und er waren von ihrem Schicksal ereilt worden.

„Sie haben unsere Verteidigung am Nebentor durchbrochen", sagte der junge Cemetery. „Es waren neun erfahrene Nosferati. Wir glauben nicht, daß sie zufällig herkamen."

„Verluste?“

„Keine. Wir haben sie in die Flucht geschlagen. Einen haben wir erwischt. Das hier blieb von ihm übrig.“ Er reichte Guardian eine Art Abzeichen an einer festen Schnur. „Möglich, daß sie mit Verstärkung wiederkommen.“

„Möglich…“ Guardian wendete die Plakette zwischen seinen Fingern. Es waren Zeichen einer fremden Sprache darin eingraviert. Der Anführer der Cemeteries vermutete, daß es sich um ein osteuropäisches Idiom handelte. Und den Namen, der in das Metall geritzt war, kannte er: Vladimir Zorkov. Er hatte einer Fraktion separatistischer Nosferati aus der Herzegowina angehört, die schon früher ihren Herrschaftsanspruch proklamiert hatte. Es handelte sich jedoch nur um eine kleine Gruppe. Vielleicht hatten sie auf dem Brompton Cemetery Zuflucht gesucht.

Wieder trieben Guardians Gedanken in Dilaras Richtung. Sie war eine mächtige Vampirin geworden. Brauchte sie ihn wirklich noch? Oder wurde es Zeit, daß er sich einer neuen Verantwortung stellte, der Verantwortung für seinen Clan? War er von seinen alten Pflichten befreit? War dies der Zeitpunkt, seinen alten Namen abzulegen? Den Namen, den sein Vater ihm einst gegeben hatte? Guardian… der Wächter.

London, Januar 2006, Scotland Yard

Mick schwang sich auf seine Maschine und schoß ziellos durch die nächtlichen Straßen Londons. Die Morde, die auf erbitterte Bandenkriege schließen ließen, beschäftigten ihn und machten ihn unruhig. Sie erinnerten ihn auf den ersten Blick in ihrer

Brutalität an seine Zeit in Harlem, New York. Doch sie unterschieden sich auch in einem wesentlichen Punkt: der Todesursache.

Mick fühlte Beunruhigung in sich aufsteigen.

Etwas ging in London vor sich, das nicht nur die Metropole an der Themse bedrohte, sondern sich anschickte, auf die Welt überzuschwappen. Es hatte den Anschein, als würde die ganze Atmosphäre „kippen". Als läge ein Pesthauch über der Stadt und verdunkele selbst das Tageslicht. Irgend etwas war anders geworden.

Das spürte Mick, weil auch er *anders* war.

Er gab Gas, und das schwere Motorrad machte einen Satz nach vorn. Mick grinste ausgelassen und beschleunigte das Tempo noch mehr. Der Motor heulte kurz auf, als wolle er Mick warnen. Doch der benötigte den Rausch der Geschwindigkeit wie ein Ventil. Das Vibrieren, das der Motor durch die Maschine und somit durchs Micks Körper schickte, hatte etwas Erotisches. Mick liebte es, durch die Nächte zu brausen, es vermittelte ihm ein Gefühl der Freiheit, wenngleich auch er andere Möglichkeiten der „Fortbewegung" hatte, auf die er aber nur im äußersten Notfall zurückgriff.

Mick seufzte.

Zum ersten Mal war er an diesem Tag mit seinem Vorgesetzten, einem obrigkeitshörigen Duckmäuser, aneinandergeraten. Dr. Peter Grean, dachte Mick verächtlich und jagte mit der Maschine weiter durch die Nacht, dieser elende Sesselfurzer, hatte sich aufgespielt wie Gott persönlich. Hatte sogar mit den zur Faust geballten, manikürten Fingern auf die Mahagoniplatte seines Schreibtisches gehämmert und Mick nachhaltig aufgefordert, die Ermittlungen der Sonderkommission voranzutreiben.

„Ich will endlich Ergebnisse sehen!" Sein Gesicht war hochrot angelaufen, und Mick hatte den Eindruck, daß Grean kurz vor einer Explosion stand. Wenig später wußte er, daß ihn sein Instinkt nicht getrogen hatte, denn der Leiter der Spezialeinheit von Scotland Yard hämmerte weiter auf dem unschuldigen Holz seines Schreibtisches herum. „Wir werden von allen Seiten kritisiert, und seit sich die Medien auf uns gestürzt haben, steht mein Telefon nicht still. *Tag und Nacht*!“ Dr. Greans Gesichtsfarbe wurde noch einen Ton dunkler und seine Stimme etliche Nuancen schärfer. „Es müssen schleunigst Ergebnisse her. Zumal auch ein Polizist ums Leben gekommen ist.“ Er musterte Mick scharf. „Oder haben Sie Ihren Partner schon vergessen...?“ Mick schwieg beharrlich. Das versetzte Dr. Grean noch mehr in Rage. Er rückte die silberne Brillenfassung zurecht, richtete seinen maßgeschneiderten Blazer und ergriff einen Brieföffner, der vor ihm in einer Schale lag, um nervös damit herumzuhantieren.

Mick haßte das ganze Getue. Ebenso, wie sehr sich dieser Mensch aufspielte, der sich nur selten aus seinem elegant eingerichteten Büro bequemte.

„Haben Sie mich verstanden?“ herrschte ihn Dr. Grean an. „Ich verliere allmählich die Geduld! Und nun gehen Sie – und bringen Sie mir endlich *Ergebnisse*!“

Mick erhob sich. Du mich auch, dachte er, rang sich aber ein gequältes Lächeln ab. Auf dem Weg zur Tür drehte er sich noch einmal herum. „Glauben Sie mir, ich wende alle Mittel und Wege an, die mir zur Verfügung stehen.“

Und Dr. Peter Grean fröstelte plötzlich, als er das sonderbare Funkeln in den merkwürdigen Augen seines Untergebenen sah, und atmete erleichtert auf, als dieser den Raum verließ.

London, Januar 2006, Charing Cross

„Calvin, ich glaube, wir werden verfolgt!“ Dilara hatte den Mann, der in dem Moment im Gedränge von Charing Cross verschwunden war, als sich ihre Blicke trafen, nun schon zum dritten Mal an diesem Morgen gesehen, seit sie das Haus in der Park Lane verlassen hatten. Das konnte kein Zufall sein. Sie glaubte nicht, daß es sich bei dem athletisch gebauten Schwarzhaarigen um einen Untoten handelte. Der hätte unauffälligere Wege gefunden, sie zu beschatten. „Hm.“ Calvins gereizter Blick verriet der Vampirin, daß er nicht nur denselben Eindruck hatte, sondern den Fremden anscheinend sogar kannte.

„Findest du nicht, daß ich wissen sollte, was hier gespielt wird?“

„Schhht!“ Calvin deutete ihr mit einer Handbewegung an, daß sie schweigen solle. „Mach dir keine Sorgen. Wir sind nicht in Gefahr. Er ist lästig, mehr nicht. Aber wir sollten ihn loswerden. Ich erzähle dir später, wer er ist.“

„Hoffentlich bald! Ich finde, du hast schon genug Geheimnisse vor mir.“

„Du wirst alles erfahren, aber jetzt sei ruhig!“ Calvin packte sie plötzlich unsanft am Arm und zog sie in eine Gasse, die so eng war, daß kaum Licht von oben herabfiel, und es mit einem Mal Abend um sie herum wurde.

Es ärgerte Dilara, daß Calvin in letzter Zeit immer häufiger die Initiative ergriff. Trotzdem leistete sie keinen Widerstand, sondern folgte ihm an umgestürzten Mülltüten und achtlos abgeladenem Schutt vorbei in den hintersten Winkel des Durchgangs, wo sich ihr Gefährte mit beeindruckender Leichtigkeit in etwas verwandelte, das einer riesigen Fledermaus nicht unähnlich war. Sie tat es ihm gleich und landete neben ihm in schwindelnder Höhe auf einer Arkade, von der aus sie die Straße ungehindert beobachten konnten.

All das dauerte nur wenige Sekunden. Ihr Verfolger erreichte erst jetzt die schmale Gasse. Er blickte sich verzweifelt um, konnte die beiden jedoch nicht mehr entdecken. Offenbar in dem Glauben, sich getäuscht zu haben, kehrte er auf die belebte Hauptstraße zurück und wurde vom Strom der Menschen aufgenommen und hinfortgetrieben.

„Das war knapp!“ stellte Calvin grinsend fest. „Komm, laß uns nach Hause zurückkehren. Ich will dir erklären, wer das war.“

London, Januar 2006, Park Lane

„Ist dir jemals etwas an meinem Namen aufgefallen, Dilara?“

Calvin und Dilara hatten sich im Kaminzimmer ihres Hauses in der Park Lane auf den Kissen niedergelassen, die eine Ecke des Raumes in eine Art Landschaft verwandelten. Mit ineinander verschlungenen Beinen saß Dilara ihrem Gefährten gegenüber, der sich gegen eines der raumhohen Bücherregale lehnte. Er schien in Gedanken versunken.

„Calvin? Er gefällt mir, aber…“

„Nein, nicht mein Vorname. Ich meine meinen kompletten Namen. Calvin Percy Vale.“

„Oh, du hast mir nie gesagt, daß du einen zweiten Vornamen besitzt. Percy? Klingt ein wenig altmodisch, nicht wahr?“ Dilara liebte es, ihn aufzuziehen. Doch Calvin blieb dieses Mal ernst.

„Ich habe ihn mir nicht ausgesucht. Jedes männliche Mitglied unserer Familie trägt ihn als zweiten Vornamen. Er ist beinahe so etwas wie ein Titel und gehört mehr zu dem Nachnamen."

„Percy Vale..." Dilara ließ den Klang auf sich wirken. „Percy Vale, hm."

„Was sagt dir der Name Parzival?"

„Es gibt einen Parzival, der als Ritter der Tafelrunde..."

„Richtig! Er war derjenige, der der Sage nach den Heiligen Gral suchte und fand."

„Aber ich erinnere mich nicht, wie die Geschichte ausging. Hat er den Gral nicht wieder verloren?"

Calvin seufzte. „Niemand weiß es. Aber genau dieser Gral ist auf dem Amulett dargestellt, das ich seit meinem sechsten Lebensjahr trage."

Dilara schwieg, dabei hätte sie am liebsten ungeduldig gerufen: „Das weiß ich doch schon! Wann erzählst du mir endlich etwas Neues?" Doch sie befürchtete, Calvin würde sich, wie schon so oft, wieder in sich zurückziehen und in Schweigen hüllen.

„Du hast mich nie nach meiner Herkunft gefragt...", fügte er beinahe vorwurfvoll hinzu.

In Dilaras grünen Augen blitzte es zornig auf. „*Du* warst doch derjenige, der mich ständig im Ungewissen gelassen hat, selbst wenn ich dich nach dem Amulett gefragt habe!"

Calvins Blick wich ihrem funkensprühenden aus und blieb auf dem unruhig flackernden Feuer im Kamin haften.

„Seitdem wir uns kennengelernt haben, Dilara, ist soviel geschehen. Ich hatte nie den Eindruck, daß der richtige Zeitpunkt gekommen sei. Seitdem ich deinen Kuß empfing, wurden wir von Antediluvian und seinen Schergen gejagt. Dann war da dieser verrückte Wiedergänger, zu dem du..."

„Er ist tot. Endgültig!"

„Trotzdem!" fuhr Calvin ungnädig fort. „Das Spiel, das du mit ihm getrieben hast, hat mich ganz schön viele Nerven gekostet. Und nicht nur das. Plötzlich war da auch noch Guardian, in dessen Reich wir uns zurückziehen mußten. Mir ist bis heute nicht klar, was er eigentlich von dir will."

„Das weiß ich selber nicht! Es gibt etwas, das uns verbindet, Cal, aber es ist ein ganz anderes Band, als es zwischen uns beiden besteht. Und das weißt du auch. Du *spürst* es!" Dilara hatte plötzlich das Bedürfnis, ihn zu umarmen, mit ihm auf den Boden zu sinken und sich ihm hinzugeben. Aber sie widerstand dem Verlangen. Wer wußte schon, wann Calvin in seine übliche Schweigsamkeit zurückfiel, und sie wollte die Gunst des Augenblicks nutzen, um endlich mehr über ihn zu erfahren.

„Ja, ich weiß. Ich habe es mir immer und immer wieder eingeredet. Aber ich spüre, daß eine sehr enge Verbindung zwischen euch besteht." Calvin schwieg jetzt tatsächlich einen Moment, doch dann schaute er sie mit seinen dunklen Augen an und fuhr fort: „Du möchtest mehr über mein früheres Leben erfahren. Ich weiß nicht, wann die nächste Gelegenheit kommen wird, dir davon zu berichten. Um uns herum braut sich etwas zusammen. Du fühlst es, ich fühle es. Niemand kann sagen, wie lange wir hier noch sicher sind."

Calvin strich eine lange Strähne seines seidigen schwarzen Haares aus der Stirn. Seine Züge waren ebenmäßig und edel. Dilara überlegte, ob er seit seiner Verwandlung stetig attraktiver geworden war, und bejahte das insgeheim.

„Ich wurde ebensowenig in England geboren wie du, Dilara. Doch ich kam bereits als Kind hierher. Meine Eltern sind sehr wohlhabend. Sie leben in Kalifornien... das heißt... mein Vater lebt dort. Er hat mich in jungen Jahren zur Erziehung und Ausbildung auf eine Privatschule in England geschickt, nachdem meine Mutter ihn verlassen hatte. Er hatte große Pläne mit mir und wollte mich auf gewisse Aufgaben vorbereiten."

„Aufgaben? Welche Aufgaben?" Dilara blickte ihn erwartungsvoll an.

London, Januar 2006, LUNA-Tower

„Machen Sie das Feuer aus! *Sofort*!"

Mark Garimont zuckte zusammen. Die Stimme war so eiskalt, daß es beinahe schmerzte. Rasch ließ er das Feuerzeug zuklappen und steckte die Zigarette, die er sich gerade hatte anzünden wollen, zurück in das silberne Etui, um beides in seiner Jackettasche verschwinden zu lassen.

„Feuer…", die Stimme trug nun ein leises Zittern in sich. „Wir hassen es!"

Garimont schluckte, als sich die Mattglastür, vor der er gewartet hatte, öffnete und die Frau, die gesprochen hatte, hindurchtrat. Zwei Männer begleiteten sie mit unbewegter Miene. Sie trugen lange Ledermäntel und Sonnenbrillen, obwohl weder das eine noch das andere notwendig gewesen wäre, denn es war weder kalt noch besonders hell in dem Büro, in das man Garimont gebeten hatte. Er versuchte vergeblich, einen Hinweis darauf zu finden, wie die beiden bewaffnet waren. Vermutlich benötigten sie keine anderen Waffen als ihren Körper.

Was soll ich hier bloß?, dachte er und konnte den Blick nicht von der Frau abwenden, die etwa zwei Meter von ihm entfernt stehenblieb. Sie war von so perfekter Schönheit wie eine Eisblume, von deren Anblick man fasziniert ist, die man aber nicht zu berühren wagt. In diesem Moment begriff er, daß die Geschichten von Männern, die ihr Leben für die Liebe einer Frau gaben, keine bloße Erfindung waren. Für diese Frau *würd*e man es tun. Ihre Haut, von der sie mehr zeigte, als es Garimonts Geschmack entsprach, war von makellosem Weiß, und ihre Augen schimmerten in der Farbe von Bernstein, die durch das bläulich schwarze Haar unterstrichen wurde.

„Es ist schön, daß Sie gekommen sind!“ sagte sie und streckte ihm eine langfingrige, zartgliedrige Hand entgegen, die er, ohne darüber nachzudenken, vorsichtig mit der Rechten ergriff und küßte.

Sie war eiskalt!

„Man hat uns gesagt, Sie seien der Beste!“

„*Man*?“ fragte Garimont zögerlich. Ihm gefiel diese Situation nicht. Normalerweise war er derjenige, der Bescheid wußte. Das war sein Job.

„Wir sind gut informiert.“

„Na, dann brauchen Sie mich ja eigentlich nicht.“ Garimont wischte unsichtbaren Staub von seinem Jackettärmel. „Ich weiß nicht, was man Ihnen über mich erzählt hat…“

„Wir brauchen Sie, und wir werden Sie für Ihre Loyalität gut bezahlen. Das Angebot wird so einträglich sein, daß Sie es nicht ablehnen können. Wissen Sie, es gibt Bereiche, in die vorzudringen uns aufgrund gewisser Umstände nicht möglich ist. Wir ziehen es vor, im Verborgenen zu agieren. Deshalb bieten wir Ihnen ein Engagement als unser persönlicher Berater an.“

Die Augen der Frau verzogen sich zu schmalen Schlitzen.

Garimont sah von der Schönen zu den beiden Männern, die durch ihre Sonnenbrillen an ihm vorbeizustarren schienen. Sie wirkten wie Puppen, leblos, wie tot. Dann fiel sein Blick wieder auf die Frau, und er spürte, wie sich seine Nackenhaare sträubten.

Sie war gefährlich!

Doch Garimont liebte das Spiel mit dem Feuer. Daher fragte er nur: „Wieviel?“

London, Januar 2006, Park Lane

„Nun sag schon, welche Aufgaben denn?“ wollte Dilara ungeduldig wissen. Calvin machte es wieder einmal sehr spannend!

„Na ja, daß meine Mutter meinen Vater verlassen hat, lag größtenteils daran, daß er sich geradezu fanatisch für eine Sache begeisterte, der sie nicht das Geringste abgewinnen konnte. Er war, und ich vermute, daran hat sich nichts geändert, Mitglied eines Ordens.“

„Jetzt verstehe ich! Deshalb das Amulett! Aber… was hast du damit zu tun? Gehörst du diesem Orden auch an?“

„Nein, ich habe nie dazu gehört, auch wenn ich es als Andenken an meinen Vater noch trage. Weißt du, diese Leute sind verrückt. Sie suchen diesen Kelch, ohne wirklich zu ahnen, welche Macht er besitzt. Sie sammeln auf der ganzen Welt Wissen und betrachten sich als Hüter eines Geheimnisses, das ihnen längst entglitten ist. Du kannst es am besten mit all diesen Gruppierungen vergleichen, die von sich behaupten, das Erbe der Tempelritter zu bewahren. Keiner von denen hat die geringste Ahnung von irgend etwas. Um das zu verbergen, geben sie sich die ganze Zeit furchtbar geheimnisvoll und verschwörerisch. Als ich das erkannte, habe ich mich von meinem Vater abgewandt und ihm klargemacht, daß ich seine Erwartungen nicht zu erfüllen gedenke. Ich bin ihm nicht böse. Er ist, wie er ist, und ich bin, wie ich bin. So ist es nun einmal.“

„Und wer ist dieser Mann, der uns verfolgt hat?“ brachte Dilara ihre Gedanken auf einen Punkt.

„Oliver Richmond“, entgegnete Calvin „Mein Vater schickt ihn. Richmond war sein bester Schüler. Keine Ahnung, wie er mich gefunden hat. Ich hatte jahrelang Ruhe vor meinem Vater und seinen wahnwitzigen Phantasien um diesen verdammten Kelch, und nun... Hey, sag mal, hörst du mir überhaupt noch zu?“

Dilaras Blick schien auf einen fernen Punkt gerichtet zu sein. Seitdem Calvin zu erzählen begonnen hatte, waren ihre Gedanken immer wieder zu einer Reihe von Geschehnissen gewandert, die sich vor beinahe hundert Jahren ereigneten, und nun wußte sie, warum. Es war das Bild eines Kelches gewesen, das ihre Erinnerung weckte. Ja, auch sie hörte damals zum ersten Mal von einem Kelch, der wundersame Kräfte besäße, wenn auch in einem Zusammenhang, der nicht unmittelbar wichtig erschien…

Frankreich, 2. August 1914, Schloß Comper bei Concoret

Schon am Tag ihrer Ankunft in Comper fühlte Dilara die Bedrohung, die von den grauen Mauern des Schlosses ausging.

Röchelnd quälte sich der Renault durch den allgegenwärtigen Regen von Gaël über die schlammige Straße hinaus zum See. Beiderseits des Weges verwischten weitläufige Weiden und Heideflächen mit einzeln stehenden Bäumen zu einem stereotypen Bild, dessen Anblick Dilara ermüdete. Sie fragte sich, ob es wirklich klug gewesen war, die Beschwerden der langen

Reise auf sich zu nehmen, die sie über den Kanal in diese einsame Region im Nordwesten Frankreichs geführt hatte.

Vielleicht war es die Übersättigung einer Unsterblichen, die alle Vorzüge des Londoner Lebens zur Gänze ausgekostet hatte.

In erster Linie aber, da machte sich Dilara nichts vor, war es ihre Neugierde gewesen. Seit sie in einem Journal von den unglaublichen medialen Fähigkeiten der Madame Geneviève Zaeppfel gelesen hatte, spielte sie mit dem Gedanken, hierherzukommen. Ihre weitreichenden Beziehungen öffneten Dilara Türen, die Normalsterblichen verschlossen geblieben wären, und bald darauf erhielt sie eine persönliche schriftliche Einladung der *Prophetin von Brocéliande*, diese auf ihrem Schloß zu besuchen.

Im Gegensatz zu den meisten Menschen, die die ungewöhnlichen Dienste der Madame in Anspruch nahmen, erhoffte sich Dilara jedoch keine Informationen über die Zukunft. Sie erwartete, mit Hilfe Geneviève Zaeppfels einige blinde Flecken in ihrer Erinnerung mit Leben füllen zu können. Darüber hinaus aber war sie gespannt auf die illustre Gesellschaft, die sich bestimmt in Comper versammelte. Die meisten waren sicherlich schon längst eingetroffen. Wäre es bei der Überfahrt über den Kanal nicht zu einem Zwischenfall gekommen, der die Landung der Fähre verzögerte, wäre ja auch Dilara einen Tag früher in Frankreich angekommen.

Der Renault hielt auf einem kleinen Platz vor einem offenbar verschlossenen Tor in der Umfassungsmauer des Anwesens der Madame Zaeppfel. Der Fahrer, der Dilara am Morgen am Hafen von Roscoff abgeholt hatte, ließ die Hupe aufheulen. Traurig hallte der Ton in dem unablässigen Regen, während sie im Wagen darauf warteten, daß jemand kam, um ihnen zu öffnen.

Der Platz, an dem das Schloß von Comper stand, so hatte

Dilara in Erfahrung gebracht, war schon in frühgeschichtlicher Zeit bewohnt gewesen. Unzählige Sagen rankten sich um den Wald, in dem er gelegen war, den *Zauberwald Brocéliande*, der zu römischer Zeit der Wirkungsort der keltischen Seherin Veleda und später Schauplatz der Sagen um König Artus gewesen sein sollte. In Comper residierte um das Jahr 1000 n. Chr. König Salaün. Mehrere Zerstörungen der Burg hatten immer wieder geschichtliche Zeugnisse unter sich begraben, bis sie um 1860 ihr endgültiges Aussehen als Schloß erhielt.

Es war direkt an das Ufer des Sees gebaut. Bei diesem, so wollte die Sage wissen, handelte es sich um jenen Spiegel, der den vom Zauberer Merlin für die Fee Viviane erbauten Kristallpalast verbarg.

Dilara hatte wenig für solche Geschichten und Sagen übrig, obwohl sie gewissermaßen selbst eine mythologische Gestalt war. Doch gerade in ihrem Fall zeigte sich ja, daß derartige Überlieferungen voller Fehler und Widersprüche waren.

Endlich rührte sich Leben jenseits des geschmiedeten Tores. Ein in Tweed gekleideter junger Mann näherte sich, zwei schwarze Hunde an einer Leine führend, durch den Regen dem Tor, entriegelte es und schob die Flügel auf. Er grüßte knapp und machte dann kehrt, um im Laufschritt zum Eingang des Gebäudes zu eilen, wo er darauf wartete, daß ihm der Wagen folgte. Mit aufgespanntem Schirm trat er an den Fond heran und achtete darauf, daß Dilara beim Aussteigen nicht naß wurde. Er ahnte sicherlich nicht, daß dies unter Umständen schreckliche Verletzungen, wenn nicht gar den Tod der hübschen Vampirin bedeutet hätte.

Dilara beobachtete, wie der Renault wendete und den Kiesweg zurück zum Tor fuhr, um kurz darauf hinter Schleiern feinen Regens zu verschwinden.

„Ich hoffe, Sie hatten eine angenehme Reise, Mademoiselle?“

fragte der Mann, während er sie in die Empfangshalle des Schlosses führte. Erst jetzt hatte Dilara die Möglichkeit, ihn zu mustern. Unter einer ausgeprägt hohen Stirn stieß sie auf dunkle Augen, denen ein merkwürdig trauriger Ausdruck zueigen war. Er trug sein dunkelblondes Haar streng nach hinten gekämmt, wirkte irgendwie ausgezehrt, schlaksig. Es hätte Dilara nicht gewundert, wenn er Rauschmittel konsumierte.

„Ja, abgesehen von einem unbedeutenden Zwischenfall", entgegnete sie. „Ich danke Ihnen, Monsieur…"

„Zaeppfel, Victor Zaeppfel." Er deutete eine Verbeugung an. „Madame Geneviève ist meine Gemahlin. Sie scheint sich viel von Ihrer Teilnahme an unserer Séance zu versprechen. Schön, daß Sie es rechtzeitig geschafft haben. In diesem Jahr ist das Wetter selbst für unsere in dieser Hinsicht wenig verwöhnte Gegend ausgesprochen kalt und abweisend. Sie müssen müde von der Reise sein. Einige Stunden bleiben Ihnen noch. Wenn Sie sich frisch machen möchten… Mathilde wird Ihnen Ihr Zimmer zeigen."

„Ja, sehr gerne, ich danke Ihnen!"

Zaeppfel klatschte in die Hände, und kurze Zeit darauf öffnete sich im hinteren Teil der Halle eine Tür, die offenbar zum Wirtschaftsflügel führte, denn eine Frau, die mit einem Kittel bekleidet war und eine weiße Haube auf dem Kopf trug, trat heraus.

„Mathilde, bitte bringen Sie Mademoiselle Dilara auf Ihr Zimmer und sorgen Sie dafür, daß sie eine Kleinigkeit zu essen bekommt. Bitte entschuldigen Sie mich, ich fürchte, im Westflügel befindet sich eine undichte Stelle im Dach. Es regnet herein."

Er verbeugte sich und trat hinaus in den Regen, der an Dichte noch zugenommen zu haben schien.

„Suivrez-moi, s'il-vous-plaît!" forderte Mathilde, die offensichtlich kein Englisch sprach, Dilara auf, ihr zu folgen, und öffnete eine Tür, die zu einem langen Korridor führte.

Das Schloß war nicht sonderlich reich ausgestattet. Auf Dilara machte es sogar eher einen etwas vernachlässigten Eindruck, und es schien schlecht beheizt zu sein. Darunter litten vor allem die Gemälde, die durch Schmutz und Feuchtigkeit nachgedunkelt waren. Sie zeigten ausnahmslos Szenen des Artusmythos. Dilara hatte Malorys *Le Morte d'Arthur* gelesen, auch wenn das schon lange zurücklag. Sie erinnerte sich nur noch vage an den Inhalt des Eposes.

Das Zimmer, zu dem Mathilde sie geleitete, lag im östlichen Teil des Schlosses, dort, wo sich offensichtlich auch die anderen Gästezimmer befanden: Hinter einer Tür hörte Dilara Stimmen. Ein Mann und eine Frau stritten offenbar heftig miteinander. Sie sprachen Französisch. Mathilde tat, als habe sie nichts gehört, und schloß die übernächste Tür auf der rechten Gangseite auf.

Das Zimmer war einfach, aber geschmackvoll eingerichtet. Es hätte auch die Kammer eines Mönchs sein können, mit schlichten Möbelstücken, deren klare Linien eine Sphäre der Ordnung schufen, und einem schmalen Fenster, durch das Dilara hinaus in den Park blicken konnte.

Sie wollte sich umdrehen und Mathilde danken, da hörte sie, wie die Tür geschlossen wurde. Die Dienerin war gegangen.

Der Regen fesselte Dilara bis in die späten Abendstunden ans Haus. Zu gerne hätte sie die nähere Umgebung des Schlosses erkundet, die sich gespensterhaft hinter feinen Wasserschleiern abzeichnete. Die schwarzen Schatten der Apfelbäume auf der seeabgewandten Seite harrten wie unverzagte Wächter aus, und die Umrisse des Tores waren nur mehr zu erahnen. Die seltsamen bittersüßen Gesänge unbekannter Vögel erfüllten die mit Feuchtigkeit gesättigte Luft.

Es klopfte an der Tür. Mathilde, die etwa eine Stunde zuvor ein leichtes Dîner serviert hatte, trat ein. „Mademoiselle, Sie werden gebeten, sich in den Roten Salon zu begeben“, sagte sie in ihrem breiten, gedehnten Dialekt.

Dilara nickte und folgte der Frau hinaus auf den Flur, in dem frostige Kälte herrschte. Kerzen, im Abstand von mehreren Metern in Haltern an der Wand steckend, zeichneten weiche Lichtinseln, doch die schattenbeherrschten Zwischenräume riefen in Dilara ein schwer zu definierendes Gefühl hervor. Sie fühlte etwas, das sie gerne als „Anwesenheit“ bezeichnete. In den seltensten Fällen hatte sie dieses Gefühl getrogen, das besagte, daß sich ein ihrer Natur ähnliches Wesen in der Nähe befand. Dilara spürte, daß die Mauern von Schloß Comper etwas Dunkles beherbergten, etwas durch und durch Verderbtes – und sie beschloß, auf der Hut zu sein.

Dilaras erstes Zusammentreffen mit den restlichen Gästen und ihrer Gastgeberin Geneviève Zaeppfel fand in einem Salon statt, der alle Räume des Schlosses, die Dilara bis dahin gesehen hatte, an Ausstattung bei weitem übertraf. Er lag im Obergeschoß des Westflügels, über den Wirtschaftsräumen, und konnte durch zwei Türen betreten werden. Mathilde verabschiedete sich von Dilara durch einen Knicks. Die Vampirin empfand einen Moment lang Scheu, überwand diese jedoch und trat in den Raum.

Zwei Eindrücke überwältigten sie: Zum einen war es die Pracht der Brokatvorhänge und -kissen, der mit Blattgold verzierten Ledertapeten und Lüster aus Elfenbein und Kristall. Madame Zaeppfel schien eine nicht zu leugnende Vorliebe für die Farben Weiß, Rot und Gold zu hegen. Blutrot der Teppich, der die gesamte Länge des Raumes durchmaß, weiß die Decke, auf die weitere Motive der Artussage in verschiedenen Rottönen und zartem Gold aufgebracht waren.

Der zweite Eindruck, der sie irritierte, war der der Stimmen, die einander zum Teil in fremden Sprachen überlagerten. Es waren hohe Frauenstimmen und tiefe Baßtöne von Männern, die einen fremdartigen Kanon bildeten, der in dem Moment verstummte, da Dilaras Eintreten bemerkt wurde.

Madame Zaeppfel begrüßte sie herzlich: „Ah, Mademoiselle Demimondes! *Je suis heureuse que vous êtes bien arrivée.* Ich hoffe, es gefällt Ihnen bei uns!"

Dilara nickte und versuchte gleichzeitig, die Situation, in der sie sich befand, abzuschätzen. Inzwischen hatten sich ihr alle Anwesenden zugewandt und musterten sie neugierig.

Die Vampirin hatte sich Geneviève Zaeppfel ganz anders vorgestellt. Statt der mit schwerem Schmuck behängten und nach verwelkten Rosen riechenden Alten stand ihr eine moderne jugendliche Frau gegenüber, deren ganze Haltung Selbstbewußtsein ausdrückte. Sie trug ein enganliegendes weißes Kleid und darüber ein Spitzentuch. Ihr blondes Haar fiel in schulterlangen Locken herab. Ihre Augen strahlten in einem Grün, das dem derer Dilaras in nichts nachstand. Der einzige Schmuck an ihr war ein beinahe handtellergroßes Amulett aus filigran geschmiedetem Eisen. Es handelte sich um eine Darstellung des Triskells, eines geschwungenen dreiarmigen Kreuzes, welches Feuer, Erde und Wasser symbolisieren sollte.

Das Medium stellte ihr der Reihe nach die anderen Teilnehmer vor, ausgenommen ihren Mann Victor, den Dilara ja bereits kennengelernt hatte.

Da war zum einen Hermann von Runkel, ein polternd auftretender Baron von massiger Statur, mit militärischem Bürstenhaarschnitt, etwa fünfzig Jahre alt. Er hatte Deutsch gesprochen, als Dilara das Zimmer betrat, doch nun begrüßte er sie in einem passablen, wenn auch stark akzentuierten Englisch. Sie erfuhr später, daß er der letzte Sproß einer dekadenten Adelsfamilie war, deren Stammsitz auf einem Felsen hoch über dem Rhein verfiel. Es hieß, er stehe in diplomatischen Diensten des Reiches, doch dunkle Gerüchte besagten, vielmehr gehöre er einer Gruppierung oder einem Orden an, dessen Ziele allerfragwürdigster Natur seien. Daß er zu allem Überfluß auch noch ein Monokel vor dem linken Auge trug, verlieh ihm etwas Operettenhaftes, und als er Dilara zur Begrüßung die Hand zwischen seinen fleischigen Finger zu zerquetschen suchte, entlockte er der Vampirin nur ein Lächeln.

Wenn sie gewollt hätte…

Von Runkel war nicht alleine angereist. Er wurde von einem hündischen Adjutanten begleitet, der Dilara noch weniger gefiel als der Baron selbst. Aus verschlagenen, gierigen Augen musterte er sie und fuhr sich unbewußt mit ungewöhnlich spitzer Zunge über die schmalen Lippen.

„Alfred Schreck“, stellte Geneviève Zaeppfel ihn kurz vor. Er schien ihr offenbar selber unangenehm. „Und dies ist Dr. Guiseppe Spinelli.“

Doktor Spinelli war unübersehbar Italiener. Sein dünnes Haar war mit Pomade gebändigt, so daß er ihm einen leidlichen Scheitel hatte abringen können. Seine Augen, schwarz und aufgeweckt, zuckten hinter kleinen runden Brillengläsern bald hierhin, bald dorthin. Nur Dilaras Blick wichen sie aus. Der Mann war blaß und erheblich kleiner als von Runkel, der neben ihm stand. Doch dieser Eindruck mochte durch seine leicht gebeugte Körperhaltung und seinen viel zu großen Anzug entstehen.

„Signore Spinelli stammt aus Turin. Er praktiziert dort als Mesmerist."

„Si! Sono un ippnotizzatore... la forza magnetica, l'ultimo segreto del mondo..."

Doch Dilaras Aufmerksamkeit wurde bereits durch eine andere, nicht weniger illustre Erscheinung in Anspruch genommen. Der Mann, der bislang schweigend zugehört hatte, besaß das Gesicht einer Eule. Seine Augen lagen in tiefen Höhlen und funkelten böse. Durch die buschigen Brauen betont, erschienen sie unnatürlich groß. Die Haare des Mannes standen wüst ab, besonders über den Ohren, wo sie wie Federn anmuteten.

„Monsieur Gargarow hielt sich zufällig in Paris auf, als er von unserer Zusammenkunft erfuhr. Er..."

„Sie dürfen Yuri zu mir sagen, Madame", unterbrach Gargarow das Medium unhöflich. Zart preßte er einen Kuß auf Dilaras Handrücken. Dabei sah sie, daß seine Fingernägel spitz zulaufend gefeilt und im Gegensatz zu seinem Haar sehr gepflegt waren. „Man sagt, bei uns in Rußland lebten die schönsten Frauen der Welt", sagte er mit tief schnurrender Stimme. „Aber wer das behauptet, ist Ihnen noch nicht begegnet, Madame Demimondes."

Die sonst so schlagfertige Vampirin wurde durch das charmante Kompliment des finsteren Mannes so überrascht, daß sie ihm eine Antwort schuldig blieb. Sie übersah allerdings nicht, wie Alfred Schreck dem Russen einen giftigen Blick zuwarf. Auch Madame Zaeppfel war das nicht entgangen. Sie versuchte, die Situation zu retten, indem sie ihre Vorstellung rasch fortsetzte: „Na, da haben wir beide aber auch noch ein Wort mitzureden, hm? Was meinen Sie, Lilly?"

Auf den ersten Blick war die Angesprochene wohl attraktiv. Jedenfalls entsprach sie dem, was sich die meisten Männer unter einer hübschen Frau vorstellten.

„Darf ich bekannt machen... Lilly Dupont, sie arbeitet als Tänzerin in einem Nachtclub in Paris...", die junge Frau reichte Dilara lächelnd die Hand, „... und Dilara Demimondes aus London."

Auch Dilara lächelte: „Schön, Sie kennenzulernen, Lilly. Was treibt Sie in die Fänge einer solch merkwürdigen Gesellschaft?"

„Das ist eine lange Geschichte. Ich... Moment mal... Max! Komm doch zu uns herüber! Wir sind jetzt vollzählig."

Ein junger Mann, offenbar Lillys Begleiter, hatte den Raum betreten und gleich die Bar angesteuert, um sich einen Drink einzuschenken. Er trat zu den drei Frauen und sagte: „Ah, sehr gut! Endlich ein normaler Mensch in diesem Haufen von Narren! Dann ist diese Party vielleicht doch noch nicht gänzlich verloren..."

„Maximilian Avoise, Journalist, Zyniker und...", setzte Lilly an.

„...der letzte noch fehlende Teilnehmer unserer Runde", ergänzte Geneviève Zaeppfel. „Ich denke, wir sollten beginnen." Sie klatschte in die Hände und lenkte so augenblicklich die Aufmerksamkeit der anderen auf sich. „Sehr geehrte Damen und Herren, liebe Freunde, Sie sind aus den unterschiedlichsten Gründen meiner Einladung gefolgt, und ich möchte mich herzlich für das Vertrauen, das Sie mir entgegenbringen, bedanken."

Ein anerkennendes Murmeln erfüllte den Raum.

„Jeder von Ihnen hegt gewisse Hoffnungen, und ich muß so offen sein, zu gestehen, daß es mir aus Gründen der Vertraulichkeit verboten ist, gewisse Dinge, die mir von Ihnen mitgeteilt wurden, an die anderen Teilnehmer dieser Veranstaltung weiterzugeben. Dies gilt auch für einen Notfall, der hoffentlich nicht eintreten wird. Eines ist Ihnen allen gemein: Sie suchen nach Wissen! Egal, ob dieses in der Vergangenheit, der Gegenwart oder gar der Zukunft zu finden ist. Und sie hoffen, dieses Wissen – mit meiner bescheidenen Hilfe – in einer Sphäre zu erlangen, in der sich die Geister der Verstorbenen" – oder noch Lebenden beziehungsweise zu noch zu Gebärenden –, vervollständigte sie sich in Gedanken, aber sie ersparte sich diese Ergänzung, denn nur wenige aus dem Kreis der Versammelten wären imstande gewesen, sie zu verstehen –, „aufhalten. Sie selbst werden sich auf die Reise in diese Sphäre begeben, doch ich muß Sie warnen: Zu leicht verliert man sich in den Zwischenwelten, die unserer eigenen Welt so ähnlich sind und doch anderen Gesetzmäßigkeiten unterliegen. Ich werde dort Ihre Führerin sein und Ihnen den Weg mittels eines Lichtes zeigen, doch ich muß Sie eindringlich bitten, jede meiner Anweisungen genauestens zu befolgen! Der Tod… oder etwas Schlimmeres droht demjenigen, auf den die *Schatten* aufmerksam werden, die jenseits wie diesseits lauern." Mit festem Blick fixierte sie jeden einzelnen. Dann sagte sie: „Es ist alles vorbereitet. Bitte nehmen Sie an dem runden Tisch Platz."

Victor hatte während der Ansprache seiner Gemahlin in der Mitte des Tisches eine orientalische Lampe angezündet. Die Versammelten begaben sich zu dem Tisch, für den keine bestimmte Sitzordnung festgelegt schien. Dilara kam zu Genevièves linker Seite zu sitzen. Das Medium ergriff ihre Hand, und instinktiv faßte die Vampirin nach links. Spinelli schenkte ihr ein ermunterndes Lächeln. Seine Hand fühlte sich kaltschweißig an. Er war nervös.

Bis auf die Leuchte, deren smaragdgrüner Schein die Gesichter der um den Tisch Versammelten in die von Wasserleichen verwandelte, hatte Victor sämtliche Lichtquellen gelöscht.

Dilara vermutete, daß in der Lampe mehr als nur Öl verbrannt wurde. Opium!, schoß es ihr durch den Kopf. War Madame Zaeppfel eine Betrügerin, die die Teilnehmer ihrer Sitzungen mittels narkotisierender Substanzen in einen schlafartigen Zustand versetzte, in dessen Anschluß sie sich an Dinge zu erinnern glaubten, die nur in ihrer Vorstellung existierten? Die Vampirin beschloß, sich nicht *hinters Licht* führen zu lassen, und warf einen verstohlenen Blick auf den ihr gegenüber sitzenden Gargarow. Er schien die Augen geschlossen zu haben. Im nächsten Moment öffneten sie sich, doch…

„Konzentrieren Sie sich auf das Licht!“ durchdrang Genevièves Stimme den Dämmer, der sich über die Gruppe gelegt hatte, in einem Tonfall, der keinen Widerspruch duldete. „Bitte konzentrieren Sie sich, sonst kann ich nicht für Ihre Unversehrtheit garantieren!“

Dilara fiel plötzlich auf, wie kalt es in dem Raum geworden war. Dichte Atemwolken bildeten sich vor den Mündern der Séanceteilnehmer, angeleuchtet vom kalten Schein der Lampe. Die Feuchtigkeit sublimierte auf der Oberfläche des Tisches zu bizarren Mustern. Zarte Eisblumen waren auch auf von Runkels Monokel zu sehen. Der Baron selbst schien das nicht wahrzunehmen. Sein Blick war starr auf die Lampe gerichtet.

Dilara hörte jemanden schwer atmen, beinahe asthmatisch keuchen. Derjenige saß zu ihrer Linken, es mußte folglich entweder Doktor Spinelli oder Victor sein. Sie wagte nicht, den Kopf zu wenden und das grüne Licht aus den Augen zu lassen. In diesem Moment ertönte rechts von ihr ein leises Wimmern, das rasch anschwoll. Es hatte etwas seltsam Unmenschliches und zwang Dilara, seinen Ursprungsort in Augenschein zu nehmen. Sie sah gerade noch, wie aus Geneviève Zaeppfels weit aufgerissenen Mund etwas strömte, das zwar wie Atem aussah, jedoch von zähflüssiger Konsistenz war.

Ektoplasma!, dachte Dilara. Sie hatte in einem Journal darüber gelesen. Sich nun mit dem Phänomen konfrontiert zu sehen, war jedoch eine merkwürdige Erfahrung. *Das Licht!*, flüsterte eine Stimme im Inneren ihres Kopfes. *Du hast das Licht verloren.* Dilara fühlte sich, als habe sie einen sicheren, gut ausgeleuchteten Pfad verlassen. Um sie herum war Dunkelheit. Alleine das silbrig-weiße Plasma schimmerte schwach in der Schwärze.

Die Vampirin beobachtete, wie sich die Schnur, deren Ursprung jetzt im Dunkeln lag, wand, Wellen warf und blasenartige Verdickungen ausbildete. Ganz allmählich nahm sie menschliche Umrisse an, wurde zur Gestalt eines Jungen mit blondem Haar und leuchtend blauen Augen!

Ein kurzer Augenblick der Unachtsamkeit reichte aus, um sie ihre Orientierung vollkommen verlieren zu lassen. Plötzlich griff sie ins Leere und stieß, anstatt die Hand der Mutter zu fassen, auf eine Häuserwand, die sich merkwürdig kalt anfühlte, obgleich sie die Februarsonne den ganzen Tag lang beschienen haben mußte. Seltsam verschlungene Fresken und Friese zierten die hohen Fenster, in die hineinzuschauen sie noch zu klein war. Fasziniert und geängstigt zugleich, tastete sie sich an der Wand entlang, außerstande, nach ihrer Mutter zu rufen oder dorthin zurückzukehren, wo sie sie verloren hatte. Warum suchte die Mutter nicht nach ihr? Hatte sie sie denn vergessen?

Die Wand endete abrupt, und Dilara sah sich einer Treppe gegenüber, deren schiefe Stufen steil nach unten führten. Schatten stoben zu beiden Seiten davon und verschwanden in dunklen Hauseingängen, die nichts Gutes verhießen. Am unteren

Ende der Treppe schwappten die braunen Fluten der Themse träge an ihr Ufer. Es mußte die Themse sein, denn kurz zuvor machte ihre Mutter sie noch auf den Fluß aufmerksam. Doch da wirkte er mit den freundlichen weißen Schiffen, die darauf fuhren, weniger bedrohlich als jetzt. Dennoch fühlte sich Dilara von ihm angezogen, und sie setzte einen Fuß nach dem anderen auf die buckligen Stufen, die für das Kind viel zu hoch waren.

Sie hatte etwa die Hälfte der Treppe hinter sich gelassen, dunkler und dunkler war es um sie herum geworden, denn die Häuser schienen immer enger zusammenzurücken und sich hoch über ihr zu berühren, so daß nur ein winziger Streifen trüben Lichts zu ihr herabfiel, da hörte sie, wie jemand ihren Namen rief: „Di-la-rah!“

Am oberen Ende der Treppe stand ein blonder Junge. Er war von einem hellen Licht umgeben und ruderte heftig mit den Armen. Dilara schien es beinahe schon vergessen zu haben, daß sich dort oben die Allee erstreckte, von der sie gekommen war, fernab der dumpfen Furcht dieser Treppe.

Der Anblick des Jungens, den sie zu kennen glaubte, war tröstlich und ermutigend zugleich. Sie winkte zurück und begann, auf ihn zu zulaufen. Doch noch immer waren die Stufen viel zu hoch. Ja, nun, da sie sie hinaufsteigen mußte, schienen sie sogar noch viel höher zu sein als vorher.

Das Mädchen strauchelte und fiel, wobei es sich das rechte Knie aufschlug. Blut quoll in einem dicken, zähflüssigen schwarzen Faden aus der Wunde und suchte sich einen Weg über den weißen Unterschenkel des Kindes.

In diesem Moment legte sich von hinten eine Hand auf ihre Schulter. Ein gewaltiger, massiger Schatten riß sie brutal herum.

Und Dilara schrie.

IN HOC SIGNO VINCES

(In diesem Zeichen wirst du siegen)

London, Februar 2006, Hard Rock Cafe

Dilara und Calvin spürten, daß sie schon wieder verfolgt wurden. Mittlerweile wußten sie, ohne sich umzudrehen oder nach demjenigen zu spähen, von wem, schließlich war er in letzter Zeit beinahe ihr zweiter Schatten geworden „Dieser Richmond entwickelt sich zu einer Nervensäge", entfuhr es Dilara aufgebracht. „Was will der Kerl?"

„Du müßtest besser fragen, *wen* will der Kerl!" erwiderte Calvin ruhig. In letzter Zeit war er Dilara geradezu unheimlich. Er schien irgendwie gereift und gewachsen zu sein. Um ihn konnte das größte Chaos wüten, er verlor selten die Ruhe. Ganz im Gegensatz zu seiner Gefährtin. In Dilara wurden gerade Energien frei, die wild in ihr pulsierten und sie vorantrieben. Die Vampirin wußte bloß nicht, wohin.

Dilara stoppte ihren temperamentvollen Schritt, als sie des letzten Satz ihres Gefährten gedachte. „Er will dich?" Die Frage klang mehr wie eine Feststellung.

Calvin nickte bedächtig und zog sie in eine ruhige Ecke des Hard Rock Cafes auf der Old Park Lane, in das sie sich geflüchtet hatten, und dort an einen der runden Tische mit den gemusterten Decken. Sie nahmen auf den Holzstühlen Platz und hatten nur Augen füreinander, fielen aber in der gutbesuchten Lokalität auch nicht sonderlich auf. Besonders, weil hier ein äußerst gemischtes Publikum verkehrte, unter dem selbst Calvin mit seinem offenen langen Haar nicht so exotisch wirkte wie andernorts.

Der junge Vampir bestellte zwei Gläser Rotwein bei einem ebenso langmähnigen Kellner und wandte sich wieder Dilara zu. Seine dunklen Augen waren an diesem Abend beinahe schwarz.

„Ja, er will mich!" griff er das Gespräch wieder auf.

Dilara sah ihn eindringlich an. „Und warum kommt er dann nicht einfach hierhin? Sein Späher wird ihm doch längst berichtet haben, wo du dich herumtreibst, er klebt uns doch förmlich an den Fersen."

„Wenn du meinen Vater kennen würdest, hättest du diese Frage nicht gestellt. Er käme niemals selbst hierhin."

„Aber du möchtest gerne zu ihm, oder?" wollte Dilara herausfordernd wissen.

Calvin dachte eine Weile nach, während Dilara anmutig an ihrem Wein nippte. „Ja, das würde ich", gestand er dann. „Aber aus einem anderen Grund, als du vermutest."

„Hölle, was redet der Mann heute wieder kryptisch." Dilara verdrehte theatralisch die Augen. Eine ihrer Mimiken, die Calvin sonst immer ein Lächeln entlockten. Aber nicht an diesem Abend.

„Verrätst du mir den Grund, Cal?" fragte sie daher.

„Nicht hier" murmelte Calvin, plötzlich wieder so verschlossen wie eine Austernschale. „Später... Zuhause."

London, Februar 2006, Park Lane

Lange hatte es Dilara nicht mehr im Hard Rock Cafe gehalten. Zu sehr fieberte sie darauf, das Gespräch mit Calvin fortzuführen. Und wie immer, wenn sie etwas unbedingt wollte, setzte sie das Mittel ein, das ihren Gefährten am ehesten ansprach: Sie kokettierte mit ihm.

Ihre sinnlichen Lippen verzogen sich zu einem Schmollmund, während sie gekonnt mit ihren langen, gebogenen dunklen Wimpern klimperte.

Calvin wußte, daß sie sich willkürlich so verhielt, dennoch verfehlte es nicht seine Wirkung. Wie immer.

„Laß uns gehen, Cal!“

Calvin seufzte hörbar laut. Und, wie Dilara fand, übertrieben. Sie lachte in ihrer mädchenhaften Art, die sie manchmal an den Tag legen konnte, und hauchte ihm einen Kuß auf die Wange. „Komm“, schmeichelte sie. „Ich möchte so gerne mit dir alleine sein.“

„Die Frau schafft es immer wieder!“ Calvin schüttelte den Kopf und spielte meisterlich den Unterlegenen, dabei festigte sich in Dilara der Eindruck, daß *er* derjenige war, der die Fäden in den Händen hielt. Der *sie* in der Hand hielt. Und Dilara stellte immer mehr fest, daß sie gerade das brauchte, weil es ihr Grenzen setzte.

Es dauerte nur Minuten, bis sie wieder in ihrem Haus am Rande des Hyde Parks waren und in die Kissenlandschaft des Kaminzimmers sanken. Sie liebten es beide, sich dort zusammen hineinzukuscheln. Aneinandergeschmiegt lagen sie da und unterhielten sich leise. Es war auch nicht mehr nötig, daß Dilara Calvin aufforderte, ihr weitere Einblicke in sein Leben und Elternhaus zu gewähren. Es war, als habe er das plötzliche Bedürfnis, seine Seele zu erleichtern, indem er mit ihr darüber sprach.

„Ich wurde in Santa Barbara/ Kalifornien als Sohn einer wohlhabenden Familie geboren und in jungen Jahren zur Erziehung und Ausbildung auf eine Privatschule in England geschickt, um später die Aufgaben, die für mich vorgesehen sind, bewältigen zu können. Mein Vater, Anton Percy Vale, ist das hohe Mitglied eines Ordens der Gralsucher...“

Calvin seufzte.

„Ich habe jedoch vor einiger Zeit seine Hoffnungen enttäuscht und wurde von meinem Vater verstoßen.“

„Und warum will er dich dann zurück?“ murmelte Dilara. Sie hatte sich entspannt an ihn geschmiegt und den Kopf auf seine Brust gelegt.

„Das ist eine gute Frage. Ich vermute, daß er diese Aufgaben nicht selbst erfüllen kann.“

„Hm.“ Dilara dachte nach. „Ist das der Grund, warum du immer noch das Zeichen dieses Ordens trägst?“

„Ich fühle mich ihm verpflichtet“, antwortete Calvin schlicht.

„Hm.“ Dilara runzelte grüblerisch die Stirn. „Wem fühlst du dich verpflichtet?“

„Dem Orden... meinem Vater... ich weiß es nicht.“ Calvins Fingerkuppen strichen sanft über Dilaras Rücken, tasteten jeden einzelnen Wirbel ab. Ihr entfuhr ein wohliger Laut.

„Wenn ich den Gral fände, würde mich mein Vater endlich anerkennen. Auch wenn ich mittlerweile nicht weiß, ob ich das überhaupt noch will.“

„Du sagtest doch, daß der Gral gar nicht eindeutig zuzuordnen ist. Ob es das Wissen ist, der Stein, die Schale, der Kelch...“

„Eigentlich müßte es heißen ‚die Kelche‘“, unterbrach Calvin seine Gefährtin.

Dilaras Kopf ruckte hoch. „Soll das heißen, es gibt mehrere?“ entfuhr es ihr erstaunt.

Calvin nickte. „Aber es gibt auch einen besonderen Kelch!“

Dilara riß die Augen auf und stieß einen zischenden Laut aus. „Das wird ja immer mysteriöser.“

Calvin nickte. „Aber nur er kann unserer Sache dienen!“

„Und welcher ist das, bitte schön?“ fragte sie ungeduldig. Ihre Wangen hatten sich zart gerötet.

Calvin schmunzelte gelassen. Er liebte es, wenn sie so war, und wäre er derzeit nicht so gefangen in seiner Vergangenheit gewesen, hätte er ihre Renitenz noch mehr herausgefordert. So aber wechselte sein Schmunzeln in einen ernsten Gesichtsausdruck, der ihn ebenso männlich wirken ließ wie sein Drei-Tage-Bart, den er immer häufiger trug, was Dilara sehr begrüßte. Calvin räkelte sich in der Kissenlandschaft, die sie weich umfing, und zog Dilara mit einer fließenden und dennoch bestimmenden Bewegung an sich.

„Nun sag schon!" forderte sie ihn unbeeindruckt auf, schmiegte sich zwar wieder an seinen hageren Körper, hielt aber ihren funkensprühenden Blick fest auf ihn gerichtet.

Calvin lächelte wissend. Wie schön sie ist, dachte er versonnen, wenn sie ungeduldig ist. Es rötet ihre Wangen fast so sehr, als wenn ich in ihr bin. Calvin spürte, wie sich seine Männlichkeit regte. Jetzt nicht, dachte er und versuchte die Wirkung, die ihre Nähe auf ihn ausübte, zu ignorieren. Es gab im Moment Wichtigeres!

„Nun sag doch!" forderte sie ihn erneut auf und schenkte ihm einen Blick, der ihn schwindelig machte und ihm alles abverlangte, um nicht doch noch schwach zu werden. „Oder muß ich dich foltern?" Sie biß ihm spielerisch in die Schulter und küßte dann seinen Hals.

Calvin kannte ihre „Foltermethoden" und war ihnen hilflos ausgeliefert. Ihr Sexappeal verlor nie an Anziehungskraft.

Daher kam er schnell wieder auf das Thema zurück.

„Es ist der Schattenkelch, der unserer Art ewiges Leben schenkt."

London, Februar 2006, Brompton Cemetery

Der Sturm trieb den losen Sand der Wege des Brompton Cemeterys in feinen Linien vor sich her, blies dann noch einmal hinein und wirbelte ihn in kleinen Fontänen über die verwitterten Gräber.

Guardian, der im Schutze des Stammes einer alten Weide stand und nachdenklich in den Himmel blickte, seufzte. Seine Gedanken kreisten unablässig um den immer noch wütenden Krieg unter den Vampiren um die Vorherrschaft und um – Dilara.

Es war für Guardian schwierig, beides unter Kontrolle zu halten, zumal der Verbund der Cemeteries tagtäglich größer wurde. Längst waren sie über die unterirdische Gemeinschaft hinausgewachsen und breiteten sich still und unbemerkt über die Grenzen der Welt unterhalb des Londoner Friedhofs aus. Die verfeindeten Clans waren viel zu sehr mit sich und ihren Machtkämpfen beschäftigt. Was allerdings immer mehr die Sicherheit ihrer Art gefährdete, weil Scotland Yard großräumiger ermittelte, und auch die Medien in immer blutrünstigeren Artikeln über die Morde berichteten. Das brachte erheblich mehr ermittelnde Polizeibeamte auf den Plan.

Guardian dachte darüber nach, seinen Unterschlupf zu verlagern. Zumindest für geraume Zeit.

Die Frage war nur, wohin.

Da er Dilara nicht völlig aus den Augen lassen wollte, konnte er sich nicht allzuweit entfernen. Er war zu einer Unterredung mit dem Rat der Alten in den Katakomben unter dem Glockenturm des Big Bens geladen worden.

Guardians Gedanken schweiften ab. Antediluvians unterirdisches Reich – tief unter der St. Paul's Cathedral – war nun verwaist.

Guardian verspürte einen gewissen Reiz, sich diese Welt untertan zu machen. Längst war ihm auch zugetragen worden, daß ihm die Alten nicht mehr so feindselig gegenüberstanden. Aber vielleicht dachten sie auch, es sei besser, sich mit einem

Abtrünnigen und seinen Anhängern gutzustellen und ihn somit unter Kontrolle zu haben, als ihn aus ihrem Dunstkreis zu lassen, wo er eine uneinschätzbarere Gefahr darstellte.

Guardians blaue Augen leuchteten hell und klar in der Dunkelheit. Ja, er würde alles daran setzen, in Antediluvians Reich Einzug zu halten.

Die Welt unter dem Dom war wie geschaffen für ihn. Wärme durchzog Guardian, als wolle sie an die Andersartigkeit in seinem Wesen erinnern. Doch das war nicht nötig. *Wenn* einer dorthin gehört, *dann ich*", murmelte der blonde Vampir und machte sich auf seinen Nachtflug zum Big Ben.

London, Februar 2006, London Eye

Der Wind fuhr mit einer jähen Böe stürmisch durch Dilaras offenes Haar, zupfte daran, blies es in ihr Gesicht, legte es wie einen dunklen Schleier vor ihre Augen und versperrte ihr so die Sicht auf Calvin, der ihr gegenübersaß. Immer noch beschlich sie das dumpfe Gefühl, daß er nicht die volle Wahrheit gesagt hatte, als er ihr versicherte, daß er dem Orden seines Vaters nicht angehörte. Sie wußte mit beinahe untrügerischer Sicherheit, daß er das Amulett nicht nur zum Andenken trug.

So sentimental war Calvin nicht.

Der Calvin, den du kennst, nicht..., hetzte die Stimme in ihr, die immer noch von Zeit zu Zeit in ihr erklang, um Zwietracht zu säen, ... *aber wie gut kennst du ihn? Was weißt du wirklich von ihm? Doch nur das, was er preiszugeben bereit ist!*

In diesem Moment wandte Calvin, weil auch er ihren inneren Konflikt spürte, Dilara das Gesicht zu. Sie strich ihre Haare mit einer lasziven Bewegung nach hinten und begegnete unruhig seinem Blick. „Du vertraust mir nicht!“ stellte Calvin sachlich und ohne eine Spur des Vorwurfs fest.

Dilara verfluchte zuweilen die telepathische Verbindung, die zwischen ihnen bestand. In solchen Momenten auf jeden Fall. Wie immer, wenn er sie verunsicherte, setzte sie eine hochmütige Miene auf. „Manchmal ist das auch nicht einfach, wenn du dich derart in Schweigen hüllst und mir wesentliche Dinge über dich und dein vorheriges Leben vorenthältst!“

„Ach, Dilara!“ Calvins Stimme klang vorwurfsvoll und auch ein wenig so, als wäre er mit seiner Geduld am Ende. „Mußt du immer alles so dramatisieren?“

Dilaras rechte Augenbraue schnellte förmlich in die Höhe. „Dramatisieren nennst du das?“

Calvin nickte statt einer Antwort. Er war nicht auf eine Diskussion aus. Seit er von seinen Eltern gesprochen hatte, waren alte Wunden in ihm aufgebrochen. Wunden, die sehr tief waren und die er längst verheilt, vernarbt wähnte. Das Verhältnis zu seinen Eltern war immer schwierig gewesen. Besonders das zu seinem Vater, dem er unterschwellig vorgeworfen hatte, seine Mutter vertrieben zu haben. Ihr Schicksal, ihr Verbleib, war bis heute ungeklärt. Calvin hatte die despotische Ader seines Vaters gehaßt, solange er denken konnte, weil er seiner Frau und auch seinem Sohn das Leben zu der Hölle gemacht hatte, in die ihn Calvin oft wünschte. Dennoch war Calvin außerstande, sich ganz von seinem Vater zu lösen. Irgend etwas verband sie. Etwas, das mehr zählte als reine Blutsbande. Calvin wußte, daß der Spruch „Blut ist dicker als Wasser“ Unsinn war, daher mußte sie etwas völlig anderes verbinden.

Unwillkürlich griff seine Hand nach dem Amulett und umschloß es so fest, als wollte er es strangulieren, bis die Knochen seiner Hand weiß und überdeutlich hervortraten.

Dilara spürte seinen inneren Konflikt, die dunkle Wolke der Erinnerung, die ihn einhüllte und zu lähmen drohte, und auch sie erreichte und mit einschloß. Sie fühlte Schmerz – *seinen* Schmerz –, und ihr Zorn verrauchte von einem Atemzug zum nächsten, wie er immer null und nichtig wurde, wenn sie wahrnahm, daß es Calvin schlecht ging. Was augenblicklich Dilaras Beschützerinstinkt weckte.

Mit einer unendlich zärtlichen Geste, zu der sie nur selten in der Lage war, strich sie ihm über die Wange. Gab ihm so zu verstehen, daß sie seine Empfindungen teilte.

Calvins Blick hatte etwas Entrücktes, Qualvolles, das mehr als tausend Worte zeigte, wie sehr ihn auch dieser Punkt seiner Vergangenheit belastete.

Der Blick schickte Scham in Dilaras dunkles Herz, das immer mehr für ihn schlug. Noch weitaus mehr, als sie es sich und vor allem ihm eingestand. Scham darüber, daß sie ihn häufig so schnell verurteilte – wenn er nicht so reagierte wie sie es wollte –, ganz wie es ihrer oft sehr ungestümen Art entsprach. Aber auch der neuen Kraft, die immer mehr ihren Charakter prägte und ihn eine Spur härter machte. Zumindest allen anderen Wesen gegenüber, denn auch hierin war Calvin ausgenommen.

Dilara schloß die Augen und hielt das Gesicht in die kühle Nachtluft. Nicht nur Calvins Zerrissenheit erreichte sie, sondern auch die Ahnung nahenden Unheils ergriff von ihr Besitz. Etwas ging in dieser Stadt vor sich. Etwas, das über die erbitterten Kämpfe der einzelnen Vampirclans um die Macht hinausging, mehr – weitaus mehr – Macht besaß und ungreifbar war.

Dilara öffnete die Augen zu schmalen grünschimmernden Schlitzen und richtete ihren halbverschleierten Blick auf das nächtliche London. Als suche sie etwas. *Jemanden*! Sie wurde das Gefühl nicht los, beobachtet zu werden. Und dieses Gefühl war nicht gerade positiver Natur. Ihr Blick schweifte unruhig umher. Und für einen Augenblick löste sie sich gedanklich von Calvin und dem Gespräch, das sie zuvor geführt hatten, und sie besann sich in einem kurzen Gedankenschlenker darauf, wo sie sich befanden.

„Das London Eye bei Nacht“, murmelte sie verträumt und blickte hinunter auf die blinkenden Stadtlichter der Nacht.

Calvin wußte, daß sie es liebte, hier oben zu sein, auf diesem über einhundertdreißig Meter hohen Riesenrad am Südufer der Themse, mit Blick auf das Zentrum. Calvin dachte noch an den Tag im Jahre 1999, als das von den Architekten David Marks und Julia Barfield in Zusammenarbeit mit der Fluggesellschaft British Airways entworfene Riesenrad eröffnet werden sollte, was dann aber aufgrund technischer Probleme erst im Frühjahr 2000 offiziell geschah.

Als Calvin sie während ihres ersten gemeinsamen Nachtflugs, nachdem er Dilaras Kuß empfangen hatte, auf das London Eye entführte, in eine der zweiunddreißig fast vollständig aus Glas geformten modernen Gondeln, in denen über zwanzig Personen Platz fanden, entdeckte sie ihre Vorliebe für diesen Ort.

Dilara las in Calvins Gedanken und erinnerte sich ebenfalls an die erste Nacht auf dem Riesenrad, als sie Cal lachend einen albernen Kindskopf nannte, sie an einen solchen Ort zu „entführen“, während sich der Teil Kind in ihr, der Teil „Mensch“, sichtlich wohl fühlte. Sie scherzten, und Calvin hatte Dilara selten so gelöst erlebt, und er war es, der seine Geliebte später sanft überreden mußte, die Gondel wieder zu verlassen. Seither kamen sie immer mal wieder hierher. In besonderen Nächten.

Wie dieser.

Nach ihrem Gespräch im Kaminzimmer trieb es sie einfach her.

Dilara richtete ihr Augenmerk wieder auf die Stadt unter ihnen. Wenn die Sichtverhältnisse optimal waren, konnte man vom London Eye bis zu vierzig Kilometer weit sehen. So wie in dieser klaren Nacht, die Dilara ebenso genoß wie den wunderschönen Blick auf die Sehenswürdigkeiten Londons. Für eine Weile fielen die düsteren Empfindungen von ihr ab, und sie seufzte wohlig und warf die lockigen langen Haare mit einer lasziven Bewegung zurück. „Ist das nicht eine Nacht, um Götter zu zeugen, Cal?“ fragte sie mit dem dunklen Timbre in ihrer Stimme, das immer verriet, daß es sie nach seiner körperlichen Nähe gelüstete. Eine schlüpfrige Nuance, die augenblicklich sein Blut in Wallungen versetzte.

Er ergriff ohne Zögern ihre Hand. „Komm!“

Wenig später erhoben sich ihre Schatten in den sternenfunkelnden Himmel.

London, Februar 2006, LUNA-Tower

Sie stand hochaufgerichtet am Fenster ihres Arbeitszimmers, das sich sinnbildlich für ihre Macht im obersten Geschoß des höchsten Büroturmes Londons befand, und sah von dort aus hinab auf die Stadt. Erblickte auch das London Eye, dessen Gondeln sich seicht und majestätisch im Wind bewegten, und die beiden Schatten, die sich davon lösten und in der Nacht verschwanden.

Die Frau mit dem straff zurückgekämmten dunklen Haar verzog geringschätzig ihre Mundwinkel und fühlte mit Genugtuung die alte Kraft in sich erstarken. Seit sie mit Hilfe ihrer Fähigkeiten den LUNATIC-Kosmetikkonzern ins Leben gerufen und an die Spitze gebracht hatte. Erfolg bedeutete Macht, und diese wiederum gab ihrer düsteren Seele Kraft.

Kraft, das zu tun, worauf sie so lange gewartet hatte.

„Es ist an der Zeit!“ sagte sie mit einer Stimme, die Gefrierbrand erzeugte – ihre Haltung drückte nicht nur Stolz, sondern auch Bedrohung aus. „Es ist an der Zeit, das Spiel zu beginnen!“

Frankreich, 2. August 1914, Schloß Comper bei Concoret

Der Schrei riß Dilara aus ihrer Trance. Und noch während sie herauszufinden versuchte, wo sie sich befand, wurde ihr bewußt, daß es nicht ihr eigener gewesen war, sondern der Yuri Gargarows.

Er hatte seinen Mund weit aufgerissen und ruderte mit den Armen in der Luft, als wolle er etwas verjagen, das nur er selbst wahrnehmen konnte. Dilara sah nun auch die anderen Teilnehmer der Séance aus ihrer Trance erwachen. Sie fragte sich, wie lange ihre Reise in die Zwischenwelt gedauert und was die anderen in dieser Zeit gesehen haben mochten. Hatten auch sie den vorgeschriebenen Pfad verlassen?

„Dieser Narr!“ Geneviève sprang neben ihr auf. Ihr Stuhl kippte um und stürzte mit einem Rumpeln zu Boden. Schon war das Medium bei Gargarow und legte, die Schläge nicht beachtend, die er ihr unwillentlich verpaßte, ihre Hände auf seine Schläfen. Augenblicklich wich alle Kraft aus dem Körper des Russen. Er sackte in sich zusammen.

„Beinahe wäre es zu spät gewesen. Hätte ich nicht auf ihn geachtet… Nicht jeder hat einen *Schutzengel*…“

Dilara spürte, wie Genevièves Blick eine Sekunde auf ihr verharrte, bevor er über die Gesichter der anderen glitt.

Sie alle sahen erschöpft und erschrocken aus, selbst von Runkel und sein Famulus Alfred, der bleich wie Wachs geworden war.

Victor Zaeppfel zündete im ganzen Zimmer Kerzen an, und Dilara hatte das Gefühl, daß es sofort wärmer wurde. Die Farbe Rot dominierte nun wieder im Farbspektrum.

„Was ist geschehen?" fragte von Runkel ziellos in den Raum hinein. Er wirkte um zehn, eher fünfzehn Jahre gealtert. „Was hat das alles zu bedeuten?"

Madame Zaeppfel beachtete ihn nicht. Sie kniete nun neben Gargarow, der in eine tiefe Bewußtlosigkeit gefallen zu sein schien. Hinter den beiden standen Maximilian Avoise und die schluchzende Lilly eng aneinandergelehnt. Doktor Spinelli war sitzengeblieben. Er stützte den Kopf mit beiden Händen auf der Tischplatte ab und hielt die Augen geschlossen.

„Warum wurde die Sitzung abgebrochen?" begehrte von Runkel auf. „So kurz vor…"

„Halten Sie endlich Ihren Mund!" fuhr ihn Maximilian an, der Lilly Dupont nun losließ und die Haltung eines streitlustigen Hahnes annahm. „Haben Sie denn nicht das geringste Feingefühl?"

„Feingefühl? Ha, Sie müssen mir gerade etwas von Feingefühl…"

„Es ist genug!" Drei kurze Worte, mit tonloser Stimme gesprochen, so kalt, so bestimmt, daß niemand etwas zu entgegnen wagte. „Maximilian, darf ich Sie bitten, meinem Gatten dabei zu helfen, Monsieur Gargarow auf sein Zimmer zu bringen?"

Avoise nickte, warf von Runkel jedoch noch einen zornigen Blick zu. Er und Victor nahmen den Russen auf, der seltsam wenig zu wiegen schien, und trugen ihn hinaus auf den schlecht erleuchteten Gang.

„Was mag er gesehen haben?“ Lilly Dupont hatte sich offenbar gefangen. Sie strich sich das Kleid glatt, das kurz oberhalb ihrer Knie endete und den Blick auf makellose Beine erlaubte.

„Nun, was haben Sie selbst denn gesehen, Lilly? Möchten Sie uns das mitteilen?“ fragte Geneviève.

Lilly schüttelte nur kurz den Kopf und schien zu erröten. „Nein, ich…“ Es war schwierig zu sagen, ob es sich um etwas Angenehmes oder ausgesprochen Unangenehmes gehandelt hatte. Dilara erinnerte sich an die Bilder, die sie während der Trance überfallen hatten. „Nein, ich glaube lieber nicht.“

Madame Zaeppfel wirkte müde und ausgezehrt. „Meine Kräfte sind heute leider erschöpft worden“, stellte sie fest. „Es tut mir leid, daß dieser Abend so unbefriedigend enden muß, aber ich möchte Sie bitten, auf Ihre Zimmer zu gehen.“

Alle Anwesenden, selbst von Runkel, der Alfred Schreck unter mißbilligenden Blicken in Richtung des Mediums etwas zuraunte, gehorchten der Anweisung. Auf dem Gang erwartete sie Mathilde, deren mildes Lächeln Dilara seltsam tröstlich erschien. Sie folgten dem Licht ihrer Sturmlaterne auf verschlungenen Wegen in den Trakt, in dem die Gästezimmer lagen.

Auf ihrem Zimmer kleidete sich Dilara aus und legte sich in das kalte, einsame Bett. Im Schein eines Windlichtes lag sie wach und dachte über die Séance nach und über die Dinge, die ihr dort begegnet waren. Waren es Bilder einer Erinnerung gewesen? Sie würde Madame Zaeppfel am nächsten Morgen danach fragen müssen und hoffte, daß ihr das Medium eine Antwort geben konnte.

Was hätte sie wohl zu sehen bekommen, wenn sie nicht Gargarows Schrei aus ihrer Trance gerissen hätte? Etwas Schreckliches zweifellos. Etwas, vor dem der Junge sie hatte bewahren wollen. Der Junge… woher kannte sie ihn?

In dieser Nacht rüttelte der Sturm mit unerbittlicher Faust an den Fensterläden des Schlosses, und Dilara war nicht der einzige Gast, der keine Ruhe fand. Mit der Geschicklichkeit eines wilden Raubtieres schlich ein Schemen durch die im Dunkeln liegenden Korridore, kaum sichtbar als Schatten unter Schatten. Es war, als ob sich die Dunkelheit in diesem Punkt noch verdichtete, schwärzer als schwarz wurde.

Mit einem tiefen Knurren verharrte er vor einem Zimmer, in dem er eine wußte, die von seiner eigenen Art war, dann stahl er sich lautlos durch die Tür davon, die ins Treppenhaus führte. Unbändiger Hunger trieb ihn – und eine unbezähmbare Lust zu töten.

Vom unteren Ende der Treppe drang ihm ein schwaches Licht entgegen. Er preßte sich in eine Erkernische und überlegte, was er tun sollte. Doch schon sah er den Menschen, der die Treppe heraufkam, und beschloß, daß es das Unauffälligste sei, ihm gegenüberzutreten.

Es handelte sich um den schlaftrunkenen Dr. Spinelli, der eine flackernde Kerze vor sich her trug. Er erschrak heftig und hob den linken Arm zur Abwehr gegen den Schatten, der plötzlich vor ihm aufragte.

„Ach, Sie sind das!“ Dr. Spinelli atmete schwer. „Wollen Sie mich zu Tode erschrecken?“ Er war sich im ersten Augenblick nicht sicher gewesen. Etwas Animalisches lag über den Gesichtszügen des anderen, etwas Wölfisches. Dazu passend schwebte ein Geruch in der Luft, der den Italiener an den von Wild erinnerte.

„Verzeihen Sie, ich habe nicht schlafen können… wie Sie!“

„Ich habe in der Küche nach warmer Milch verlangt. Das hilft immer, wenn ich keinen Schlaf finde. Vielleicht sollten Sie es auch damit versuchen! *Buona notte!*“

Der Schatten enthielt sich einer Antwort. Zu schade, daß er kein Aufsehen erregen durfte, sonst hätte er diesen Wurm mit größter Genugtuung zerquetscht.

London, März 2006, Park Lane

„Schatz! Komm mal schnell!“

In Calvins Stimme schwang jener Unterton, der stets alle Alarmglocken in Dilara schrillen ließ und der, wie sie wußte, keinen Aufschub duldete.

Daher stand sie so schnell wie ein Fingerschnippen neben ihm, und ihr Blick folgte seinem ausgestreckten Zeigefinger, der in die Richtung des LCD-Fernsehers deutete.

„Sieh dir das an!“ Calvins Stimme war nur noch ein heiseres, tonloses Krächzen, das höchste Erregung verriet.

Doch seine Aufforderung war überflüssig. Dilara stand wie angewurzelt neben dem schweren hochlehnigen Ledersessel, in dem er immer saß, starrte auf die Frau, die soeben in einer Talk-Show interviewt wurde – und hatte das Gefühl, in einen Spiegel zu blicken. Die Frau sah ihr verblüffend ähnlich, hatte ebenso schwarzes Haar, das sie jedoch glatt und straff zurückgekämmt zu einem Zopf trug, was ihr zwar eine strenge Note verlieh, aber dennoch ihre Weiblichkeit unterstrich. Ebenso das silbergraue, klassische Kostüm, das sie trug, und das ihre schlanken Körperformen perfekt betonte.

Calvins Zeigefinger sank wieder herab. „Das ist unglaublich!“ murmelte er und konnte ebensowenig wie Dilara, die auf eine der breiten Armlehnen des Sessel gesunken war, seinen Blick von der Unbekannten lösen, die eine ältere Schwester Dilaras hätte sein können.

„Sie sieht so aus wie du!“ Calvins Stimme war rauh wie Schmirgelpapier.

Dilara nickte nur stumm, außerstande, etwas zu erwidern. Der Knoten in ihrem Magen, der sich seit Wochen darin gebildet, den sie aber ignoriert hatte, zog sich immer fester zu. Sie fühlte Übelkeit in sich aufsteigen. Beim Anblick dieser Frau, die etwas in Dilara ans Tageslicht bringen wollte, tief aus den Festen ihrer Seele.

Dilara krallte ihre Fingernägel in Calvins Arm, der auf ihrem Oberschenkel ruhte. Doch der langhaarige Vampir reagierte nicht darauf. Gebannt verfolgte er immer noch das Geschehen in der Show, die sich aber allmählich dem Ende näherte.

„Meine Damen und Herren, ich bin stolz, Ihnen Luna Sangue präsentiert zu haben... von LUNATIC-Cosmetics, *dem* Kosmetikkonzern der Zukunft!“ Der Moderator – eine lächerlich smarte, aalglatte Don Johnson-Kopie im Armani-Anzug – wandte sich mit einem einstudierten Zahnpastareklamelächeln an die dunkelhaarige Schönheit an seiner Seite, ergriff ihre Rechte, die sie ihm huldvoll überließ, und küßte galant ihren Handrücken. Dann wandte er sich – immer noch lächelnd – an sein Publikum und fuhr fort: „... und von der wir noch viel hören werden. Dessen bin ich mir sicher!“

Calvin und Dilara spürten tiefes Unbehagen in sich aufsteigen angesichts des boshaften Lächelns und der Kälte im Blick der Frau, die sich Luna nannte.

„Was hat sie gesagt?“ wollte Dilara wissen.

„Eigentlich gar nichts… sie hatte so einen komischen Typen dabei. Einen Imageberater oder so was. Der hat die ganze Zeit für sie geredet, weil sie angeblich kein Englisch spricht. Eigentlich merkwürdig… wo doch sonst immer ein Simultanübersetzer dabei ist…“

„Hast du ihre Augen gesehen? Diese Farbe?“

„Ja.., eine sonderbare... wie… hm… Bernstein? Ob sie Kontaktlinsen trägt?“

Dilara hörte ihm nicht mehr zu. Sie hatte plötzlich eine Eingebung. Wenn ihr Gefühl sie nicht trog, handelte es sich bei dieser Frau um keinen Menschen. Und sie wußte, wo sie mehr über sie erfahren konnte: in der Schattenchronik!

London, März 2006, Paddington

„Wow! Geil!“ entfuhr es Mick, der die Show ebenfalls verfolgte und schwer beeindruckt von der Schönheit der Frau war, die ihm seltsam bekannt vorkam. Der junge Cop räkelte sich mit der Fernbedienung in der Hand auf dem zerwühlten Bett und konnte seinen Blick kaum von der dunkelhaarigen Schönheit auf der Mattscheibe lösen. Als sich die Frau nun kerzengerade aufsetzte und sich ihre Seidenbluse über vollen Brüsten spannte, pfiff Mick anerkennend. „Respekt, Respekt, du hast dich aber gut gehalten!“

Er schätzte die Schönheit bei näherem Hinsehen auf Anfang

bis Mitte vierzig, aber hätte sie nicht dieses klassische Kostüm und die Haare offen getragen, wäre sie gut und gerne für Mitte dreißig durchgegangen. Doch Alter war für Mick ohnehin unmaßgeblich. Ausstrahlung war für ihn weitaus wichtiger. Und *die* hatte diese Frau. Ausstrahlung und eine gehörige Portion Sexappeal. Gepaart mit einem Auftreten, das Erfahrung im Umgang mit Menschen – Männern – erkennen ließ. Ihre Bewegungen, Gesten, alles war ruhig und kontrolliert. Das war eine Frau, die ganz genau wußte, was sie wollte, und wie sie Wirkung erzielte.

Sie blickte die ganze Zeit über in die Kamera und schien ihn zu fixieren. Natürlich war das Blödsinn. Sie konnte *ihn* ja nicht sehen. Dennoch sagte sie mit ihren Blicken mehr als mit Worten. Überhaupt… sie selber redete gar nicht. Das übernahm jemand anderes. Ein Kerl namens Garimont, den der Moderator der Sendung als Lunas Berater vorgestellt hatte. Das, was er sagte, schien vorher vereinbart und wenig spontan. Überhaupt war der Mann aalglatt. Mick mochte ihn nicht. Anders die Frau. Nichts an ihr war überzogen oder unangenehm, und dennoch ging eine ungeheure Kälte von ihr aus. Kälte und Gefahr. Vereint mit ihrer offensichtlichen Attraktivität übte das eine magnetische Anziehungskraft aus. Mick spürte, wie sich seine Männlichkeit in seiner Lederhose regte, denn Micks Phantasien liefen beim Anblick dieser Frau sofort auf Hochtouren.

Woher kannte er sie nur?

Er schlug sich mit der Hand gegen die Stirn. „Natürlich!“ entfuhr es ihm. Sie sah dieser Schönheit, der er auf dem Brompton Cemetery begegnet war, verdammt ähnlich!

„Dilara“, murmelte Mick. „Aber diese Frau ist anders... dennoch... besteht da eine Verbindung... und dann diese Ähnlichkeit!“ Mick setzte sich auf die Bettkante. „Das kann doch kein Zufall sein!“

Die Kamera zoomte sich langsam an das Gesicht der Unbekannten heran.

In Micks Hose wurde es noch enger.

Als die Frau, die von der Farce eines Moderators gerade mit Luna betitelt worden war, nun direkt in die Kamera blickte, vergingen Mick sowohl die Lustgefühle als auch die unerklärliche Euphorie, die sich in ihm breitgemacht hatte.

Die Frau hatte fast die gleiche Augenfarbe wie er.

London März 2006, in den Katakomben des Big Bens

Guardian nahm in unmittelbarer Nähe des Glockenturms Gestalt an und blieb einen Moment regungslos stehen. Er wußte, daß das Gespräch mit den Alten nicht unproblematisch verlaufen würde. Es kam ganz und gar auf sein Geschick an, wie er das Vertrauen des Rates gewinnen konnte. Zumindest ansatzweise. Und auch hier würde Dilara der Dreh-und Angelpunkt sein. Sie war sein As im Ärmel. Der Trumpf, den er einsetzen würde. Zu ihrer aller Wohl.

Guardian schwebte in die dunkle Welt der Alten und spürte sofort den dunklen Atem, der ihm entgegenfloß. Auch wenn er einer der ihrigen war, so wurde ihm augenblicklich bewußt, daß er sich wesentlich von ihnen unterschied. Guardian fror plötzlich. Ihm war, als fasse eine kalte Hand nach seinem Herzen und drücke es genüßlich Millimeter für Millimeter zu, bis es seinen Herzschlag einzustellen drohte.

Guardian folgte dem feucht-kalten Felsengang, schwebte dem Stimmengemurmel entgegen, das die Anwesenheit der Alten verriet. Beinahe ehrfürchtig betrat er den Felssaal, in dem die lange Tafel der Alten den zentralen Punkt bildete. Am Kopfende saß in hoheitsvoller Haltung Larvae, der Oberste des Rates. Dieses uralte ruhelose Geistwesen.

Der weißhaarige Vampir schaute Guardian durchdringend an. „Was führt dich zu uns?“ fragte er mit respekteinflößender Stimme.

„Die momentane Situation!“ antwortete Guardian schlicht.

„Und was könntest *du* uns da von Bedeutung mitteilen, *Abtrünniger*?“ Larvaes Stimme war leise, aber nicht minder scharf.

„Die Bandenkriege gefährden unser Volk. Sie müssen ein Ende haben!“

„Du erzählst uns nichts Neues.“

„Es würde wieder etwas Ruhe einkehren, wenn jemand Antediluvians Nachfolge anträte.“

Larvae verzog geringschätzig die Mundwinkel „Und da möchtest *du* dich anbieten?“ Er räumte Guardian keine Gelegenheit ein zu antworten. „Weil du ja so geeignet bist, nachdem du unsere Gemeinschaft verraten hast.“

Guardian machte eine müde Handbewegung. Ein Schatten huschte über sein feingeschnittenes Profil. „Es geht weniger um mich...“, begann er.

„Natürlich nicht!“ Larvaes Stimme troff vor Hohn.

Zu seiner Rechten regte sich Orcus, der Herr des Totenreiches. Er sah Guardian wohlgesonnener als Larvae an. „Was hast du uns mitzuteilen?“

Guardian ließ seinen Blick von einem Mitglied des Rates zum anderen schweifen. Alle trugen ihr weißes langes Haar offen, und alle waren in schwarze Gewänder gehüllt, die an Roben erinnerten. Vielleicht fühlte sich Guardian deshalb, als stünde er vor einem Tribunal. Und genaugenommen war es auch so.

Orcus beugte sich ein wenig vor und deutete auf das Tischende. „Setze dich!“ forderte er Guardian auf. „Und teile uns mit, was du zu sagen hast. Es interessiert mich." Er warf einen Blick in die Runde. „Ich glaube, das wird eine lange Nacht!"

London, März 2006, Hyde Park

Mick stand bewegungslos vor dem Leichnam, der schreckliche Wunden aufwies. Ganz so, als habe sich ein wildes Tier auf den jungen Mann gestürzt und seine Kehle zerfetzt.

Wieder hatten die Bandenkriege, die Londons nächtliche Straßen noch unsicherer machten, ein Opfer gefordert. Und wieder wies es die gleichen Verstümmelungen auf wie alle anderen. Wahrscheinlich würde der Gerichtsmediziner abermals feststellen, daß die Leiche keinen einzigen Blutstropfen mehr enthielt.

„Saubere Arbeit", murmelte Mick. „Wieder einmal saubere Arbeit!" In seiner Stimme klang eine Spur Anerkennung, die seine Kollegen hätte aufhorchen lassen. Wären sie in der Nähe gewesen. Aber gottlob hatte man ihn mit noch keinem neuen Partner „erfreut". Wohl auch, weil er mittlerweile einen zweifelhaften Ruf genoß. Die Weiblichkeiten konnten sich immer noch nicht seinem Charme entziehen, aber bei den männlichen Kollegen galt er mittlerweile nicht nur als Sonderling, sondern auch als Rüpel. Weil er sich immer häufiger Anordnungen und Reglementierungen widersetzte.

Mick ging geschmeidig neben der Leiche in die Hocke und witterte wie ein Tier, das einer blutigen Fährte folgte. Unruhe machte sich in ihm breit. Er roch Wesen seiner Art, die sich hier gütlich gehalten hatten. Und er konnte sich kaum beherrschen, es ihnen gleichzutun.

Mick spürte, wie sich sein Magen hungrig drehte und sich in seinen Eingeweiden ein brennendes Gefühl der Gier breitmachte.

Hastig stand er wieder auf und trat einige Schritte von dem Toten weg. Als würde ein adäquater Abstand sein Verlangen zum Ersterben bringen. Dabei wußte der junge Cop ganz genau, daß dem nicht so war.

Die Stimme des Blutes war stärker.

Viel stärker.

London, März 2006, LUNA-Tower

Luna blickte ihren Berater, der soeben ihren elegant eingerichteten Büroraum betrat, hochmütig an. „Was haben Sie zu berichten?“ fragte sie herrisch und ohne sich mit einer Begrüßung aufzuhalten – was deutlich zeigte, daß sie nicht gerade blendender Laune war. „Haben Sie die beiden im Auge behalten?“

„Natürlich!“ antwortete Mark Garimont und fragte sich, wie eine Frau so schön und doch so eiskalt sein konnte? Bei Luna bedingte das eine das andere. Das war ihm längst klar. Ebenso, daß sie sicher nicht von dieser Welt war. Alleine schon der Blick ihrer bernsteinfarbenen Augen. Er war so alt, so wissend und so gefährlich – und fremd, daß sich selbst ein Mensch wie Mark Garimont unwohl in seiner Haut fühlte. Zumindest für wenige Augenblicke. Dann hatte er sich wieder vollends in der Gewalt. War wieder der beherrschte, ebenso eiskalte, berechnende und machthungrige Mann für alle auch noch so unlauteren Aufgaben.

In dem Punkt hatten sie sich gesucht und gefunden.

Er versuchte auch über sie Erkundigungen einzuziehen. Soweit das überhaupt möglich war, denn schon sehr schnell war er an Grenzen gestoßen. Sie schien vor wenigen Monaten aus dem Nichts gekommen zu sein und baute in kurzer Zeit ein Imperium auf. Wie sie das alles bewerkstelligte, war und blieb Garimont schleierhaft.

Wie wuchernder Efeu breitete sie sich in der Kosmetikbranche aus. Still und alles einnehmend, schuf sie ein Monopol und kaufte ihre Mitbewerber entweder auf, warf sie aus dem Rennen oder nötigte sie in Fusionen. Dabei ging sie mit äußerster Zielstrebigkeit und Skrupellosigkeit vor.

„Was haben Sie zu berichten?" fragte sie erneut und mit einem Tonfall in der Stimme, der keine Verzögerung duldete.

„Einiges... einiges!"

„Dann verschwenden Sie nicht unsere und Ihre Zeit!" Luna deutete Garimont mit einer knappen Handbewegung, auf einem der beiden ledergepolsterten Stühle vor ihrem Schreibtisch Platz zu nehmen, während sie sich dahinter setzte, die langen, schlanken Beine – die in schwarzen Seidenstrümpfen steckten – mit einer aufregend lasziven Bewegung übereinanderschlug.

„Ich höre!" sagte sie.

London, März 2006, Park Lane

Dilara eilte, ohne ein weiteres Wort über ihre Lippen dringen zu lassen, an eines der Bücherregale, zerrte den alten Folianten hervor, knallte ihn mit einer heftigen Bewegung auf den kleinen, antiken Abstelltisch, der vor dem Sessel stand, in dem Calvin saß. Dann blätterte sie hektisch darin herum.

„Hier“, rief sie plötzlich aufgeregt und tippte mit den Fingern auf eine Stelle in der Schattenchronik. „Lies, Cal… Lies!“

„Och nö, nicht wieder dieser konfuse Wälzer! Du weißt doch, daß es zwecklos ist, den Text verstehen zu wollen. Er ist durcheinandergeraten. Keine Ahnung, wie das passiert ist, aber das macht ihn wertlos.“

„Außer, wenn man den Schlüssel hätte!“ entgegnete Dilara trotzig. „Sieh hier, das ist doch was!“

„Sa – Ri – Ga – Ma – Fa – Da – Ni – Sa… wenn die hinduistischen Brahmanen behaupteten, daß der Sternenhimmel unbeweglich sei…“

„Du liest auf der falschen Seite!“ Dilara entriß ihm das Buch. „Hier, paß auf: Sanfte Worte wirken besser als rauhe, das Meer wird vom kalten Monde und nicht von der heißen Sonne angezogen. Luna, kabbalistische Emanation unserer Träume. Warum wird in manchen Teilen Afrikas und Indiens ein im Mondschein Schlafender oft wahnsinnig? Weil er nicht den Nektar des Kelches gekostet hat. Die Alten, die zuerst nur vier Elemente kannten, machten aus dem Äther ein fünftes…“

„Aha, sehr aufschlußreich! Wirklich *sehr* aufschlußreich. Und was will uns das sagen?“

„Ich weiß es nicht, Cal, aber findest du es nicht merkwürdig, daß sowohl Luna als auch ein Kelch in diesem Abschnitt erwähnt werden?“

Frankreich, 2. August 1914, Schloß Comper bei Concoret

Der nächste Morgen begrüßte Dilara mit herrlichem Wetter. Sie hatte so tief geschlafen, daß sie nicht einmal mitbekam, wie Mathilde ihr bereits ein üppiges Frühstück serviert hatte. Ihr Hunger hielt sich in Grenzen, sie rührte das Aufgetischte kaum an, diese Speise konnte ihn ohnehin nicht richtig stillen.

Nachdem sie sich angekleidet und ihr Haar gerichtet hatte, trat sie hinaus in den Flur, der durch das Licht der Morgensonne strahlend hell erleuchtet war. Dort überfiel sie erneut das Gefühl, das sie unmittelbar vor dem Betreten des Roten Salons gehabt hatte. Das Gefühl einer artverwandten *Anwesenheit*.

Dilara begab sich hinab ins Erdgeschoß, in einen Salon, den die Gesellschaft am Abend als Treffpunkt genannt bekommen hatte. Sie traf dort jedoch nur Geneviève Zaeppfel, die sie aufforderte, sich zu ihr zu setzen.

„Ich hoffe, Sie haben gut geschlafen, Dilara?“ fragte sie und nippte an einer zerbrechlichen Porzellantasse voll dampfenden Kaffees. „Trotz des Verlaufs des gestrigen Abends!“

„Wissen Sie, Geneviève, ich hegte keine vorgefestigte Erwartung an diesen Abend. Vielleicht haben Sie mir bereits mehr geholfen, als Sie und ich ahnen können. Doch vielleicht irre ich mich auch.“

„Ich spüre, daß uns die zweite Sitzung, die heute abend stattfinden wird, Aufschluß über viele Dinge schenkt. Ich habe Angst davor, Dilara, doch ich kann nicht davonlaufen. *Niemand* kann seinem Schicksal entkommen!“ Geneviève schenkte Dilara ein sphinxenhaftes Lächeln. „Als ich Sie gestern abend kennenlernte, fühlte ich, daß Sie *anders* sind“, sagte das Medium ohne die Furcht in der Stimme, die Dilara schon so oft begegnet war, wenn sich ihre wahre Natur zeigte. Sie mußte sich allerdings eingestehen, daß diese Offenbarung für viele den Tod bedeutet hatte. „Sie müssen wissen, daß ich mehr sehe als nur die physische Erscheinung.“

„Darf ich fragen, was Sie in mir sehen, Madame?"

„Ich sehe, daß mir von Ihnen keine Gefahr droht, obwohl Sie die Farbe Rot wie eine kraftvolle Aura umgibt."

„Ihre eigene Farbe… ich vermute, sie ist Weiß?"

„Nur nach außen hin. Ich kompensiere…"

In diesem Moment klopfte es an der Tür. Victor Zaeppfel betrat den Salon. Er grüßte Dilara und gab seiner Gemahlin einen zärtlichen Kuß auf die Wange. Seine Miene war ernst, als er sagte: „Gargarows Zimmer ist leer. Mathilde berichtete mir, daß sie in den frühen Morgenstunden durch das Bellen der Hunde aufgewacht sei und einen Schemen im Garten gesehen habe, der auf ihr Rufen nicht reagierte."

„Nun, es gibt zwei Möglichkeiten", sagte Geneviève. „Entweder haben ihn die Erfahrungen unserer Sitzung bis in seine Träume verfolgt, oder der Grund liegt hierin…"

Sie reichte ihm die Zeitung, die Tagesausgabe der *Ouest France*, in der sie gelesen hatte, bevor sie gestört worden war.

Victor zog eine Augenbraue in die Höhe: „Das Deutsche Reich erklärt Rußland den Krieg. Das sind keine guten Nachrichten! Gargarow wird auf dem schnellsten Wege versuchen, in seine Heimat zurückzukehren."

„Uns hingegen berühren diese Dinge nicht. Noch nicht", entgegnete Geneviève. „Dilara, ich würde Ihnen gerne etwas zeigen. Reiten Sie?"

„Leidlich." Dilara hatte als Kind auf dem Landsitz ihrer Zieheltern das Reiten erlernt, damals, lange bevor sie den Kuß der Verdammnis empfing.

„Möchten Sie mich begleiten? Es täte uns sicher gut, frische Luft zu atmen. Die Mauern des Schlosses engen mich heute zu sehr ein. Sagen wir, in einer Viertelstunde am Haupteingang?"

Obwohl die Vampirin nicht sonderlich kälteempfindlich war, zog sich Dilara wärmere Garderobe über. Geneviève, selbst im langen Kleid mit einem kurzen Umhang, führte sie über den gepflasterten Hof zu den Ställen. Es hatte in der Nacht zu regnen aufgehört. Dilara atmete den schweren Geruch von feuchtem Waldboden und Pilzen ein, den ein sanfter Wind herübertrieb.

„Ich muß mich doch sehr für das Wetter entschuldigen, mit dem Comper Sie gestern begrüßt hat, Dilara." Das Medium lachte. „Aber Sie dürfen nicht vergessen, daß wir von einem Zauberwald umgeben sind. Er reagiert sehr sensibel auf Einflüsse, und es muß etwas sehr Düsteres und Bedrohliches hergekommen sein, das ihn aus seinem Gleichgewicht gebracht hat. Erst in der Nacht ist es ihm gelungen, dieses wieder herzustellen."

Sie waren am Stall angelangt, und Geneviève öffnete die weiß gestrichene Tür. In einem geräumigen Verschlag sah Dilara die Pferde, auf denen sie ausreiten sollten. Es handelte sich um zwei kraftvolle, grauweiß gescheckte Tiere, die in dem Moment, da sie die zwei Frauen bemerkten, ihre edlen Köpfe in die Luft warfen und ungeduldig mit den Hufen scharrten.

„Sie sind Victors ganzer Stolz." Geneviève band eines der Tiere los und stieg mit damenhafter Eleganz in den Sattel. „Keine Sorge, sie sind völlig zahm."

Dilara tat es ihr gleich und fühlte die warmen Flanken des ruhig atmenden Tieres unter sich.

„Dort hinten, die Lücke zwischen den Bäumen... dort beginnt ein Weg, der bis nach Paimpont führt", sagte die Seherin und gab ihrem Tier die Sporen, nicht darauf achtend, ob Dilara in der Lage war, ihr zu folgen.

Geneviève war eine phantastische Reiterin. Mit wehendem Umhang und weißem Kleid sah sie selbst aus wie eine Gestalt aus den Mythen, die Brocéliande umwoben. Dilara verlor nur mit Mühe nicht den Anschluß, als sie über mit Heidekraut bewachsene Wälle und morastige Gräben setzte.

„Ist es nicht herrlich, dieses Land?“ rief Geneviève ihr zu. Ihr Haar war eine goldene Flamme, die Dilara den Weg wies, wie es am Abend zuvor Aufgabe des grünen Lichts der Lampe gewesen wäre. Sie vertraute dieser Flamme und folgte ihr. Schenkte dem Wunder des verwunschenen Waldes keinen Blick, sondern hielt ihn nur auf die weiße Gestalt gerichtet.

Plötzlich brachen sie aus dem Wald hervor und fanden sich unweit eines Sees wieder, an dessen gegenüberliegendem Ufer sich das Bild eines mächtigen Bauwerkes spiegelte.

„Die alte Abtei von Paimpont!“ stieß Geneviève hervor.

Dilara fühlte sich an geweihten Orten nicht wohl. Sie fragte sich plötzlich, ob es eine kluge Entscheidung gewesen war, sich dem Medium anzuvertrauen.

Dieses hielt schwer atmend am Seeufer an. Auch ihr Roß schnaubte angestrengt und offensichtlich erfreut über die Ruhepause, die ihm gegönnt wurde.

Die weißgekleidete Frau glitt aus dem Sattel und mußte sich an die Flanke ihres Tieres lehnen.

„Geneviève, was ist mit Ihnen?“ Dilara lenkte ihren Schimmel neben den der Seherin.

„Es ist… nichts. Ich habe mich überanstrengt. Ich sagte es bereits.“ Sie hustete und spuckte etwas in ein Taschentuch, das wie klumpiges Blut aussah. Hastig steckte sie das Tuch in einen Kleiderärmel und richtete sich auf. Sie lächelte Dilara zu und nahm das Pferd am Zügel, um es auf einem schmalen Pfad am Seeufer in Richtung der Abtei zu führen.

„Ich bin vom ewigen Kampf des Lichts gegen die Finsternis

überzeugt. Und von seinem Sieg!“ sagte sie schließlich unvermittelt. Im Dunkel des Waldes leuchtete das Weiß ihres Kleides noch heller als sonst. Der trutzige Klosterbau ragte inzwischen nicht mehr weit von ihnen entfernt auf.

„Sehen Sie in mir eine Vertreterin der Gegenseite?“ wollte Dilara wissen.

„Es gibt mehr als nur *eine* Seite. Wie leicht werden Brüder zu erbitterten Feinden und Feinde zu unseren engsten Verbündeten? Hat uns das nicht auch die Geschichte gelehrt? Kommen Sie mit, ich möchte Ihnen jemanden vorstellen!“

Geneviève band ihr Pferd an einem schmiedeeisernen Bügel neben dem Hauptportal an und verlangte an der Klosterpforte Bruder Bernard zu sprechen. Der greise Mönch, der ihnen öffnete, nickte wohlwollend und schlurfte einen langen Gang hinunter. Nachhallend schloß sich eine Tür hinter ihm. Nach einer kurzen Weile, in der weder Dilara noch Geneviève sprachen, erschien ein lockiger Blondschopf im kleinen Fenster.

Genevièves Züge hellten sich auf: „Bruder Bernard!“

„Warum so förmlich, kleine Schwester? Kommt doch erst mal herein!“ Er schloß das Portal auf und nahm Geneviève in die Arme.

„Bernard, dies ist Mademoiselle Demimondes. Sie ist auf dem Schloß zu Besuch. Dilara, dies ist mein Bruder Bernard.“

Der Mönch ergriff Dilaras Hand und drückte sie herzlich. Dann wandte er sich wieder seiner Schwester zu: „Gene, du gefällst mir nicht. Was ist los mit dir? Du bist so blaß.“

„Ach, Bernard, ich brauche deinen Rat. Aber laß uns das nicht hier besprechen, wo uns jedermann zuhören kann.“

„Du hast recht, wie immer. Kommt, wir wollen hinüber in den Novizenflügel gehen, dort sind wir um diese Zeit ungestört.“

Durch eine geöffnete Tür, so niedrig, daß sie sich bücken mußten, um hindurch zu gelangen, betraten sie einen Kreuzgang mit gotischen Arkaden, der einen kunstvoll angelegten Garten umschloß. Zwei Mönche arbeiteten darin. Sie nahmen Bruder Bernard und die beiden Frauen nicht wahr.

Diese traten am Ende des Umganges in eine karge Kammer und von dort aus in die Bibliothek des Klosters.

„Würden Sie uns einen Augenblick entschuldigen, Dilara?“ fragte Geneviève. „Wir haben etwas Persönliches zu besprechen. Sehen Sie sich nur solange um.“

„Aber…“

„Sie brauchen sich nicht zu sorgen, daß Sie hier jemanden stören könnten, Mademoiselle Demimondes“, sagte Bernard rasch. „Und keine Bange… auch Sie wird niemand stören oder fragen, was Sie hier zu suchen haben.“

Geneviève hatte sich bei ihm untergehakt, und zusammen verschwanden die beiden durch die Tür, durch die sie hereingekommen waren.

Dilara wanderte in dem weitläufigen Saal der Bibliothek umher und musterte die umfangreiche und augenscheinlich wertvolle Sammlung. Die hohen Regale bargen neben den geläufigen Werken der Klosterliteratur auch Titel, die die Vampirin nicht an diesem Ort erwartet hätte. Es waren weltliche Bücher, Ratgeber, Enzyklopädien, Kataloge, Gedichtbände, Broschüren und Romane. Einzelne Bücher waren herausgestellt. Offenbar aus Stolz, sie zu besitzen. Dilara ließ ihre Finger über die rauhen Buchrücken gleiten und atmete den Geruch alten Leders und Papiers.

Plötzlich erstarrte sie wie elektrisiert. Auf einem Umschlag war in feinen, verschlungenen Lettern der Schriftzug *„La chronique des ombres“* zu lesen. Das Büchlein war unauffällig, abgegriffen und aus dünnem Papier mit einem Einband aus gewachstem Karton gefertigt. Sie nahm es in die Hand.

Dilara spürte, wie ihre innere Spannung wuchs, während sie

das Buch öffnete, den Titel – leider ohne Nennung des Autors – überschlug, und auf eine mit *„préface"* überschriebene Seite stieß. Der Text war handschriftlich eingefügt.

Sie überflog das Vorwort rasch, blätterte weiter zum ersten Kapitel, vorsichtig, denn das Papier war so hauchdünn, daß man beide Seiten gleichzeitig lesen konnte.

„La nature des ombres… von der Natur der Schatten", murmelte sie. *„Il est étonnant que je ne l'ai pas nommé un chronique du sang…* es mag verwundern, daß ich dieses Buch keine Chronik des Blutes, sondern eine Chronik der Schatten genannt habe, ist doch der größte Teil seines Inhalts jenen Kreaturen der Nacht in ihren mannigfaltigen Gestalten gewidmet, die ihre Lebenskraft dem Blute anderer Wesen entziehen. Nein, eine Chronik der Schatten ist es, der Schatten, die mein Haus und meinen Geist umlagern und die Bollwerke einzurennen versuchen, die ich mühsam zu meinem Schutze errichtet habe. Jene Schatten, deren Abgesandter mich mit der Niederschrift dieser Chronik beauftragte. Ein Mensch ohne Schatten könne nicht sein, heißt es, doch..."

Dilara erschrak, als sich die Tür öffnete und Geneviève und Bruder Bernard die Bibliothek betraten. War denn bereits soviel Zeit vergangen? Warum war sie nicht früher auf das Buch gestoßen?

„Ah, interessant, Mademoiselle, daß Sie sich ausgerechnet mit diesem Buch beschäftigt haben", sagte Bernard und nahm ihr die Chronik aus der Hand. „Ja, *‚La chronique des ombres'…* ich habe davon gehört. Doch das sollte keine Lektüre für eine Dame wie Sie sein. Ich denke, es ist ein furchtbar theoretisches Buch."

„Dieses Buch… ist interessant", stellte Dilara zögernd fest. „Ist es möglich, es auszuleihen? Ich…"

„Ich fürchte, leider nicht." Bernards Züge hatten sich verhärtet. „Die Bücher der Bibliothek dürfen diesen Raum nicht verlassen. Allenfalls Mitgliedern meines Ordens ist es erlaubt, sie zu Studienzwecken mit in ihre Zellen zu nehmen. Diese altehrwürdigen Mauern bergen viele Schätze und Geheimnisse, auch solche, die eine Gefahr für den darstellen können, der sich ihnen unerfahren nähert. Seitdem im 7. Jahrhundert Judicaël, Sohn Joëls III., König von Dommonée, hier seine Einsiedelei errichtete, ist die Macht unseres Ordens fortwährend gewachsen. Dies ist uns jedoch nur gelungen, weil wir uns erfolgreich gegen die versuchte Einflußnahme der uns umgebenden Schattenmächte widersetzt haben. Ein Augenblick der Schwäche, der Unachtsamkeit möchte ausreichen, diesen heiligen Ort an die andere Seite zu verlieren."

London, März 2006, Park Lane

Dilara war es, als ob sie aus einem langen und kraftzehrenden Traum erwache. Nur langsam fand sie sich in der Realität wieder. Die Erinnerung an die Ereignisse auf Schloß Comper war so plötzlich und mit einer ungeheuren Intensität über sie hereingebrochen, daß sie sich nur mit Mühe davon lösen konnte.

Doch es war von Belang, daß sie sich ausgerechnet jetzt erinnert hatte. Das spürte sie deutlich.

Die Schattenchronik. Eine französische Übersetzung.

Die Worte drängten sich förmlich in ihren Sinn, doch Dilara vermochte es nicht, sie vollends zu deuten. Sie mußte mit Calvin sprechen!

Ihr Gefährte betrachtete sie stumm. War selbst tief in Gedanken versunken. Dennoch war ihm Dilaras Gefühlschaos, das ihre gedankliche Reise in die Vergangenheit hervorgerufen hatte, nicht verborgen geblieben. Auch wenn er es nicht zuzuordnen vermochte.

„Cal, ich muß dir etwas erzählen!“

„Ich weiß!“ Die Sprache seiner dunklen Augen bestätigte, daß er wirklich wußte, was Dilara bewegte. Zumindest, daß es etwas war, das sie beide betraf und wichtig für sie war. „Ich bin ganz Ohr!“

„Ich hatte mal eine Begegnung in Frankreich, die nicht unwesentlich war... auf Schloß Comper...“

„Schloß Comper?“ Calvins Stimme klang irgendwie alarmiert.

Dilara nickte, schon wieder tief in ihren Erinnerungen verstrickt. „Cal, ich habe dort ein Buch gesehen, in der Abtei von Paimpont.“

„Ich kann dir leider nicht folgen, wenn du nicht deutlicher wirst!“ brummelte Calvin.

„Es war die Schattenchronik.“

„Moment mal, die haben *wir* doch!“

„Ja, aber nur *eine* Ausgabe der Chronik. Es muß weitere Kopien und Übersetzungen geben. Aber weißt du, was das Aufregendste an der ganzen Sache ist?“

„Hmmm...“ Calvin schien ihr immer noch nicht folgen zu können.

„Die Chronik, die ich in Paimpont gesehen habe, war *geordnet!*“

Dilara schwieg erschöpft. Die Erinnerungen zehrten an ihrem Innern. Und da war noch etwas, das sie beschäftigte: Der blonde Junge mit den blauen Augen, der ihr so merkwürdig vertraut vorkam.

London, März 2006, Park Lane

Guardian streifte unruhig durch die Nacht, ohne zu wissen, was ihn vorantrieb. Erst als er an dem Haus in der Park Lane ankam und stehenblieb, wußte er, was ihn herzog: Dilara!

Er spürte Gefahr, eine Gefahr, in der sie schwebte!

Guardians Blick schweifte durch das Dunkel und blieb an einem Mann haften, der augenscheinlich das Haus beobachtete. Der blonde Vampir hatte den Unbekannten schon mehr als einmal im Hyde Park herumlungern sehen. Doch nun wurde offensichtlich, worauf er wirklich aus war!

Auf Dilara!

Es konnten keine Zufälle sein, daß er sich im Umkreis der Vampirin und ihres Hauses herumtrieb.

Guardian wäre nicht eine Sekunde darauf gekommen, daß es der Unbekannte auch auf Calvin abgesehen haben könnte. Wenngleich er den jungen Vampir ja selbst immer mißtrauisch im Auge behielt. Guardian wußte, daß mehr in Calvin steckte, als es den ersten Anschein erweckte, vielleicht sogar mehr, als dieser selbst ahnte. Er war ein wichtiger Teil ihres Gefüges. Des Gefüges, das sich immer klarer um Dilara als Mittelpunkt bildete. Immer war sie es gewesen und dem Anschein zum Trotz nicht Antediluvian. Das machte die Zeit nach dessen Niedergang besonders deutlich. Immer noch zog Dilara alles an, schien alles bei ihr zusammenzulaufen. Und Calvin war eine Art Ergänzung zu ihr. Es war, als wären sie schon von Anbeginn der Zeit füreinander bestimmt gewesen.

Das hatte auch Dilara einmal zu Guardian gesagt, als sie noch in seiner unterirdischen Welt Zuflucht suchte.

„Calvin und ich sind füreinander bestimmt, Guardian!"
„Woher willst du das wissen?" erwiderte er.
„Ich weiß es einfach. Ich muß nur in mich hineinhorchen."
Und Guardian wußte, daß sie recht hatte. Dennoch war ihm damals schon bewußt gewesen, daß vor beiden noch ein beschwerlichen Weg lag. Bis sie vollends zu sich selbst fänden und zueinander.

Guardian stieß einen bekümmerten Laut aus.

Er dachte an seine Unterredung mit dem Rat der Alten und an sein Ansinnen, Einzug in Antediluvians unterirdisches Reich zu halten. Jetzt, da die dunkle Seele des Urnosferatu vergangen war. Immer noch war es Guardian schleierhaft, warum sich der Nosferati-Rat darauf eingelassen hatte, wurde aber das Gefühl nicht los, vielleicht einen bedeutenden Fehler begangen zu haben. Mehr noch machte er sich Gedanken über das, was Larvae und Orcus angesprochen hatten. Über die alte Gottheit, die durch den Brand im British Museum wiedererweckt worden war. Manchmal wußten die Alten, die vorgaben, als neutrale Richter über dem Geschehen der Schattenwelt zu stehen, mehr als alle anderen, und Guardian fragte sich, woher sie dieses Wissen bezogen.

London, März 2006, LUNA-Tower

Als Mark Garimont mit seinem Bericht über Dilara und Calvin endete, erwiderte sie nichts. Es blieb lange still zwischen ihnen, und Garimont hielt es für ratsam, abzuwarten, bis seine mysteriöse Arbeitgeberin das Wort ergriff. Er kannte sie zwar noch nicht lange, hatte aber schon einige ihrer Zornausbrüche miterlebt. Überhaupt war sie starken Stimmungsschwankungen unterworfen. Aber für das Gehalt, das sie ihm zahlte, war er bereit, einiges wegzustecken.

Sie sah ihn an mit ihren rätselhaften Augen, die durch ihr Gegenüber hindurchzuschauen vermochten. „In dem Haus in der Park Lane leben sie also... so so...“, murmelte sie vor sich hin, doch dann bekam ihre Stimme wieder die Härte, die Garimont immer aufhorchen ließ. „Wir müssen die beiden trennen!“ Sie zögerte eine Weile. „Wir müssen an sie herankommen und Zwietracht zwischen ihnen säen.“ Ihr Lachen hätte nicht boshafter sein können. „Und wir wissen auch schon, wie!“

Mark Garimont lief ein kalter Schauder über den Rücken. Diese Frau war zu allem fähig! Sie ging über ganze Friedhöfe, um das zu erreichen, was sie erreichen wollte.

Garimont ahnte nicht, *wie* nahe er damit der Wahrheit kam!

Bevor er etwas erwidern konnte, sprach sie auch schon weiter. „Der Jüngling ist die Schwachstelle...“ Sie stieß einen verächtlichen Laut aus. „Schließlich ist er ein *Mann*! Da werden wir ansetzen!“

Garimonts Frösteln verstärkte sich.

Luna beugte sich soweit vor, daß er über den Schreibtisch in den Ausschnitt ihrer Bluse blicken und den Ansatz ihrer vollen Brüste erspähen konnte.

Das Frösteln wandelte sich. Sammelte sich an einem zentralen Punkt, der Unruhe in seinen Körper schickte.

Doch Lunas kalte Stimme zerstörte das Verlangen wieder, das jäh in ihm erwacht war.

„Wir müssen auf dem schnellsten Wege an die beiden herankommen.“ Ihre bernsteinfarbenen Augen sezierten ihn. Wenngleich sie von der Farbe warm wirkten, so waren sie doch im Ausdruck *eiskalt*. „Sie, Garimont, erhalten eine andere Aufgabe.“

Mark Garimont verlor wieder seine Unsicherheit, die ihn in Lunas Anwesenheit befiel. Angesichts der Tatsache, daß sicher ein interessanter Auftrag auf ihn wartete und ihn dieser erst einmal aus der direkten Nähe dieser mysteriösen Frau brachte. „Und worum handelt es sich dabei?“ fragte er knapp und sachlich. Legte genau das Verhalten an den Tag, das Luna an ihm schätzte.

Sie schob ihm ein Dossier über den Tisch. „Wir benötigen Informationen. *Weitergehende* Informationen.“ Ihre blutrot lackierten Fingernägel tippten auf die Mappe, die zwischen ihnen auf dem Schreibtisch lag. „Darin finden Sie Anhaltspunkte über einen Gegenstand, der uns sehr nützlich sein könnte, und nach dem auch andere bereits suchen: den Schattenkelch!“

„Greg! Greg, hörst du mich?“

Die Stimme drang wispernd und schmeichelnd in ihn ein.

Greg Lane versuchte sich zu bewegen. Doch das ging nicht. Sein Körper lag steif und starr in seinem Sarg. Er war tot!

Doch da war sie wieder diese Stimme, die unablässig seinen Namen rief. „Greg... Greg, kannst du mich hören?“

Wie konnte das sein?

Greg wußte, daß er tot war. Der Wiedergänger hatte ihn getötet. Greg durchfuhr es siedendheiß. War er etwa auch ein Untoter geworden? Aber nein, versuchte er sich zu beruhigen, das konnte nicht sein. Und richtig, allein der Gedanke zu töten, gar das Blut seiner Opfer zu trinken, bereitete ihm kein Wohlbehagen, sondern Übelkeit.

Da ertönte die Stimme wieder und verfiel in einen einlullenden, fremdartigen Singsang. Greg kannte sie. Sie gehörte... *Mick*!

London, März 2006, Park Lane

Dilaras Blick tastete Calvins hagere Gestalt ab. Der junge Vampir stand am Fenster und starrte hinaus in die Dunkelheit. Versuchte, das zu verarbeiten, was ihm Dilara über ihre Erlebnisse in Frankreich erzählt hatte. Denn er verschwieg ihr, daß er sich gedanklich mit dem Orden, dem sein Vater angehörte, beschäftigte. Warum er das seiner Gefährtin nicht offenbarte, konnte er nicht einmal genau benennen.

Plötzlich wurde seine Aufmerksamkeit auf etwas anderes gelenkt.

„Zur Hölle noch mal. Das gibt es doch nicht!" entfuhr es ihm, und er wedelte aufgeregt mit der Hand durch die Luft. Deutete Dilara so, daß sie ihm ans Fenster folgen solle. Was sie auch in Sekundenschnelle tat.

„Sieh nur!" Calvin zeigte aufgeregt in die Richtung der schummrigen Straßenbeleuchtung. Unter einer altertümlichen Laterne parkte eine elegante schwarze Limousine, der gerade eine Frau in einem klassischen hellgrauen Kostüm und mit schwarzen straff zurückgekämmten Haaren entstieg. Als sie sich herumdrehte und Dilara in ihr eigenes Gesicht zu blicken meinte, entfuhr der schönen Vampirin ein entsetzter Schrei.

„Pssst!" Calvin drehte sich zu ihr herum und blitzte sie wütend an. „Reiß dich gefälligst zusammen, Dilara!"

„Aber das ist..."

„Ganz recht!" tuschelte Calvin, als wäre das Haus verwanzt, und als gelte es, ein Staatsgeheimnis zu wahren. „Das ist diese Luna-Dame aus dem TV."

„Was macht die hier?" Dilara preßte sich eng an ihn, als

benötige sie seine Nähe angesichts der drohenden Gefahr, die sich zielstrebig auf ihr Haus zubewegte. Denn daß diese Frau Gefahr bedeutete, spürte Dilara instinktiv. Aber sprach das nicht gegen ihre Vermutung?

„Was will die von uns?“ Dilaras Stimme war nun auch auf das Flüstermaß herabgesunken.

„Gute Frage!“ zischelte Calvin. „Vor allem, wenn sie gleich an unsere Tür klopft, sollen wir ihr dann öffnen?“

„Unterstehe dich! Ich...“

Und schon klopfte es das erste Mal.

London, März 2006, Scotland Yard

Das auch noch, dachte Mick, das hat mir gerade noch gefehlt!

Der Morgen hatte schon wenig vielversprechend begonnen. Er hatte verschlafen, beinahe einen Unfall mit seinem Motorrad verursacht, und dann wurde er von Grean, wie er seinen Vorgesetzten nur noch nannte, herbeizitiert.

Als Mick dessen Büro betrat, war sein Blick sofort auf dem jungen, pummeligen, rothaarigen Wesen hängengeblieben, das mit einem Motorradhelm unter dem Arm am Fenster gegenüber des Schreibtisches stand, hinter dem Dr. Peter Grean saß. Die Lederhose, die sie trug, betonte ihre stämmige Figur unvorteilhaft. Mick, der schon immer ein Optikmensch gewesen war, stöhnte innerlich auf. Was war das denn für ein Brummer?

„Da sind Sie ja endlich, Bondye!“ lautete die schroffe Begrüßung, die Mick von seinem Vorgesetzten entgegenklang. Der junge Cop haßte es, nur mit seinem Nachnamen angesprochen zu werden.

„*Mister* Bondye, soviel Zeit sollte schon sein!“ konnte er sich daher nicht verkneifen.

Das punkig wirkende Wesen am Fenster grinste und wuschelte sich mit der rechten Hand durch die gegelte Kurzhaarfrisur, die an einen unter Strom stehenden Igel erinnerte.

Dr. Grean hingegen gefroren förmlich die Gesichtszüge. Mick Bondye blieb für ihn ein aufrührerischer Flegel, der ihm von höchster Stelle „aufs Auge gedrückt“ wurde, und der so unangenehm wie eine lästige Sommergrippe war. Dr. Grean konnte auch immer weniger nachvollziehen, was so besonders an Mick Bondye sein sollte, trotz seiner vielen Erfolge, die dieser bisher vorweisen konnte.

Nicht nur aus diesem Grund beschloß er, den jungen Cop, von dem er wußte, daß er lieber alleine arbeitete, im Auge zu behalten. Daher konnte er sich bei seinen nächsten Worten ein süffisantes Lächeln nicht verkneifen. „Das ist Ihre neue Partnerin. Cassandra Benedikt!“

Mick verzog das Gesicht, als habe man ihm soeben mitgeteilt, er habe Krebs im Endstadium, und dachte ein weiteres Mal: das auch noch!

London, März 2006, Park Lane

Es klopfte erneut... und wieder und wieder... bis Calvin mit einer fließenden Bewegung an der Tür war und sie öffnete.

Dilara wußte nicht, warum, aber sie hielt sich im Hintergrund, außerstande, sich zu rühren oder gar dieser Frau gegenüberzutreten, die ihre ältere Schwester hätte sein können.

Als liefe ein Film vor ihr ab, hörte sie, wie die Fremde, die keine war, auf Calvin eingurrte, wie sie nach einem Mark Garimont fragte, der für sie arbeitete und angeblich hier wohnen sollte.

Dilara spürte, wie auch Calvin, daß das eine Farce war. Daß diese Frau aus einem anderen Grund gekommen war – aus welchem auch immer.

„Mark Garimont? Der Name sagt mir leider nichts." Calvins Stimme klang wie reinste Sahne. Dilara hätte ihn in seinen schmalen Hintern treten können. Was sülzte er so mit dieser Frau herum?

„Ich bin mir aber sicher, daß er mir diese Adresse genannt hat."

Dilara konnte gerade eben noch ein verächtliches Schnauben verbergen. Empörung machte sich in ihr breit, als sie wieder Calvins Stimme hörte. „Es tut mir leid, aber der wohnt hier *wirklich* nicht."

Dilara konnte die Erwiderung der geheimnisvollen Frau nicht verstehen, da Calvin schon wieder halbwegs die Tür geschlossen hatte. Doch es drang etwas Ähnliches wie: „Leben Sie denn schon lange hier? Nein, sicher nicht, *Sie* wären mir garantiert aufgefallen!" an ihr Ohr. Und das Lachen, das Luna hinterherschickte, und das Calvin wie eine Sommerbrise umfloß, hallte bösartig in Dilaras Ohren nach.

Als Calvin nach einer kurzen Verabschiedung, der eine weitere Schmeichelei voranging, die Tür schloß, lieferte ihm Dilara eine Eifersuchtsszene, die zwar vielleicht nicht zu ihrer Art paßte, sich aber umso mehr gewaschen hatte.

CONCORDIA RES PARVAE CRESCUNT, DISCORDIA MAXIMAE DILABUNTUR

(Durch Eintracht wächst Kleines,
durch Zwietracht zerfällt das Größte)

Frankreich, 3. August 1914, Schloß Comper

Am Mittagessen, zu dem die Zaeppfels in einen kleinen Speisesaal mit Aussicht auf den See gebeten hatten, nahm Dilara nur aus Neugierde teil. Gespeist hatte sie bereits. Oder vielmehr: Sie war nach ihrer Rückkehr von dem Ausritt im Rosengarten Yannick begegnet, dem jungen Gärtner, der jeden Morgen auf seinem Braunen leise vor sich hinpfeifend aus Mauron heraufgeritten kam. Sie hatte seine Blicke wohl bemerkt, als sie nach dem Aufstehen am Fenster ihr langes schwarzes Haar kämmte, und seine Melodie war in diesem Augenblick ein wenig dissonant erklungen.

In solchen Momenten glaubte Dilara, daß Blut mehr war als nur jene Flüssigkeit, die für sie seit dem Kuß der Verdammnis lebensnotwendig war. Sie schätzte es wie ein Kenner einen Wein. Und wie ein solche feiner Gaumen das Anbaugebiet, die genaue Lage, die Farbe und das Bouquet zu erkennen vermochte, so war die Vampirin in der Lage, aus dem Blut eines Menschen dessen Biographie, seinen Charakter und seine Vorlieben zu erkennen.

Für sie war die Nahrungsaufnahme immer auch eine sinnliche Erfahrung.

Yannicks Blut schmeckte nach dem Salz der See, die die Bretagne an drei Küsten umspülte, nach reifen Äpfeln und süßem Karamel, nach Farn und Heidekraut, Sonne und Regen auf gebräunter Haut.

Wenn die Alten behaupteten, das Blut sei der Sitz der menschlichen Seele, hatten sie gewiß nicht ganz unrecht. Mit seinem kostete Dilara etwas von Yannicks Seele. Spinellis Fistelstimme riß sie aus ihren Gedanken: „Sehr interessant, das, was Sie uns gestern vorführten, Signora Zaeppfel, *molto interessante*!"

„Es freut mich, daß ich Ihnen habe helfen können, Dr. Spinelli", entgegnete Geneviève höflich. „Und ich hoffe, heute abend..."

Dilara hörte nicht weiter zu.

Auch Lilly Dupont und Maximilian Avoise waren in ein Gespräch vertieft.

Baron von Runkel ließ sich durch Mathilde entschuldigen. Er hatte sich mit seinem Adjutanten auf den Weg nach Gaël gemacht, um eine Depesche nach Berlin aufzugeben, wie er großspurig bekanntgab.

Dilaras Gedanken fielen zurück zu den Ereignissen in der Abtei von Paimpont. Bruder Bernard, der außerordentlich höflich, aber seltsam bestimmt geblieben war, hatte ihnen die Abteikirche gezeigt und sie zu ihren Pferden begleitet, bevor er wieder seinen klösterlichen Pflichten nachkam. Schon auf dem Rückritt faßte die Vampirin den Plan, in der kommenden Nacht in die Abtei von Paimpont einzudringen und die Schattenchronik zu rauben.

Sie konnte nicht ahnen, daß sie dazu keine Gelegenheit mehr haben sollte.

Das Fehlen Gargarows führte am Abend dazu, daß Mathilde seinen Platz einnehmen mußte, um die Runde vollzählig zu machen. Sie tat dies mit sichtlichem Widerwillen.

Die Stimmung in der kleinen Gesellschaft war bedrückt. Niemand wollte vorhersagen, welche Auswirkungen das Gewitter, das im Begriff war, am Horizont der Geschichtsschreibung heraufzuziehen, auf das Leben jedes einzelnen haben würde. Nicht auszudenken, was geschähe, wenn sich der Krieg ausweitete.

Alleine Hermann von Runkel wirkte so selbstsicher und rücksichtslos wie am Vortag. Er schien sogar recht gut gelaunt zu sein.

„Nun denn, laßt uns beginnen!“ sagte er eine Spur lauter, als nötig. „Wir haben schließlich bald alle Hände voll zu tun! Meine Säbelklinge lechzt nach dem Blut meiner Gegner!“

„Sie sind unverschämt, Baron, aber Sie haben recht. Stellen wir uns unserem Schicksal!“ entgegnete Geneviève. „Meine Damen, meine Herren… lassen Sie uns das tun, weshalb Sie hergekommen sind!“

Victor löschte wie am Abend zuvor das Licht bis auf die arabische Lampe, deren grüne Flamme ruhig und stark glomm.

Dilara sah sich anstatt Gargarow nun Mathilde gegenüber, dem armen Geschöpf, das nicht recht wußte, wie ihm geschah. Ihr Gesicht war leichenblaß und so unbeweglich, als sei es gefroren.

Dilara fuhr es durch den Kopf, wie verletzlich sie sein würde, war sie einmal in den Zustand der Trance gefallen, doch es war zu spät umzukehren. Sie fühlte, wie die Hände losließen, die sie bisher gehalten hatten, und konzentrierte sich auf das grüne Licht.

Plötzlich faßte jemand ihre rechte Hand. Der Griff war fest und vermittelte Sicherheit. Und dann hörte sie eine Stimme. Es war die eines Kindes.

Unter anderen Umständen hätte Geneviève es abgelehnt, innerhalb von nur zwei Tagen einen erneuten Versuch der Kontaktaufnahme zu der Welt der Geister zu wagen, denn dieser Prozeß war anstrengend und gefahrvoll und verlangte stets die ganze Kraft des Mediums. Nach dem Ausstoß des Ektoplasmas, das die Sitzungsteilnehmer auf ihren psychischen Reisen begleitete und sie leitete, fühlte sie sich jedesmal dem Tode nahe. Doch angesichts des Wissens, das sie um die Zukunft besaß, und in Anbetracht der Verantwortung, die sie nicht nur für sich selbst trug, hatte sie diesen gefährlichen Schritt gewagt. Der Verlauf der Séance schien Geneviève rechtzugeben. Einer nach dem anderen fielen die Anwesenden in jenen bewußtseinserweiterten Zustand, der nur mit Hilfe eines erfahrenen Mediums erreicht werden konnte. Die Seherin hatte dennoch das Gefühl, daß der Frieden trügerisch war. Irgend etwas lief nicht so, wie es sollte. Nachdenklich musterte Geneviève die Gesichter der im Kreis Versammelten. Lilly Dupont und ihr Liebhaber Maximilian, Baron von Runkel und Alfred Schreck, die treue Mathilde, die sich mit Händen und Füßen dagegen gewehrt hatte, an der Sitzung teilzunehmen, ihr Mann Victor, Doktor Spinelli, Dilara Demimondes, die ein dunkles Geheimnis umgab... Nein, von Mademoiselle Demimondes hatte sie nichts zu befürchten. Sie war in keiner bösen Absicht nach Comper gekommen.

Noch einmal ließ das Medium seinen Blick über die Gesichter schweifen… Victor, Mathilde… plötzlich wußte sie, von wem die Gefahr ausging.

Doch diese Erkenntnis kam zu spät.

„Hallo“, meinte der Junge mit einer Selbstverständlichkeit, mit der man sonst vielleicht ‚Schönes Wetter heute', oder ‚Ja, Vanille mag ich am liebsten!' sagt. „Ich bin froh, daß dir nichts passiert ist.“

Dilara brannten tausend Fragen auf der Zunge, doch bei dem Versuch, sie alle gleichzeitig loszuwerden, entrang sich ihrem Mund nur ein undeutliches Gurgeln, das der Junge nicht zu hören schien. Sie sah sich um und stellte fest, daß sie mitten auf dem Trafalgar Square standen. Doch dies war nicht der Platz, wie sie ihn heute kannte. Es herrschte kaum Verkehr; anstelle von Autos rollten Pferdekutschen an ihnen vorüber. Die Menschen darin und die, die sich zu Fuß bewegten, waren seltsam gekleidet. Dilara begriff endlich, daß sich die Dinge, die sie sah, in der Vergangenheit abspielten. Aber sie erinnerte sich nicht daran, diese Szene jemals erlebt zu haben.

„Wer bist du?“ wollte sie wissen, doch der Junge hatte sich bereits umgedreht und lief davon, über den Haymarket in Richtung Piccadilly Circus.

„Halt, bleib doch stehen!“

Die Geschehnisse liefen wie in einem Traum ab. So sehr sie sich auch bemühte, den Jungen einzuholen, so wenig Erfolg hatte sie darin. Der Abstand verringerte sich nicht. Immerhin verlor sie das Kind auch nicht aus den Augen. Gerade bekam sie mit, wie er links in die lange Gerade der Jermyn Street einbog und dabei beinahe einen Passanten umgerissen hätte. Gut, wenn er auf dieser Straße blieb, würde sie ihm leicht folgen können.

Mehrere Passanten blieben stehen, um die Hetzjagd zu beobachten, doch alles, was sie sahen, waren spielende Kinder.

Obwohl Dilara beinahe ihr ganzes Leben in London verbrachte, fand sie sich nur mit Schwierigkeiten zurecht. Sie verließen die Jermyn Street rechterhand, bogen mehrmals ab, und kurz darauf erkannte Dilara, daß sie sich in der Curzon Street befanden. Inzwischen hatte sich der Junge mehrmals umgedreht, als wolle er sich vergewissern, daß sie ihm noch folgte. Er wurde langsamer und beobachtete, wie sie näherkam. Sie sah nun, daß er weinte.

Und plötzlich wußte sie, wo sie sich befanden.

Sie kannte diesen Platz nur zu gut.

Tyburn Gallows war sein Name.

Die Richtstätte des Henkers von London.

Endlich hatte er erfahren, was er wissen wollte! Nun wurde es Zeit, die lächerliche Maskerade zu beenden und sein wahres Gesicht zu zeigen. Mühelos ließ er sich aus dem Zustand des luziden Traumes fallen, in den er mit Hilfe Geneviève Zaeppfels, *des größten lebenden Mediums der Welt*, gelangt war. Er mußte sich beeilen, wenn er seinen Plan erfolgreich zu Ende führen wollte. Lächelnd öffnete er die Augen.

London, März 2006, LUNA-Tower

Luna betrachtete sich zufrieden im Spiegel.

Ihr gefiel, was sie dort sah. Auch wenn es vollends ihrem wahren, wilden Naturell widersprach, dem sie, sobald sie alleine und in ihren Privatgemächern war, auch frönte.

Sie öffnete die Knöpfe ihrer Kostümjacke, während sie sich weiter im Spiegel beäugte, drehte sich dann herum und hängte die Jacke pedantisch auf einen Bügel, ebenso den enggeschnittenen Rock, aus dem sie mit einer fließenden Bewegung stieg. Sie wandte sich wieder dem Spiegel zu und musterte ihre schlanke Gestalt mit den femininen Formen, die in einer schwarzen Corsage und gleichfarbigen Strümpfen steckte.

Jede ihrer Bewegungen drückte pure Erotik aus, als sie als letztes das Band löste, das ihre schulterlangen Haare streng zurückhielt. Es entsprach zwar nicht ihrer Natur, und sie empfand selbst das schon als „Einschränkung" ihrer Wesenheit, aber es paßte nun einmal zu dem, was sie in der Öffentlichkeit darstellen wollte: eine ernstzunehmende Geschäftspartnerin und Konzernchefin.

Luna schüttelte den Kopf, und die Flut ihres schwarzen Haares ergoß sich auf ihre Schultern.

Es hatte eine Weile gedauert, bis sie sich daran gewöhnt hatte, daß es die Farbe geändert hatte. Sie konnte sich diese Veränderung nicht erklären, doch auf gewisse Weise *liebte* sie ihren neuen Körper und ihre neue Existenz. Beides würde ihr helfen, ihre Ziele zu erreichen. Als erstes galt es, Dilara und Calvin zu entzweien. Sie hatte das erotisierte Funkeln in den Augen des jungen Vampirs gesehen, als er ihr die Tür öffnete. Ihre weiblichen Reizen sprachen ihn sofort an. Das starke Band zwischen ihm und Dilara hatte einen feinen Riß bekommen. Der erste Schritt war getan. Nun galt es, weitere folgen zu lassen.

London, März 2006, Scotland Yard

„Sehr gesprächig bist du aber nicht!" Cassandra wandte sich zu dem gutaussehenden Cop um.

„Morgens bin ich etwas mundfaul!“ quetschte Mick heraus.

„Wärest du das auch, wenn ich blond, langbeinig und vollbusig wäre? So in etwa!“ Sie deutete eine ungefähre Körbchengröße ‚E‘ an.

Mick betrachtete Cassandra zum ersten Mal länger als zwei Sekunden, warf den Kopf in den Nacken und lachte schallend, keinen Deut beleidigt, weil sie den Nagel auf den Kopf getroffen und ihn als Chauvi geoutet hatte. „Auf den Mund gefallen bist du jedenfalls schon mal nicht.“ Ein Punkt, der ihm zugegebenermaßen gefiel. Er betrachtete sie näher und fand immer noch, daß sie keine zweite Kate Moss war, aber irgendwie schien sie „nett“ zu sein – befand er gönnerhaft. „Was hat dich in unsere Abteilung verschlagen?“ fragte er, um überhaupt etwas zu sagen. Seine Laune war immer noch nicht die beste. Das hatte mehrere Gründe. Einer davon war Grean, der sich immer mehr zur Nervensäge, aber auch zur Gefahr entwickelte. Der nächste stand gerade wie ein Kaugummi kauender Karottenkopf vor ihm. Und ein weiterer, viel beunruhigenderer war die Tatsache, daß er sich seiner Natur immer weniger entziehen konnte. Womit er wieder bei Grund zwei war. Jetzt mit neuer Partnerin stand er unter doppelter Beobachtung. Das erschwerte einiges umso mehr.

Mick seufzte übertrieben laut.

„So schlimm bin ich nun auch wieder nicht, Schönling!“ ließ sich Cassandra verlauten. Sie war wirklich um keine Erwiderung verlegen. „Und um deine Frage zu beantworten. Man hat mich hierhin strafversetzt. Da ich aber eine Spezialausbildung habe, wollte man mich nicht in den normalen Streifendienst abschieben.“

Mick hörte nur noch mit halben Ohr zu, denn in seinem Hirn flammte ein einziges Wort auf: *Spezialausbildung*!

Und sein Unbehagen stieg ins Unermeßliche.

London, März 2006, Park Lane

Dilara fühlte ungezügelten Zorn in sich aufsteigen und war diesem hilflos ausgeliefert. Das war nun schon die vierte Nacht, in der Calvin verschwand. Sie ahnte, wohin es ihn trieb.

Zu ihr!

Zu dieser Frau, die ihre Fänge nach ihm ausgestreckt hatte. Dilara war sich nun sicher, daß sie eine Untote war. Eine Vampirin wie sie.

Wie kann er mir das nur antun?, dachte sie wutbebend, nach allem, was wir zusammen erlebt haben und uns verbindet. *Und in Anbetracht dessen, daß dir diese Hetäre auch noch so ähnlich sieht,* hetzte die Stimme in ihr, die punktgenau wieder dann erklang, wenn es an der Zeit war, Dilara zu verunsichern.

Allein das hätte es jedoch nicht vermocht, Zwietracht zu säen. Was Dilara viel mehr verunsicherte war die Tatsache, daß sie mit Calvin abgesprochen hatte, gemeinsam Luna im Auge zu behalten.

Gemeinsam!

Sicher, dabei kam ihnen Lunas augenscheinliches Interesse an Calvin gelegen, das sie auch zu nutzen gedachten. Aber nicht so! Warum schlich sich Calvin alleine zu dieser Frau? Und was Dilara besonders stutzig machte, warum war das Band zwischen ihnen in diesem Punkt gestört. So sehr sie sich auch in den Zeiten seiner Abwesenheit bemühte, seine Empfindungen zu ergründen, es gelang ihr nicht! Als habe er eine seelische Schutzmauer darum erreichtet.

Du kochst dein eigenes Süppchen, Calvin, dachte sie mißmutig, na warte, dir werde ich auf die Schliche kommen!

Dilara schlüpfte aus dem Bett und in einen dunklen Catsuit. Nur wenige Minuten später floß sie durch die Nacht, Richtung Hyde Park, denn sie spürte, daß sich Calvin dort aufhielt. Und richtig. Da war er. Und wie erwartet nicht allein.

Dilara wäre am liebsten an seine Seite geeilt und hätte Luna Sangue, die sich bei Calvin eingehakt hatte, zur Seite gestoßen, besser noch: sie ins Jenseits befördert.

Da kommt sie doch her, hetzte die Stimme in ihr. *Du kannst ihr nichts anhaben*!

„Das werden wir ja sehen", murmelte Dilara gepreßt vor sich hin und schlich sich näher an Calvin und Luna heran.

Am liebsten hätte sie den jungen Vampir an die schmalen Schultern gefaßt und *ihn* kräftig geschüttelt. Damit er wieder zu Verstand kam und nicht wie ein Mondsüchtiger an Lunas Lippen hing. Wie in diesem Moment. So erschien es Dilara zumindest.

„Du gefällst mir, Calvin", hörte sie Luna sagen. „Ich könnte einen Mann wie dich an meiner Seite gebrauchen..." Sie lachte tief und erotisch. „Und nicht nur dort!"

Dilaras Finger ballten sich zu Fäusten, die sie liebend gerne sowohl Luna als auch Calvin in deren Gesichter gehämmert hätte.

„Es würde sich für dich lohnen, also überlege es dir!" fuhr Luna mit lockender Stimme fort und preßte sich im Gehen eng an Calvin.

Und als dieser „Das werde ich!" antwortete, entfuhr Dilara ein wütendes „Zur Hölle mit dir, Calvin!"

London, März 2006, Hyde Park

Cassandra genoß es ebenso wie Mick, mit ihren Maschinen durch die Nacht zu rasen. Auch wenn sie sich kaum auf den Weg konzentrieren konnte. Das erste längere Gespräch mit ihrem neuen Partner hatte sie zu sehr aufgewühlt. Was er über die Morde und potentiellen Verdächtigen zu berichten wußte, war schon starker Tobak. Jeder andere hätte Mick wahrscheinlich als gemeingefährlichen Irren abgetan. Besonders nachdem, was er ihr über die Wesen angedeutet hatte, die auf dem Brompton Cemetery ihr Unwesen trieben. Doch jetzt brauste Mick, dem sie folgte, an eine weitere Örtlichkeit der Stadt, in der nachts Schattenwesen umherirren sollten.

Mick verlangsamte das Tempo und stoppte das Motorrad. Immer noch verwirrt darüber, warum er Cassandra etwas von seinem Wissen offenbart hatte. Ganz so, als brauche er endlich eine Vertraute in dieser Stadt.

Mick stellte seine Maschine in einer dunklen Ecke ab und wartete, bis es ihm Cassandra nachgetan hatte. Es erstaunte ihn, wie geschickt sie mit ihrem Motorrad umging. Im Gegensatz zu ihrer sonst eher unbeholfenen Art.

Mick gab ihr einen Wink, ihm zu folgen. Cassandra zögerte nicht lange und schlich hinter ihm her. Ohne recht zu wissen, was sie hier überhaupt wollten. Im Schatten eines dichten Gebüsches bedeutete er ihr zu warten.

Mick schien sein Ziel genau zu kennen.

Und schon wenig später wußte sie es auch!

Cassandra erspähte in den dunklen Weiten des Hyde Parks eine Frau jener Sorte, die sie schon immer glühend beneidet hatte. Aber selbst die Bezeichnung *schön* war zu minder für sie. Und die junge Polizistin verspürte wie immer, wenn sie einer solchen Bilderbuchfrau gegenübertrat, einen heftigen Stich in der Magengrube. Rief sie sich aber in Erinnerung, was Mick über die schöne Unbekannte angedeutet hatte, wurde ihr noch eine Spur mulmiger.

„Hallo Dilara!" Micks Stimme verriet eine Spur Anspannung, die Cassandra ihm nicht zugetraut hätte. Gemessen an seinem Auftreten klang er beinahe zaghaft – ganz so als stünde er einer Respektperson gegenüber. „Es ist eine Weile vergangen, seit wir uns das letzte Mal gesehen haben."

Die Schöne trat nicht vollends an ihn heran, sondern blieb in adäquatem Abstand stehen „Das stimmt", pflichtete sie Mick bei. „Und seither ist viel geschehen!" Sie ließ ihn keine Sekunde aus den Augen. „*Zu* viel."

„Man sieht dich nicht mehr so oft auf dem Brompton Cemetery."

Dilara nickte.

„Was ist aus den beiden Langmähnigen geworden?" zielte Mick auf Calvin und Guardian ab. „Sie schienen ja beide eine sehr enge Beziehung zu dir zu haben."

Dilara nickte wieder.

„Umgeben sie dich immer noch?" Mick gab so schnell nicht auf. Immerhin wußte er es seit Nächten einzurichten, ihr in dem Park über den Weg zu laufen. Aber sie war abwesend, schien rastlos und auf der Suche.

Wonach? Oder nach wem?

Irgend etwas ging vor. Das spürte Mick deutlich. Aber auch, daß sie sich vor ihm zurückhielt. Sie war seit einigen Monaten ebenso „untergetaucht" – oder versuchte es – wie Guardian. Dilara, dachte Mick und erinnerte sich daran, was er über ihren „Fall" in dem Yard-Dossier gelesen hatte: Dilara

Demimondes, die im Hyde Park vor über vierhundert Jahren zu Tode gekommen war. Seltsamerweise war ihr Leichnam gleich nach der Hinrichtung am Galgen verschwunden. Umfangreicher waren da noch die Fakten, die Greg über Calvin Percy Vale zusammengetragen hatte. Einem Buchhändler vom Portobello-Markt. Er war gebürtiger Amerikaner, hatte aber eine englische Privatschule besucht.

Mick wußte längst, daß sie alle Untote waren. Und gerade das zog ihn in ihre Nähe.

„Ich muß gehen!“ flüsterte Dilara, und die Sprache ihrer Augen verhieß ihm, daß sie ihn als einen der ihren zu erkennen meinte. Auch wenn sie etwas unterschied. Bevor er zu einer Reaktion fähig war, verschmolz sie auch schon mit dem Dunkel der Nacht.

„Sehr gesprächig ist die Dame aber nicht gerade“, konnte sich Cassandra nicht verkneifen, als er zu ihr zurückkehrte.

Dieses Mal war es Mick, der nur nickte.

London, März 2006, Park Lane

Dilara vermochte Calvin gegenüber nicht vollends zu verbergen, daß sie von seinen heimlichen Rendezvous wußte. Ihre spröden Reaktionen, ihre körperliche Ablehnung... all das konnte ihm nicht entgehen, und wieder einmal verfluchte sie die telepathische Verbindung zwischen ihnen, die es ihr nicht erlaubte, ihren Groll auf ihn für sich alleine auszuleben. Immer fühlte sie seine geistige Anwesenheit, denn im Gegensatz zu ihm vermochte sie es nicht, bestimmte Gefühle vor ihm zu verbergen.

Calvins schlechtes Gewissen plagte ihn seit Tagen. Er spürte, daß er seine Beziehung zu Dilara durch sein Verhalten aufs Spiel setzte. Schließlich hatten sie beschlossen, gemeinsam herauszufinden, was es mit der Fremden auf sich hatte. Instinktiv meinte er jedoch zu spüren, daß es ihm alleine schneller gelang an Luna heranzukommen. Vor allem herauszufinden, was sie von ihnen wollte. Er versuchte sich damit zu beruhigen, daß dies auch für Dilara wichtig war. Er liebte seine Gefährtin, doch die Unbekannte übte ebenfalls eine rätselhafte Anziehungskraft auf ihn aus, was er aber immer mehr auf die Ähnlichkeit der beiden Frauen zurückführte.

Dilara fand keinen Ansatzpunkt für ein klärendes Gespräch.

Plötzlich trat Calvin neben sie und zog sie unvermittelt an sich, so daß sie sich ihm nicht entziehen konnte. „Mir ist nach dir, Dilara", flüsterte er.

Und sie war beinahe geneigt, sich ihm hinzugeben, doch das Bild von ihm und Luna im Hyde Park schob sich zwischen sie. Dilaras Körper versteifte sich.

Und erneut überfielen sie die Erinnerungen an ihre Erlebnisse im August des Jahres 1914…

Frankreich, 3. August 1914, Schloß Comper

Geneviève sog unwillkürlich die Luft ein. Hermann von Runkels Gesicht wandelte sich zu einer animalisch verzerrten Grimasse. Es waren Bewegungen darin, die in keinem menschlichen Gesicht möglich gewesen wären, weil dafür schlichtweg die notwendigen Muskeln und Sehnen gefehlt hätten. Die Seherin hatte den Eindruck, daß die Veränderung, die der

Baron durchmachte, auch auf seinen Adjutanten übergriff. Sie konnte nicht sagen, was genau hier vorging, aber sie wußte, daß es mit der Bedrohung zusammenhing, die sie in ihren Vorahnungen und Visionen gespürt hatte.

Und dann schlugen von Runkel und Schreck gleichzeitig die Augen auf.

Es waren keine menschlichen!

Geneviève schrie so laut sie nur konnte. Lang und anhaltend gellte ihr Schrei, der nach und nach die anderen Teilnehmer der Séance erwachen ließ. Doch auch sie waren nur Menschen, und es vergingen wertvolle Augenblicke, in denen der Baron und seine rechte Hand ihre Kräfte sammeln und die gräßliche Metamorphose abschließen konnten.

Die einzige, die in dieser Situation wirklich hätte helfen können, war noch in der Zwischenwelt gefangen: Dilara erreichte der Schrei nicht.

Victor Zaeppfel und Maximilian Avoise schüttelten die letzten Reste ihrer Trance ab und begriffen trotz des Dämmerlichts, in das der Raum noch immer getaucht war, rasch, welche Gefahr von den Deutschen ausging. Die hatten sich von ihren Stühlen erhoben und bewegten sich mit der Schnelligkeit von Schatten, wobei sie eine übermenschliche Kraft zu besitzen schienen. Von Runkel wischte Victor, der sich ihm in den Weg stellen wollte, beiseite, als sei er ein Blatt Zeitungspapier. Zaeppfel wurde gegen eine Wand geschleudert und fiel bewußtlos zu Boden.

Maximilian hatte plötzlich eine Pistole in der Hand. Es war ein kleines, kurzläufiges Modell. Er zielte kaltblütig auf Alfred Schrecks Brust und drückte ab. Der Knall war so ohrenbetäubend laut, daß Geneviève dachte, er zerrisse ihr das Trommelfell.

Schreck brach nicht – wie zu erwarten gewesen wäre –

zusammen, sondern blickte erstaunt auf das Loch in seiner Brust, aus dem nur wenig Blut austrat.

„Das… war… nicht… nett!“ stieß er emotionslos hervor, packte die Waffe und Maximilians Hand und zerquetschte beide. Der Schmerz ließ den jungen Franzosen zu Boden gehen. Erst dann ließ ihn Schreck los.

Er warf das Jackett, das er an diesem Abend getragen hatte, ab, und Geneviève sah, daß sich zwischen seinen Armen und dem Rumpf ein schwarzer Stoff spannte, der von merkwürdiger Struktur war. Er erinnerte sie an dünnes Leder, oder Haut. Auch von Runkel, der sich nun seines Gehrocks entledigte, besaß diese seltsame Vorrichtung.

Gleichzeitig stießen sich die Männer, die Geneviève nur noch seltsam unscharf und schattenhaft wahrnahm, vom Boden ab und stürzten über den Tisch hinweg auf sie zu. Sie rissen sie von ihrem Stuhl und richteten sich noch im Fallen zu ihrer ganzen Größe auf. Mit einem Arm das Medium umklammernd, den anderen schützend vor ihre Gesichter erhoben, durchbrachen sie das hohe, doppelflügelige Fenster, das sich im Rücken Genevièves befand. Anstatt jenseits der zersplitterten Scheibe zu Boden zu stürzen, erhoben sie sich mit knatternden, schwarzen Schwingen höher und höher in den Nachthimmel, zwischen sich die wehrlose Gestalt der Ohnmächtigen.

Frankreich , 4. August 1914, über der Picardie

Unter sich ahnte Dilara weite Felder, die von Hecken getrennt wurden, und Dörfer, in denen sich arglose Menschen süßen Träumen hingaben, derweil sie nicht bemerkten, welche Verfolgungsjagd sich hoch über ihren Köpfen abspielte. Dilara war sich sicher, daß von Runkel und Schreck keine andere Richtung als diese eingeschlagen hatten und auf dem Weg in ihre Heimat waren. Sie spürte es kraft der Sinne, die ihre Natur ihr verlieh. Sie war bereits die zweite Nacht unterwegs. Als sie auf Schloß Comper aus ihrer Trance erwacht war, hatte der Rote Salon einem Schlachtfeld geglichen!

„Mademoiselle Demimondes kommt zu sich!" hörte sie Mathilde sagen und schlug die Augen vollends auf. Was sie sah, verriet ihr, daß etwas Unerwartetes vorgefallen war. Niemand saß mehr auf seinem Platz. Lilly Dupont kniete schluchzend neben Maximilian Avoise und versorgte dessen rechte Hand notdürftig mit Kompressen und Mullbinden. Die Extremität war eine einzige bluttriefende Masse. Sie sah aus, als würde er sie nie wieder wie früher gebrauchen können. Victor Zaeppfel lehnte am offenen Fenster und blickte hinaus in die Nacht. Er atmete flach – wie sich später herausstellen sollte, waren fünf seiner Rippen gebrochen – und war außer sich vor Sorge um Geneviève. Dottore Spinelli schien körperlich unversehrt. Doch auch er wirkte verstört, als stünde er unter Schock. Er hatte einen Fernsprechapparat in der Hand und redete wild gestikulierend mit jemandem, der entweder von der Gendarmerie oder Arzt sein mußte. Da der Italiener dabei wahllos zwischen seiner Muttersprache und dem Französischen wechselte, fiel es seinem Gesprächspartner ganz offensichtlich schwer, ihn zu verstehen.

Mathilde hatte, als sie Dilaras Erwachen bemerkte, gerade eine Kanne frischen Kaffee auf den Tisch gestellt. Dr. Spinelli, der sein Gespräch endlich beendet hatte, schenkte sich eine Tasse ein und bot auch Dilara Kaffee an. Die Vampirin lehnte das Angebot jedoch dankend ab. Victor Zaeppfel sank ächzend auf den Stuhl neben ihr. Sein Gesicht war schmerzverzerrt.

„Was ist geschehen?“ fragte Dilara.

Victor und Dr. Spinelli sahen einander fragend an. Dann antwortete der Franzose: „Wir hatten gehofft, Sie könnten uns vielleicht weiterhelfen...“

„Ich?“ Dilaras Verwirrung wuchs.

„Nach allem, was Geneviève mir gegenüber angedeutet hat, müßten Sie am ehesten dazu in der Lage sein.“

„Aber ich weiß ja nicht einmal, was überhaupt geschehen ist!“ entrüstete sich Dilara.

Abwechselnd und von gelegentlichen Einwürfen Mathildes unterbrochen, erzählten ihr Victor und Dr. Spinelli, was sich während Dilaras geistiger Absenz zugetragen hatte.

„Nun, was denken Sie?“ fragte Victor Zaeppfel und blickte sie mit fester Miene an.

Dilara fühlte sich unbehaglich. Wie alle Vampire war sie den Geheimnissen ihrer Rasse verpflichtet. Zu viele Menschen *ahnten* bereits gewisse Dinge. Es war schwierig genug, sie unter Einflußnahme aller verfügbaren Kräfte als Phantasten und Spinner hinzustellen.

Sie wich der Frage aus, indem sie eine Gegenfrage stellte: „Wichtiger wäre doch zu wissen, warum sie Geneviève entführt haben, und wo sie sie hinbringen?“

„Wohin sie sie bringen?“ Victor brauste noch mehr auf. „Ich hoffe, sie *lebt* noch! Mademoiselle, Sie müssen uns alles sagen, was Sie wissen! Das ist die einzige Chance, Geneviève zu retten.“

„Sie haben keine Möglichkeit, das zu tun, glauben Sie mir,

Victor", stellte Dilara sachlich fest. „Aber *ich* könnte es vielleicht. Ja, ich werde ihnen folgen. Auf *meine* Weise!"

Mit diesen Worten stand sie auf und ging zur Tür, ohne sich noch einmal umzusehen.

„Warten Sie doch, ich werde Sie begleiten!" rief Victor hinter ihr her und sprang auf, doch er mußte sich an der Wand abstützen, um nicht vor Schmerz zusammenzubrechen.

Niemand folgte Dilara. Weder Dr. Spinelli noch eine der Frauen. Niemand sah, wie sie außer Sichtweite des Schlosses eine andere Gestalt annahm – eine, deren Anblick genügt hätte, ein sensibles Gemüt dauerhaft aus dem Gleichgewicht zu bringen. Dann hatte sie die unsichtbare Spur des Barons und Alfred Schrecks aufgenommen. Sie fragte sich, wie es den beiden hatte gelingen können, selbst ihr gegenüber ihre wahre Identität zu verbergen.

Dilara wußte nicht, wie viele Meilen sie bereits zurückgelegt hatte. Um die Spur von Runkels nicht zu verlieren, mußte sie ihre ganze Konzentration bemühen. Am Tag hielt sie sich in einem Dorf in der Nähe von Caën auf und ruhte sich dort aus. Sah im Morgengrauen in der Ferne den Ärmelkanal und verspürte Sehnsucht nach ihrer Heimat. Wie einfach wäre es gewesen, nach London zu gehen und die ganze Angelegenheit zu vergessen. Die Frage, welchem Zweck die Entführung Geneviève Zaeppfels dienen sollte, beschäftigte Dilara. Sie würde es nur erfahren, wenn sie das Medium aus den Klauen der Entführer befreite! Außerdem hatte sie noch nicht die Antworten erhalten, wegen derer sie nach Comper gekommen war.

In dem Dorf verspürte sie eine merkwürdig angespannte Stimmung. Sie war in der Nähe einer der unglaublich geradlinigen Landstraßen gelandet und hatte sich von einem Heuwagen mitnehmen lassen. Der schweigsame Bauer stellte ihr nur wenige Fragen. Bevor sie im Dorf angekommen waren, trank sie sein Blut, ohne ihn jedoch zu töten. Das letzte Stück des Weges legte sie zu Fuß zurück. Die Menschen im Dorf musterten sie mißtrauisch. Dilara erfuhr, daß sich nun auch Frankreich im Krieg befand. Das bedeutete, daß sie sich noch mehr beeilen mußte, denn sie wollte die Entführer noch vor der Grenze stellen. Trotzdem verbarg sie sich den ganzen Tag über in einer Scheune und setzte ihren Weg erst in der Abenddämmerung fort.

Dilara spürte, daß sie Baron von Runkel und seinem Adjutanten bereits sehr nahe gekommen war. Mit ihrer Last konnten sie unmöglich das hohe Tempo halten, mit dem sie von Schloß Comper geflohen waren. Sie würden – daran zweifelte Dilara nicht – einen Weg finden, Geneviève in ihrer Bewußtlosigkeit zu halten. Dennoch war es ein Unterschied, ob man lediglich seinen eigenen Körper zu tragen hatte oder noch einen zusätzlichen. Ihre Spur war frisch, und doch war sie seit einiger Zeit seltsam verwischt. Die Vampirin konnte sich das nicht erklären.

Dilara spähte in die Dunkelheit vor sich. Sie hoffte, daß sie die beiden Männer bemerken würde, bevor diese ihrer selbst gewahr wurden. Über das, was sie dann tun wollte, um Geneviève zu befreien, hatte sie sich noch keine Gedanken gemacht.

In der Tiefe sah Dilara das silberne Band eines Flusses, der sich durch Auen schlängelte. Das Licht der Mondsichel spiegelte sich darin. Weit im Westen erkannte die Vampirin die Lichter einer größeren Stadt und die Turmnadeln einer gotischen Kathedrale. Sie beschloß, diese weiträumig zu umfliegen.

Plötzlich verdunkelte sich die mondhelle Nacht, und ein gigantischer, lautloser, schwarzer Schatten zeichnete sich auf dem Feld unter Dilara ab. Es war der Schemen von etwas, das so groß war, daß es sich eigentlich nicht hätte in der Luft halten können dürfte. Irritiert drehte die Vampirin den Kopf und ließ sich im selben Moment einige Meter fallen. Das, was sie über sich erblickte, war so gewaltig, daß sie das Gefühl hatte, von dem Anblick erschlagen zu werden. Wie war es möglich, daß sie es nicht früher gesehen hatte? Es mußte trotz seiner Massigkeit aus großer Höhe wie ein Falke herabgestoßen sein.

Dilara sah, daß es nicht schwarz war, wie sie im ersten Moment angenommen hatte, sondern silbern. Das Mondlicht schimmerte auf dem stoffbespannten Rumpf, der immer noch mehr als dreißig Meter von ihr entfernt war. Sie befand sich an der Spitze des langgezogenen Objekts, auf der in brutaler Frakturschrift der Name „Walküre II“ prangte.

Es war ein deutsches Luftschiff. Ein mit Gas gefüllter Zeppelin.

Dilaras erster Impuls war der zu fliehen.

Sie wußte nur wenig über Luftschiffe. Die Vampirin hatte sich nie für die technischen Errungenschaften der Menschen interessiert, die für sie meist ohnehin von geringem Nutzen waren.

„Es hat keinen Zweck, fliehen zu wollen, Miß Demimondes!“ herrschte sie in diesem Moment eine empfindungslose Stimme aus dem Lautsprecher an. Dilara glaubte, sie zu erkennen, obschon sie durch die Verstärkung sehr verzerrt wurde. Ja, sie hatte die richtige Spur verfolgt. Doch nicht sie hatte ihre Beute gefunden, sondern sie war gefunden worden. „Wir haben Madame Zaeppfel an Bord. Seien Sie vernünftig!“

Ob man sie wohl auch unten auf der Erde sehen konnte? Mußte von Runkel denn nicht die Entdeckung des Zeppelins fürchten?

„Schließen Sie sich uns freiwillig an! Es wird Ihnen kein Haar gekrümmt werden."

Anschließen? Männern wie dem Baron und Alfred Schreck? Nie!

Dilara ließ sich erneut fallen und taumelte wie ein Blatt im Herbststurm dem Boden entgegen, aus der unmittelbaren Reichweite des Luftschiffes heraus. Der Fallwind rauschte um ihre Ohren. Sie hörte wohl, daß die Stimme ihr noch etwas zurief, doch sie konnte die Worte nicht verstehen. Fieberhaft überlegte sie, was sie tun sollte. Als erstes mußte sie sich in Sicherheit bringen, dann dem Schiff folgen.

Plötzlich blitzte etwas neben ihr auf, und kurz darauf hörte sie ein helles Knattern aus der Ferne. Dilara schlug mehrere Haken und bremste ihren Fall. Dasselbe Geräusch erklang noch einmal, nun aus einer anderen Richtung.

„Flugzeuge!"

Sie fühlte Panik in sich aufkeimen. Das schwerfällige Luftschiff war eine nicht zu unterschätzende Gefahr. Und nun auch das noch.

Es waren drei Maschinen, nachtschwarze Dreidecker, deren Tragflächen geschwungen wie Fledermausflügel waren. Eines mußte man ihm lassen: Der Baron besaß einen Sinn für dramatische Inszenierungen! Doch welche Waffe würden sie ihr entgegenzusetzen haben?

Dilara war einen Moment lang unachtsam gewesen. Erneut ertönten Schüsse, sah sie das MG-Mündungsfeuer in der Nacht aufblitzen. Von oben stürzte sich ein todesmutiger Flieger auf sie herab. Er feuerte eine weitere Salve ab, und diesmal konnte sie nicht ausweichen. Zwei Kugeln durchschlugen ihre

Schwingen und zischten fauchend in die Nacht davon. Augenblicklich durchzuckte Dilara ein brennender Schmerz. Mit Erschrecken stellte sie fest, daß sich die Wunden nicht wie sonst schlossen, sondern größer wurden. Das ging nicht mit rechten Dingen zu. Es sei denn…

„Silber!“ fluchte die Vampirin. Ihr Gegner war darauf vorbereitet, nicht nur auf menschliche Kontrahenten zu treffen.

Die Maschine, aus der die Schüsse abgefeuert worden waren, zog in geringem Abstand an ihr vorüber. Dilara konnte den Piloten sehen. Obwohl seine Augen hinter einer Fliegerbrille verborgen waren und er eine lederne Kappe trug, erkannte sie ihn. Es war Alfred Schreck.

Er winkte ihr zu.

Dilara verstand. Er wollte, daß sie zu dem Luftschiff aufstieg. Ihre Wunden schmerzten fürchterlich. Es war, als sei das Silber ein tödliches Gift, das in ihr Blut gelangt war. Sie begriff, daß sie im Moment keine andere Wahl hatte, als sich zu ergeben. Gegen diese Übermacht konnte sie nicht gewinnen.

London, März 2006, in den Katakomben der St. Paul's Cathedral

Guardian durchschritt beinahe ehrfürchtig die feucht-kalten Katakomben, die einst Antediluvians Reich gewesen waren. Und auch jetzt schien noch über allem der düstere Odem des Fürsten der Nosferati zu schweben, auch wenn er selbst vergangen war.

Guardian erinnerte sich an die Bemerkung der Alten über die neue dunkle Gottheit und Macht, die über die Welt gekommen war, und er fühlte Unbehagen in sich aufsteigen.

Der blonde Vampir erschauderte.

Wer weiß, was sich ihm hier alles offenbaren würde. Was der Urnosferatu hier verborgen – aber vor allem, was er auf die Welt losgelassen hatte.

Dilaras Gesicht schob sich vor Guardians geistiges Auge, und er besann sich der Nacht, in der sie aufgebracht zu ihm geeilt war…

„Ich muß dir etwas erzählen!“ stieß sie atemlos hervor. „Cal und ich haben in einer TV-Show eine Frau namens Luna Sangue gesehen, die mir verblüffend ähnelt! Luna Sangue, verstehst du? Ebenso haben wir Passagen in der Schattenchronik gefunden, die einen Hinweis auf sie zu enthalten scheinen. Das kann doch alles kein Zufall sein.“

Guardian schluckte. „Wie sah die Frau aus?“ fragte er mit heiserer Stimme – von einer schrecklichen Ahnung heimgesucht. „Wenn sie eine von uns ist, muß sie neu in der Stadt sein.“

Dilara beschrieb Luna und legte besonderen Wert auf die Feststellung, daß deren Augen bernsteinfarben seien. Sie hatte ein ausgesprochen mulmiges Gefühl bei dieser ganzen Angelegenheit, denn eine unbekannte Gefahr war immer noch die größte Bedrohung.

London, März 2006, Kings Road

Cassandra betrachtete sich mißmutig im Spiegel. Sich und den neuen Pullover, den sie trug, und der eindeutig in die Abteilung „Zelte“ gehörte. Sie hatte ihn erstanden in dem verzweifelten Versuch, ihre Fülle zu kaschieren. Bei ihrem Anblick keimten jedoch berechtigte Zweifel auf, ob das dunkle Ungetüm, das wie ein Ballon über und an ihr herabhing, sie nicht noch unförmiger wirken ließ.

Cassandra seufzte. Es war schon äußerst ungerecht, in solch einem Körper zu stecken. Ständig der Häme der „lieben" Mitmenschen ausgesetzt, die keine Gelegenheit ausließen, Salz in ihre offensichtliche Wunde zu streuen. Sie lebte nun einmal in einer Optikgesellschaft, in die sie nicht hineingehörte. Wie sie das alles haßte! Und wie sie der Spott verletzte!

Und nun auch noch dieser Schönling von Partner tagtäglich an ihrer Seite.

Das fehlte ihr gerade noch.

Auch noch ein Chauvi, wie er im Buche stand. Gleich am zweiten Tag erklärte er ihr breit grinsend, daß sie an für sich gar nicht übel wäre, er aber niemals einen Matratzenmambo mit ihr hinlegen würde.

Cassandra hätte ihm liebend gerne eine ihrer üblich schnodderigen Antworten entgegengeschleudert, aber sie war nicht dazu in der Lage. Mit Tränen in den Augen wandte sie sich rasch ab, damit er nicht sah, wie sehr er sie getroffen hatte.

Denn zu allem Übel entsprach Mick haargenau dem Typ Mann, der ihr schon immer gefährlich geworden war.

Seither hielt sie ihn sich mit ihrer burschikosen Art vom Leib. Besser gesagt von ihrem Innenleben. Sie wollte sich ihm gegenüber keine Blöße geben, keine Angriffsfläche bieten. Dennoch achtete sie fortan mehr auf ihr Äußeres und versuchte, das Beste aus sich zu machen. Soweit es ihre finanziellen Mittel und ihr Leibesumfang zuließen.

Cassandra seufzte. Eine Diät hatte sie auch begonnen und sogar einige Pfunde verloren, was bei ihrer Masse aber erst einmal nicht sonderlich auffiel. Umso ehrgeiziger mied sie aber Burger, Pommes frites, Chips und Süßigkeiten, die sie seit

Jahren aus Frust in sich hineinschaufelte. Seit... ja seit ihr erster Schönling sie nach Strich und Faden betrog. Ausgerechnet mit ihrer besten Freundin. Die Geschichten, die das Leben schreibt, sind doch immer noch die besten, dachte sie mit einem Anflug von Galgenhumor. Und zur Belohnung hast du dich in ein Walroß verwandelt.

Cassandra warf einen letzten deprimierten Blick auf ihr Konterfei, schnappte sich ihren Motorradhelm und lief die Treppe hinunter.

„Guten Morgen, *Gazelle*", ließ sich Mick, der vor dem Haus auf sie wartete, vernehmen.

Cassandra haßte es, wenn er sie so nannte. Wenngleich sein Tonfall nicht gehässig, nein, beinahe liebevoll klang. „Morgen, Schönling!" antwortete sie betont munter. „Heute nacht mal geschlafen oder wieder auf der Pirsch gewesen?"

Micks Grinsen wurde eine Spur breiter und entblößte zwei Reihen ebenmäßiger Zähne, deren Eckzähne eine Spur spitzer als üblich erschienen, was aber in Cassandra ein wohliges Kribbeln hervorrief. „Claro!" Das Grinsen auf seinem Gesicht verschwand wieder. „Auf geht's!"

„Wohin?" wollte Cassandra wissen.

„In den Hyde Park... dort wurde die nächste Leiche gefunden." Mick rollte mit den Augen. „Grean wird toben!"

Allerdings, dachte Cassandra, allerdings!

IN OBSCURO

(Im Verborgenen)

Frankreich, 4. August 1914, über der Picardie

„Das war eine sehr vernünftige Entscheidung, Miß Demimondes", sagte Herrmann von Runkel kalt. Er sah anders aus, als sie ihn von Schloß Comper in Erinnerung hatte. Sein Haar war dunkler, das Monokel hatte er abgelegt, und er trug eine schwarze Uniform, die seine muskulöse Figur unterstrich. „Sehen Sie, wir sind doch Angehörige derselben Rasse..."

Dilara hatte, kurz nachdem sich in der Gondel des Luftschiffes eine Luke geöffnet und der Baron sie mit fünf Bewaffneten in Empfang genommen hatte, wieder ihre menschliche Gestalt angenommen.

„Dann sagen Sie Ihren Männern, sie sollen ihre Waffen herunternehmen!" fauchte die Vampirin.

Von Runkel lächelte verschlagen: „Liebe Miß Demimondes... Wenn ich Ihnen nur vertrauen könnte. Aber wir sind auf alle Eventualitäten vorbereitet."

Er gab einem seiner Männer ein Zeichen, und kurz darauf setzten sich die drei 210-PS starken Motoren des Luftschiffes dröhnend in Gang. Ein sanfter Ruck ging durch die Kanzel, und die Landschaft unter ihnen glitt mit zunehmender Geschwindigkeit vorüber. Gleichzeitig schien der Zeppelin zu steigen.

„Wie edel, uns zu folgen und Madame Zaeppfel retten zu wollen", sagte von Runkel. „Sind Sie sicher, daß sie dieses Risiko wert ist?"

„Was wollen Sie damit sagen?" Dilara spürte, wie die Wirkung der Silberkugeln langsam nachließ. Die Wunden befanden sich nun an ihren Armen und waren nur oberflächlich. „Aus welchem Grund wurde Geneviève entführt?"

„Das werden wir später erörtern!“ Der Baron wirkte plötzlich unruhig. Dilara glaubte, einen fernen Donner zu vernehmen. Wie sollte so rasch ein Gewitter heraufgezogen sein? „Wagner, begleiten Sie Miß Demimondes zu ihrer Kabine und sorgen Sie dafür, daß sie bewacht wird.“ Dilara fiel auf, daß sie die Motoren der Dreidecker nicht mehr hörte. Sie mußten dem Schiff vorausgeflogen sein.

Der angesprochene Vampir – einer der Offiziere – ergriff Dilara mit unnötig festem Druck und führte sie hinaus auf einen schmalen Gang.

Die Vampirin erwachte in den frühen Morgenstunden aus einem tiefen, erschöpften Schlaf. Sie konnte zuerst nicht sagen, was sie geweckt hatte, doch dann wurde ihr bewußt, daß es kein Geräusch, sondern das *Fehlen* eines Geräusches gewesen war. Die Motoren des Luftschiffes waren verstummt. In stillem Schwebeflug trieben sie über einen im Nebel liegenden Tannenwald.

Sie erinnerte sich: Wagner hatte sie auf den Befehl des Barons hin zu einer komfortablen Kabine gebracht. Nachdem sie alleine gelassen worden war, hatte sie einen Moment lang mit dem Gedanken gespielt, das einzige runde Aussichtsfenster aus seiner Verankerung zu reißen und sich in die Tiefe zu stürzen. Doch zwei Dinge hatten sie davon abgehalten. Das eine waren die womöglich immer noch in der Nähe befindlichen Dreidecker unter Alfred Schrecks Kommando, das andere Genevièves Anwesenheit, die ihr der Baron bestätigt hatte.

In diesem Augenblick klopfte es an der Kabinentür, die unmittelbar darauf geöffnet wurde. Zwei Männer traten ein. Einer von ihnen war Wagner. Seine kalten, grauen Augen erschienen Dilara wie zugefrorene Winterseen. Seine Lippen bildeten einen schmalen Strich.

„Folgen!“ sagte er hart und bedeutete seinem Begleiter, Dilara zu ergreifen und abzuführen. Doch die Vampirin beabsichtigte nicht, sich zu widersetzen. Sie hoffte, nun endlich Geneviève zu begegnen. Aber sie täuschte sich. In der Aussichtskanzel am hinteren Ende der Gondel, in die man sie brachte, befand sich niemand außer ihr und ihren Wächtern, die sie schweigend musterten.

Dilara blickte aus dem Fenster. Das Luftschiff schien seine Geschwindigkeit verringert zu haben und war tiefer gesunken. Das bedeutete, daß sie sich ihrem Ziel näherten.

Und dann sah sie es. Inmitten der Wälder auf einem Felssporn gelegen, der nach drei Seiten eine natürliche Wehr bildete. Dilara beobachtete, wie die Dreidecker des Barons Adlern gleich über dem Platz kreisten. Unter ihnen lag eine spätmittelalterliche Burganlage. Nach außen hin trutzig und abweisend, beherbergte sie im Inneren ein beinahe malerisches Ensemble von Bauten, teilweise in Fachwerk, die in die Verteidigungsmauer einbezogen wurden.

Von Runkel trat von hinten an sie heran. Unbemerkt war er in die Kabine gekommen.

„Montjoie. Lassen Sie sich von dem Namen nicht täuschen. Wir befinden uns in Deutschland. Und wenn Sie nicht kooperieren, wird dies für Sie gewiß kein Ort der Freude sein. Dafür werde ich sorgen.“

Dilara erschauderte beim Klang seiner Stimme. „Wollen Sie mir drohen, Baron?“

„Nein, das habe ich nicht nötig. Ich gehe davon aus, daß Sie Ihre Lage realistisch einzuschätzen vermögen.“

„Wie geht es Geneviève?“ fragte Dilara.

„Um Madame Zaeppfel brauchen Sie sich keine Sorgen zu machen. Sie hat einen großen Ruhebedarf. Die Séance und unsere anschließende kleine Reise haben sie sehr angestrengt. Nun, Miß Demimondes, Sie haben sicherlich zur Kenntnis genommen, daß wir unsere Gefangenen gut behandeln. Wenn Sie mich nun bitte entschuldigen würden… das Schiff wird in kurzer Zeit landen."

Er nickte ihr zu und verließ den Aussichtsraum.

Dilara beobachtete, wie das Luftschiff einen großen Kreis um die Burg herum flog und sich einer grasbewachsenen Ebene näherte, über die eine Fahrstraße verlief. Sie sah dort einen geräumigen Hangar von mindestens zweihundert Meter Länge und einen Turm, den die „Walküre II" ansteuerte. Behutsam senkte sich der zigarrenförmige Schiffskörper herab, durchstieß die Nebelschwaden und war plötzlich nur noch wenige Meter vom Boden entfernt. Dilara hörte ein metallisches Klingen, das bedeutete, daß die Kupplung an der Spitze des Zeppelins in ihr bewegliches Gegenstück an der Spitze des Turmes eingerastet war.

Frankreich, 5. August 1914, Festung Montjoie

Dilara hatte sich nicht getäuscht, als sie dachte, daß Hermann von Runkel dramatische Inszenierungen liebte. Sie und Geneviève verließen das Luftschiff getrennt. Dilara wurde, nachdem sie die Gondel über eine kurze Rampe verlassen hatte, von vier Uniformierten in einem Wagen zur Burg gebracht. Hier wimmelte es vor geschäftig herumeilenden Männern. Niemand nahm Notiz von ihr. Es schien etwas Großes im Gange zu sein. Die Vampirin vermutete, daß es mit dem Ausbruch des Krieges zusammenhing. Wenn sie ihr Gefühl nicht trog, lag die Festung unweit der Grenze zu Belgien.

Über den schlammigen Innenhof – es mußte die letzten Tage fortwährend geregnet haben – wurde sie in den Rittersaal der Burg geführt, an dessen Wänden lange schwarze Stoffbanner mit dem Familienwappen derer von Runkel – drei Blutstropfen über einem Kelch – angebracht waren. Zwischen diesen Stoffbahnen stand jeweils ein Fackelträger in schwarzer Uniform. Die Männer trugen Helme, die beinahe bis über ihre Augen reichten. Sie waren keine Vampire. Dilara fragte sich, inwieweit sie über die Natur ihres Führers und seiner engeren Mitarbeiter informiert waren. Vermutlich standen sie unter dem Einfluß des Barons.

In diesem Augenblick betraten von Runkel und seine Gefolgschaft den Saal. Sie führten Geneviève mit sich. Obschon diese äußerlich unbehelligt wirkte – offenbar hatte man ihr sogar passende saubere Kleider gegeben –, machte sie einen seelisch zerrütteten Eindruck. Als sie Dilara sah, weiteten sich ihre Augen, und die Vampirin glaubte darin so etwas wie Hoffnung zu erkennen. Sie lächelte ihr zu, und Geneviève erwiderte es.

„Nachdem wir nun alle hier versammelt sind…“, von Runkels Wörter hallten von den Wänden des Saales wider, „…sollten wir ganz offen miteinander reden, meinen Sie nicht auch?“ Er blickte zuerst Geneviève und dann Dilara an. „Madame Zaeppfel kennt den Grund für ihr Hiersein, nicht wahr?“

Geneviève sagte nichts. Es stand außer Frage, daß sie niemals mit den Deutschen kooperieren würde.

„Nun, wenn Sie nicht reden wollen…“ Er sah Dilara an. „Ich finde, wenigstens Miß Demimondes sollte erfahren, welches Spiel hier gespielt wird.“ Von Runkel ließ eine Reitgerte auf dem Tisch niederfahren, hinter dem er sich postiert hatte. Der Zischen ließ Geneviève zusammenzucken.

„Es verhält sich nämlich so, daß niemand von uns, auch Sie nicht, zufällig an der von Madame Zaeppfel geleiteten spiritistischen Sitzung teilgenommen hat. Wir alle sind einer Einladung gefolgt, die uns auf den verschiedensten Wegen erreichte. Bitte erinnern Sie sich daran zurück, wann Sie den Entschluß faßten, den Kontakt zu ihr aufzunehmen!“ Von Runkel machte eine Pause, als wolle er Dilara tatsächlich die Gelegenheit geben, sich zu erinnern. „Nun, Madame Zaeppfel besitzt die bemerkenswerte Gabe, in die Zukunft zu blicken. Sie wußte deshalb von Anfang an, was geschehen würde. Stimmt es, Madame?“

Die Spannung im Saal lag förmlich als elektrisches Knistern in der Luft. Dilara hatte das Gefühl, daß es beim geringsten Anlaß zu einer Entladung kommen würde. Doch nichts geschah. Jeder wartete darauf, daß der Baron seine Rede fortsetzte.

„Meine Damen und Herren, ein Krieg ist ausgebrochen, wie es ihn nie zuvor gegeben hat. Es handelt sich um einen Weltenbrand, in dessen Folge Ströme von Blut fließen werden. Unsere Rasse wird in dieser Auseinandersetzung nicht neutral bleiben. Immer wieder haben wir in die Geschichte der Menschen eingegriffen. Doch diesmal geht es um die Zukunft unserer Rasse, über die es höchst unterschiedliche Meinungen gibt. Meine Fraktion ist der Ansicht, daß es an der Zeit ist, die Sklaverei abzustreifen, sich nicht länger vor den Menschen zu verbergen, sondern endlich die Macht zu ergreifen. Wir werden das an uns bringen, was nach dem verheerenden Krieg übrigbleibt. Die Welt wird ein neues Gesicht erhalten.“

Dilara fiel plötzlich ein, was Geneviève ihr am Ufer des

Sees von Paimpont gesagt hatte: „Ich bin vom ewigen Kampf des Lichts gegen die Finsternis überzeugt. Und von seinem Sieg!“ Wie wichtig das Gleichgewicht der Kräfte für den Fortbestand ihrer Art war, wußte Dilara aus einer der ersten Lektionen, die ihr Schöpfer Antediluvian ihr gegeben hatte. Wie konnte von Runkel etwas Gegenteiliges behaupten? Seine Pläne mußten in der Tat *sehr* weitreichend sein.

„Entscheidend in diesem Krieg wird die Sicherung des Nachschubs sein“, fuhr der Baron unterdessen fort. „Bei unseren Plänen hat aus diesem Grund von Anfang an jene unerschöpfliche Quelle eine wichtige Rolle gespielt, die wir in einem Gefäß zu finden hoffen, das der Schattenkelch genannt wird. Wir haben berechtigen Grund zur Annahme, daß Madame Zaeppfel den Aufenthaltsort dieses Kelches kennt. Ihm werden erstaunliche Kräfte zugeschrieben. Kräfte, die uns unbesiegbar machen werden. Wer ihn besitzt, heißt es in den alten Überlieferungen unserer Rasse, braucht Wasser nicht länger zu fürchten. Unerkannt werden unsere Einheiten in den Armeen der Menschen marschieren. Stacheldraht wird ihnen so wenig Widerstand bieten, als seien es Brennesseln, und der Regen wird ihnen ebensowenig etwas anhaben können wie die MG-Garben der feindlichen Schützen.“

Es herrschte Stille im Saal. Von Runkel genoß die Wirkung, die seine Worte erzielt hatten. Triumphierend blickte er in die Runde.

Dilara fühlte Abscheu in sich aufsteigen. Sie hätte sich nicht gerade als einen Menschenfreund bezeichnet, zu lange lag ihr eigenes Menschsein zurück. Doch Größenwahnsinnige wie Hermann von Runkel waren ihr zuwider. Am liebsten hätte sie sich auf ihn gestürzt und ihn erwürgt. Doch sie wußte, daß sie keine Chance gegen ihn hatte, auch nicht gegen Schreck, nicht einmal gegen die Wachen.

„Genug der Worte!“ sagte von Runkel. Dann deutete er auf Geneviève. „Beginnt mit den Verhören!“

Dilara wurde von Alfred Schreck und zwei weiteren Männern in ein Zimmer des massigen Bergfrieds gebracht. Sie nahm überrascht zur Kenntnis, daß es über zwei Betten verfügte. Man plante also nicht, sie und Geneviève getrennt gefangenzuhalten. Dilara war sicher, daß das nicht ohne Hintergedanken geschah. Sie untersuchte die Kammer von strikt quadratischem Grundriß, konnte jedoch keine Abhöreinrichtungen ausmachen. Das allein mußte nicht bedeuten, daß diese nicht vorhanden waren.

In einem Schrank fand sie passende Kleidung für Geneviève und sich selbst. Obwohl ihr dabei unbehaglich war, zog sie ein nachtblaues Kleid an, denn das, mit dem sie auf Montjoie angekommen war, war inzwischen sehr in Mitleidenschaft gezogen worden.

Dilara nutzte die Zeit, um sich Gedanken über die Erfolgsaussichten eines Fluchtversuchs zu machen, doch selbst wenn sie Geneviève zurückließ, standen die Chancen eher schlecht. Die beiden Fenster, die auf den stets bewachten Burghof hinausführten, ließen sich nicht öffnen. Sie war sicher, daß sie, würde sie es gewaltsam versuchen, einen Alarm auslöste. Die Lage wäre weniger aussichtslos gewesen, hätte sie es mit menschlichen Gegnern zu tun gehabt.

Als am Nachmittag eine leichenblasse Geneviève auf das Zimmer gebracht wurde, hatte Dilara noch nicht den Ansatz einer Lösung gefunden. Die Französin, hinter der die Tür ins Schloß gezogen und von außen verriegelt wurde, fiel Dilara um den Hals. Sie weinte bitterlich.

„Dilara, Sie…“, brachte sie unter Tränen hervor.

„Psssht!“ Dilara sah ihr in die Augen und überlegte fieberhaft. Sie brauchte einen Stift und Papier. Wohlweislich hatte von Runkel dafür sorgen lassen, daß sich nichts dergleichen im Zimmer fand. An beiden Händen zog sie Geneviève zu einem der Fenster, hauchte auf das kalte Glas, bis es beschlug, und schrieb mit dem Zeigefinger: „Werden abgehört!“

Geneviève runzelte die Stirn, dann nickte sie. Sie hatte verstanden.

Dilara schrieb erneut: „Was ist geschehen?“

„Habe nichts verraten. Hypnose versagt bei mir. Von Runkel droht.“

Dilara schrieb ein Fragezeichen.

„Kuß der Verdammnis. Was ist es?“

Dilara antwortete nicht. Die Scheibe war vollgeschrieben. Mit einem Ärmel ihres Kleides wischte sie sie frei. Dadurch wurde der Hof wieder sichtbar, und jemand, der dort unten stand und heraufblickte. Sein Mund formte ein höhnisches Grinsen. Dann hob er die Rechte und winkte Dilara zu. Sie fühlte sich, als habe man sie in ein Bad mit Eiswasser gestoßen.

Es war Alfred Schreck. Er mußte sie die ganze Zeit beobachtet haben.

Am Abend desselben Tages ließ von Runkel auch Dilara zu sich bringen.

Er empfing sie in einem üppig ausgestatteten Salon. Nachdem er die Wachen fortgeschickt hatte, bat er Dilara, ihm gegenüber an einem wuchtigen Sekretär Platz zu nehmen und bot ihr einen Pokal mit Rotwein an.

„Ein Rothschild… 1908… ein sehr guter Jahrgang…“ Er schnalzte genießerisch mit der Zunge.

Doch Dilara lehnte ab.

„Nun, ich habe Sie nicht herbringen lassen, um mit Ihnen über Wein zu reden. Lassen Sie mich unumwunden zur Sache kommen.“ Er nahm einen tiefen Schluck aus seinem Kelch und hatte nichts mehr mit dem polternden schwerfälligen Operettenfürsten gemein, dessen Rolle er auf Schloß Comper gespielt hatte. Dieser Mann besaß einen äußerst scharfen Geist.

„Wissen Sie… es war ja nicht geplant, daß Sie Madame Zaeppfel folgen würden, um uns in die Hände zu fallen. Ich betrachte es als eine merkwürdige Fügung des Schicksals. Wir sind von Natur aus Verbündete, Miß Demimondes. Sie haben gehört, was ich über den Schattenkelch gesagt habe. Die, die auf unserer Seite stehen, werden unsterblich sein. *Uneingeschränkt* unsterblich. Und ich muß gestehen, daß mir der Gedanke, mit einer Frau wie Ihnen an meiner Seite…“

„Genug, Baron!“ Selten hatte soviel Entschlossenheit in Dilaras Stimme gelegen. „Sie können sich Ihre Luft sparen. Das, wovon Sie sprechen, wird es nicht geben. Sie können mich töten, aber ich werde nicht mit Ihresgleichen zusammenarbeiten!“

Von Runkel ließ seine Gefühle nicht erkennen. Dennoch mußte eine schreckliche Wut in ihm kochen. „Gut. Gut! Sie müssen es wissen. Ich habe Ihnen ein großzügiges Angebot unterbreitet. Sie werden bald bereuen, es abgelehnt zu haben. Eine Frau wie Sie sollte auf der Seite des Siegers stehen. Doch Sie wollen es nicht. Gut. Sie sind entlassen. Gehen Sie!“

Wie auf ein unsichtbares Kommando öffnete sich die Türe, und zwei Männer führten Dilara aus dem Zimmer. Als sie auf dem Gang einige Schritte getan hatten, hörten sie aus dem Salon ein Geräusch. Es klang wie das Zerschellen eines schweren Glases an einer Wand.

London, März 2006, LUNA-Tower

Luna riß schon nach dem ersten Läuten das Mobiltelefon vom Schreibtisch an ihr Ohr und herrschte ein kurzes „Ja?“ heraus.

„Garimont hier“, tönte es ebenso knapp zurück.

„Haben Sie Neuigkeiten?“ Lunas Stimme verriet deutlich ihre Anspannung und duldete keinen Aufschub.

„Ich bin den beiden auf den Fersen! Ich glaube, sie haben eine Ahnung, wo sich der Schattenkelch befindet! Woher wußten Sie, daß sie sich auch für den Kelch interessieren?“

„Wir haben Quellen, von denen Sie nichts ahnen, Garimont! Sie sollen ihnen nicht nur auf den Fersen sein, sondern ihnen *voraus*, Sie Idiot!“ herrschte Luna in den Apparat. „Wir wollen diesen Kelch! Haben Sie uns verstanden?“ Sie wartete Mark Garimonts Antwort erst gar nicht ab. „Wagen Sie es nicht, uns ohne ihn unter die Augen zu treten!“ Sie unterbrach abrupt die Verbindung und murmelte noch: „Sonst hast du dein Leben verwirkt, armseliger *Mensch*!“

Luna lehnte sich in ihrem dickgepolsterten Ledersessel zurück. Es brannte in ihr, selbst in das Geschehen einzugreifen. Doch das war zu gefährlich. Sie brauchte Zeit, mußte Calvin auf ihre Seite ziehen. Wenn er den Kelch bekam, sollte ihr das nur recht sein. Garimont würde ihm dabei helfen, ohne es zu wissen. Dieser Narr! Und sie konnte sich derweil mit Dilara alleine befassen und nur gewinnen – egal, was geschah.

London, März 2006, Hyde Park

Als Mick und Cassandra am Fundort der Leiche ankamen, hatten die Polizeibeamten die Stelle schon sorgfältig abgeschirmt. Dennoch hatten sich etliche Schaulustige um die Absperrung versammelt. Zwischen ihnen stand beinahe bewegungslos ein großer, schlanker Mann mit halblangen blonden Haaren und auffallend blauen Augen. Mit ernster Miene betrachtete er das Geschehen und stand immer noch da, als sich die Gaffer allmählich zurückzogen, weil sie enttäuscht feststellen mußten, daß es nichts mehr zu sehen gab, außer einer dunklen Plane, die über die Leiche gebreitet worden war.

Mick ging in die Hocke, zog die steife Plastikfolie ein Stück zurück und legte Kopf und Oberkörper des Opfers frei. Oder das, was noch davon übriggeblieben war.

Cassandra fühlte, wie sich ihr Magen drehte und dann hochschraubte. Sie konnte nur im allerletzten Augenblick ein Würgen unterdrücken. Schließlich wollte sie sich vor Mick keine Blöße geben. Das gab wohl den Ausschlag, daß sie sich nicht erbrach.

Auch wenn der Anblick grauenvoll war.

Die junge Frau war regelrecht zerfleischt worden. Teilweise lagen die blanken Knochen frei, mit vereinzelten Haut- und Fleischfetzen. Auch der Oberkörper wies grausame Verstümmelungen auf.

Mick ließ die Plane wieder zurückfallen. „Nicht grade ein appetitlicher Anblick, oder?“ Als Cassandra beharrlich schwieg, ergriff er ihren Arm und zog sie mit sich. „Komm! Das reicht für den Moment!“ Er bugsierte sie von dem schauerlichen Ort weg auf eine – mittlerweile – einsam dastehende Gestalt zu, die sie nicht aus den Augen ließ.

Guardian!

Mick verharrte erst im Schritt, als sie sich fast Auge in Auge gegenüberstanden.

Die drei starrten sich eine Weile stumm an.

Sieh an, das Blauauge, das immer um Dilara herumscharwenzelt, durchzuckte es Mick.

Sieh an, dieser sonderbare Cop, der immer um Dilara herumscharwenzelt, dachte Guardian.

Und Cassandra durchfuhr ein: Wow, der sieht aber auch nicht schlecht aus.

Guardian betrachtete die beiden Polizisten mit seinen kalten blauen Augen und hielt deren Blicken mit kühler Distanz stand.

Bis sich Mick genötigt sah, etwas zu sagen. Wie immer kam er sofort auf den Punkt. „Du bist doch ein *Bekannter* von Dilara!“

Guardian fühlte sich nicht genötigt, etwas zu erwidern.

Mick zog seine ohnehin schon geschwungenen Augenbrauen in die Höhe. „Bist du stumm?“ fragte er herausfordernd.

Guardians Mimik schien einzufrieren. Wie töricht die Menschen doch waren. Wenngleich... er stutzte... dieser Cop kein Mensch war. Im klassischen Sinne.

London, März 2006, Park Lane

Es war nicht das erste und letzte Mal, daß sich Calvin nachts wegschlich, und Dilara ließ ihn gewähren. Sie wußte, wohin er ging und zu wem es ihn zog. Dennoch sprach sie ihn nicht darauf an, sondern ignorierte es. Besser gesagt – sie versuchte es. Denn innerlich war sie nicht so ruhig, wie sie äußerlich den Anschein erweckte. Sie hätte selber nicht zu erklären gewußt, warum sie sich so verhielt. Typisch wäre eher eine unbeherrschte Reaktion gewesen, aber ihr Instinkt hielt sie davon ab. Eine innere Stimme riet ihr, sich zurückzuhalten. Dabei hätte sie ihn am liebsten oftmals geschüttelt, besonders wenn sie spürte, daß er an Luna Sangue dachte. Das allein hätte sie schon in Rage versetzt, aber die Art und Weise, *wie* er an sie dachte, brachte sie aus dem Gleichgewicht. Diese Frau sprach ihn an – auch sexuell. Als Dilara dies bemerkte, brach ein Sturzbach der Gefühle über sie herein. Wie sie unterschiedlicher nicht sein konnten. Sie war wütend und enttäuscht, aber vor allem verunsichert.

Luna Sangues Gesichtszüge schoben sich vor Dilaras geistiges Auge. Genaugenommen waren es Dilaras eigene. Sah man von der Augenfarbe und dem Alter ab, das Lunas Gesicht gereifter, aber genau aus dem Grund auch erotischer wirken ließ. Die Eifersucht züngelte wie eine Schlange in Dilara hoch. Eifersucht, die sie kaum bezwingen konnte, und die ihr fast den Atem raubte. Diese Frau war eine Bedrohung, sie war gefährlich, und – das wußte Dilara ganz genau – sie kannte keine Skrupel. Nur, was führte sie im Schilde? Was wollte sie von Calvin?

Dilara fühlte eine dunkle Woge in sich aufsteigen und über sich hinwegrasen. Angst erwachte in ihr. Nackte, profane Angst, Calvin zu verlieren.

Du hättest viel früher mißtrauisch werden sollen. Schon als er dir so gut wie nichts über seine Herkunft verraten wollte, hetzte wieder einmal die Stimme in ihr, die immer dann erklang, wenn sich Dilara in grenzwertigen Situationen befand.

„Luna Sangue“, murmelte Dilara. „Welcher Höllenpfuhl hat dich freigelassen?“

„Das wüßte ich auch zu gerne!“ erklang eine Stimme hinter ihr. Dilara fuhr herum. Vorwurfsvoll sah sie Calvin an.

„So?“ stieß sie ironisch hervor. „Schleichst du dich aus diesem Grund alleine durch die Nacht? Bist du auf der Suche nach ihr?“

Der Blick seiner dunklen Augen streichelte sie, doch sein Gesichtsausdruck blieb ernst und verschlossen, seine Haltung distanziert. Auch wenn er eine viel heftigere Reaktion von ihr erwartet hätte, so wollte er sich nicht auf eine Diskussion mit ihr einlassen, weil er sein Verhalten nicht zu erklären gewußt hätte. Nicht sich, und erst recht nicht Dilara.

„Wir hatten eine Vereinbarung, schon vergessen?“ fragte sie kühl, drehte sich herum und verließ das Kaminzimmer. Ließ Calvin, der ebenso verunsichert wie sie war, alleine darin zurück.

Festung Montjoie, August 1914

Geneviève mußte in den nächsten Tagen weitere Verhöre über sich ergehen lassen. Sie schlug sich, wie Dilara fand, außerordentlich tapfer. Dies wurde besonders deutlich, als die Vampirin feststellte, daß das Medium zusehends blasser und schwächer wurde. Sie drang so lange in die Französin, bis diese ihr unter sichtlichem Ekel gestand, daß von Runkel bereits mehrfach ihr Blut getrunken hatte, wenn sie sich weigerte, ihm Auskunft über den Aufenthaltsort des Kelchs zu geben.

Auf der anderen Seite wurde Dilara selbst immer schwächer, denn ihr fehlte der Lebenssaft ihrer Opfer. Zwar erhielt sie ebenso wie Geneviève Speisen in ausreichendem Maße, doch ersetzten diese nicht das Blut, das sie so dringend brauchte. Bald befand sie sich in einem so bedauernswerten Zustand, daß Geneviève ihr eigenes Blut anbot.

„Da ich es dem Baron unter Zwang geben muß, brauchen Sie nicht zu zögern, wenn ich es Ihnen anbiete, Dilara", sagte sie, die mit Schaudern vernommen hatte, was mit dem Kuß der Verdammnis gemeint war. Doch die Vampirin lehnte das Angebot ab und litt unter den Qualen, die wie ein Feuer in ihrem Körper brannten.

Derweil nahm das geschäftige Treiben im Burghof von Tag zu Tag zu, und die beiden Frauen beobachteten, wie Kisten und andere Behälter aus den Kellern der Burg heraufgeholt und zum Zeppelin geschafft wurden. Es lag nahe, daß er für einen baldigen Waffengang vorbereitet wurde.

Hermann von Runkel sah Dilara selten, doch Alfred Schreck schien ihnen eine besondere Aufmerksamkeit zu zollen. Seit ihrer Ankunft auf Burg Montjoie war er verdächtig oft unter ihrem Fenster vorübergegangen und hatte immer wieder versucht, einen Blick auf sie zu erhaschen. Dilara mutmaßte, daß er sie ebenso begehrte, aber sie fand ihn in jeder Hinsicht abstoßend.

Plötzlich kam ihr eine Idee. Wenn es ihr gelänge, sich sein Interesse an ihr zunutze zu machen… Sie mußte seine Unzufriedenheit schüren und ihm gleichzeitig eine unwiderstehliche Belohnung in Aussicht stellen für den Fall, daß er sie befreite. Nur sie selbst, natürlich. Sie war ja „Beifang", mehr Last als Beute. Sie zu befreien, würde die Pläne des Barons nicht in Gefahr bringen.

Als sie ihn am Abend mit einem Soldaten unter ihrem Fenster vorübergehen sah, klopfte sie an die Scheibe. Er ließ sich jedoch nicht anmerken, daß er ihr Klopfen gehört hatte, sondern ging weiter, auch als sich Dilara noch einmal bemerkbar zu machen versuchte.

Einige Minuten vergingen, und Dilara blickte angestrengt in den Burghof hinab, über den sich bereits die Schatten der herannahenden Nacht legten. Sie zuckte zusammen, als plötzlich Schrecks dunkler Schemen auftauchte. Sein schwarzes Haar glänzte im Mondlicht ölig. Das Weiß seiner Augen blitzte auf, wenngleich das Gesicht selbst von Schatten verdeckt blieb.

Er sagte etwas, doch Dilara konnte ihn durch das Glas nicht verstehen. Als er das begriff, deutete er ihr durch eine Handbewegung, daß er heraufkommen würde.

Erregung erfaßte die Vampirin. Sie durfte jetzt keinen Fehler machen, denn Alfred Schreck war kein Dummkopf.

Kurze Zeit später klopfte es an der Türe, dann öffnete sie sich. Geneviève stellte sich, wie Dilara es mit ihr zuvor abgesprochen hatte, schlafend.

„Mademoiselle wünschen mich zu sprechen?“ Schrecks Lächeln war ein wölfisches. Dilara stellte sich vor, wie der Adjutant nachts in die Gestalt eines großen Hundes schlüpfte, um unauffällig herumschnüffeln zu können.

„Ich bin keine Französin, Schreck, das wissen Sie.“ Dilara gab sich Mühe, nicht zu abrupt in die Maske der unterwürfigen Hündin zu wechseln. Sie wollte sein Mißtrauen nicht wecken.

„Und Sie haben mich sicher nicht hergerufen, um mich darauf aufmerksam zu machen. Also, was wollen Sie von mir?“

Dilara antwortete nicht direkt, sondern schob scheinbar beiläufig einen Träger ihres eng geschnittenen Kleides in die richtige Position.

„Nun?“ Schrecks Blick war ihrer Bewegung gefolgt.

Sie fühlte sich sicherer, beschloß, wagemutiger aufzutreten: „Herr Schreck,... ich habe Sie die vergangenen Tage beobachtet. Sie sind ein Mann, der zu führen versteht. Ich habe mich in Ihnen getäuscht!“

„Miß Dilara...“ Schreck zögerte. „Auch ich habe mich getäuscht.“ Warum glaubte sie, in seinem Blick nicht die geringste Spur von Zuneigung erkennen zu können? „Ich hätte Sie töten sollen, als ich die Gelegenheit dazu hatte.“ Er spielte damit auf seinen Angriff am Nachthimmel über der Picardie an. „Sie sind gefährlich. Weitaus gefährlicher, als Baron von Runkel ahnt!“

Ohne weitere Worte drehte er sich auf dem Absatz herum und ging.

Gegen Mittag des nächsten Tages vernahmen Geneviève und Dilara Geräusche, die aus dem Burghof zu ihnen heraufdrangen. Unter das Knarren und Quietschen von Wagenrädern mischten sich Pferdegewieher und laute Stimmen. Die beiden Frauen stürmten zum Fenster. Ein buntes Volk schickte sich an, durch das große Tor ins Innere der Festung zu gelangen.

„*Tziganes!*“ flüsterte Geneviève erregt. In ihren Augen zeichnete sich ein hoffnungsvolles Funkeln ab. Mehr sagte sie nicht, legte statt dessen einen Finger an ihre Lippen.

Sie beobachteten, wie die Fahrenden mit Alfred Schreck und einigen Offizieren verhandelten. Kurz darauf begannen sie, ihre bunt bemalten Wagen in einem Halbkreis aufzustellen und in der Mitte ein großes Feuer anzuzünden.

Dilara fragte sich, warum man ihnen den Zutritt zur Burg

nicht verwehrt hatte. Weil es aufgefallen wäre? Man befand sich im Krieg. In dieser Situation wäre es nur normal gewesen, militärisches Sperrgebiet nach außen abzuschirmen. Nein, die Vampirin befürchtete, daß ein anderer Gedanke hinter dieser Entscheidung stand.

Als sich das Burgtor mit einem dumpfen Rumpeln schloß, drängte sich Dilara das Bild einer zuschnappenden Mausefalle auf.

Das fahrende Volk jedoch schien arglos. Als es Abend wurde, scharten sie sich um das Feuer, das die Schatten der sie umringenden Soldaten an die Mauern der Burg warf. Anstatt sich bedroht zu fühlen, begannen die Zigeuner mit den Vorbereitungen für ein rauschendes Fest, in das sie ihre Gastgeber mit einzubeziehen suchten. Auf Dilara wirkte das Schauspiel grotesk wie der Anblick eines Menschen, der seinen Kopf in den Rachen eines wilden Löwen steckte.

Doch der Löwe biß an diesem Abend nicht zu. Dafür drangen der einladende Geruch über dem offenen Feuer gerösteten Fleisches, das ausgelassene Lachen der Feiernden und das anschwellende Spiel der Geigen zu ihnen herauf. Schwarzäugige Frauen in bunten Kleidern begannen zu tanzen. Mit Schellen an Hand- und Fußgelenken gaben sie der Musik den Takt vor. Einige der Soldaten reihten sich in den Tanz ein. Die Stimmung erfaßte den ganzen Burghof.

„Es besteht Hoffnung!“ flüsterte Geneviève, als sie der Meinung war, die Musik übertöne ihre Worte. Zum ersten Mal seit Tagen sah Dilara auf ihrem Gesicht den Anflug eines Lächelns.

Auch wenn die Seherin mit ihren Vermutungen richtig lag, so wurde dennoch in dieser Nacht kein Versuch unternommen, die beiden Frauen zu befreien.

Am späten Vormittag des darauffolgenden Tages öffnete sich die Tür zu ihrem Gemach, und Alfred Schreck führte Geneviève zu einem weiteren Verhör.

Es hatte bereits früh am Morgen zu regnen begonnen, und mit Fortschreiten des Tages verdichteten sich die bleigrauen Wolken am Horizont. Ein furchtbares Gewitter zog auf. Dilara beobachtete, wie der Regen in Schlieren die Fensterscheiben hinabrann. Das Feuer in der Mitte des Burghofs rauchte nur noch. Die Zigeuner versuchten, dem Unwetter zu entgehen, und verbargen sich in ihren Wagen. Nur selten sah sie einen von ihnen auf den Hof hinaustreten, um zu einem der anderen Wagen hinüberzugehen. Die Soldaten taten es ihnen gleich.

Gegen Mittag wurde Geneviève zurückgebracht. Sie wirkte noch erschöpfter, blutleerer als zuvor, und brach fast bewußtlos auf ihrem Bett zusammen.

Dilara, die sich inzwischen selbst in einem erbärmlichen Zustand befand, stürzte zu ihr und legte den Arm tröstend um ihren Hals.

„Er hätte mich beinahe umgebracht“, stieß Geneviève hervor. „Der Baron fiel in einen wahren Blutrausch. Er trank und trank, und so sehr ich mich auch wehrte, er ließ nicht von mir ab.“

„Und dann?“

Geneviève flüsterte unhörbar leise: „Ich habe ihnen gegeben, was sie wollten: einen Ort, an dem sie den Kelch zu finden hoffen. Sie haben ihn bereitwillig angenommen. Er entsprach vollkommen ihren Vorstellungen. Im Grunde sind von Runkel und Schreck nicht klüger als alle anderen auch.“

„Welchen Ort haben Sie genannt?“

„Einen, der vermutlich auf ihrer Liste ganz oben stand… Ich habe ihm gesagt, daß die böse Macht des Kelches von einem ebenso mächtigen Siegel geschützt wird,… dem Labyrinth der Kathedrale von Chartres. Es wird eine Weile dauern, bis sie feststellen, daß sie hereingefallen sind. Nur eines sollten wir jetzt bedenken: Wenn sie mir glauben, sind wir für sie wertlos geworden. Sie werden uns töten. Wenigstens mich!"

„Das glaube ich nicht", entgegnete Dilara. „Von Runkel muß während der Séance etwas gesehen…"

In diesem Moment wurde die Tür brutal aufgerissen. Der Baron füllte die Öffnung beinahe zur Gänze aus, kraftstrotzend vom Blut der Seherin.

„Meine Damen, ich danke Ihnen für Ihre Kooperation", höhnisch musterte er Dilara. „Ich habe mich entschlossen, eine längere Reise anzutreten. Sie beide werde ich zu Ihrer eigenen Sicherheit hier zurücklassen. *Au revoir!*"

Die Abreise schien sich jedoch zumindest bis zum Abend hinauszuzögern. Das Unwetter nahm noch an Wut zu, was einen Start des Zeppelins eher unwahrscheinlich machte. Andererseits schätzte Dilara den Baron als jemanden ein, der nicht die Geduld aufbrachte, auf besseres Wetter zu warten.

Mit Erstaunen beobachteten die beiden Frauen, daß auch unter den Zigeunern eine unerwartete Geschäftigkeit ausbrach. Von flinken Händen wurde alles, was nicht niet- und nagelfest war, auf die bunten Wagen geschafft oder an deren Wänden vertäut. All dies geschah unter den mißtrauischen Blicken der Wachen, die sich in wettergeschützte Mauerwerksnischen zurückgezogen hatten.

Geneviève verfolgte die Vorgänge mit besonderem Interesse. Plötzlich erbleichte das Medium und deutete in stummer Geste auf den von schwarzen Wolken bedeckten Himmel. Inmitten des Gewitters erschien, von weißen Blitzen umzuckt, der charakteristische Rumpf eines Zeppelins. In einer weiten Spirale sank der Schatten dem Boden entgegen. Da die „Walküre II“ in den vergangenen Tagen nicht gestartet war, mußte es sich um ein anderes Luftschiff handeln. Sein Auftauchen konnte nichts Gutes bedeuten. Wenn der Baron es sich nun doch anders überlegte und sie mitnahm? Wenigstens Geneviève war doch als Geisel von nicht zu unterschätzendem Wert.

Gerade als Dilara diese dunklen Gedanken durch den Kopf gingen, vernahm sie ein Geräusch, nein, eigentlich eine Folge von Geräuschen. Und noch etwas. Sie fühlte jenen stummen Aufschrei, der bedeutete, daß einer oder mehrere Angehörige ihrer Rasse ihr unseliges Leben aushauchten.

Auch Geneviève schien etwas gehört zu haben.

„Rasch, die Tür!“ zischte Dilara und ergriff einen Stuhl, um selbige damit zu verkeilen. Geneviève suchte vergeblich nach etwas, das den Schutz verstärken könnte.

In diesem Moment wurde jemand oder etwas von außen gegen die Tür geworfen, die gefährlich in ihren Angeln zitterte. Dilara fühlte erneut eine Todesschwingung. Dann herrschte einen Augenblick lang Stille, bevor eine rauhe Stimme mit einem fremdartigen Akzent sprach: *„Madame Geneviève, vous allez bien?“*

„Ja, es geht mir gut“, erwiderte die Angesprochene, und: „Wir sind zu zweit!“

„Wir sprengen die Türe, treten Sie zurück!“

„Einen Moment!“ Dilara zog den Stuhl beiseite. Mit einem einzigen Stoß wurde die Tür in den Raum geworfen.

Drei Männer betraten das Zimmer. Es waren düstere Gestalten mit wilden Blicken und schwarzen Schnurrbärten, deren Ende sie kunstvoll gezwirbelt trugen. Geneviève begrüßten sie herzlich, aber Dilara sahen sie mißtrauisch an.

Der Anführer der Truppe, ein sehniger Kerl mit struppigem Haar, tuschelte mit Geneviève, woraufhin diese so laut, daß alle es hören mußten, sagte: „Nein, ohne sie gehe ich nicht! Madame Demimondes hat ihr eigenes Leben aufs Spiel gesetzt, um meines zu retten!"

Die Zigeuner schienen wenig Sympathie für Untote übrig zu haben, deren Umgang ihnen seltsamerweise aber wohl vertraut war. Sie wüteten furchtbar unter den Wachen der Burg. Doch auch sie mußten Verluste hinnehmen. Einige Männer waren damit beschäftigt, Schwerverletzte und Tote zu bergen.

Der Angriff war weitgehend lautlos vonstatten gegangen. Der größte Teil der Burgbesatzung befand sich trotz des Regens auf dem Flugfeld, um die Ankunft des zweiten Luftschiffes zu beobachten.

Auch die Wohnwagen der Zigeuner hatten die Festung verlassen. Dilara konnte sie, als sie und ihre Begleiter in den verlassenen Hof hinaus traten, durch das Burgtor der schlammigen Straße folgen sehen.

„Verdammter Regen!" fluchte die Vampirin. Sie wirkte um mehr als zwanzig Jahre gealtert. Weiße Strähnen durchzogen ihr sonst tiefschwarzes Haar, und sie besaß kaum mehr Kraft als ein gewöhnlicher Mensch.

Pierre, der Anführer der kleinen Gruppe, ließ eine schwere Wolldecke heranschaffen und über Dilara ausbreiten. Dann befahl er ihnen, ihm durch eine schmale Eisentür zu folgen. Sie führte auf die andere Seite der Burgmauer, an der sie sich vorsichtig in Richtung des Flugfeldes vorarbeiteten.

Als sie an dessen Rand angelangten, sahen sie, daß die Wagen der Zigeuner bereits an den Zeppelinen vorbeigezogen waren. Der drohende Schatten des neu eingetroffenen Schiffes hing beinahe unbeweglich in etwa siebzig Metern Höhe über dem Boden. Es sank langsam. Dilara konnte auf seinem Rumpf mit Mühe den Namen „Walküre" erkennen.

Von Runkels Schiff war gerade im Begriff, in die Luft aufzusteigen. Es war ein atemberaubendes Schauspiel, wie sich der Koloß der Schwerkraft trotzend in den von Blitzen durchzuckten Himmel erhob. Gebannt blieben Dilara, Geneviève und die Zigeuner stehen. Das Dröhnen der Motoren erfüllte die Luft, immer wieder übertönt vom Donner des Unwetters.

Das Schiff drehte sich so, daß seine imposante Spitze nun in Richtung der Festung zeigte. Die Gondel am Bauch des Zeppelins war hell erleuchtet. Dilara glaubte sogar, den Baron hinter dem großen Panoramafenster in der Aussichtskabine zu sehen.

In diesem Moment zog das zweite Luftschiff ihre Aufmerksamkeit auf sich. Pierre stieß einen unartikulierten Laut aus und deutete in die Höhe. Die Augen der Männer und Frauen folgten seiner Geste. Zuerst sahen sie nichts Auffälliges, doch dann glomm an der Heckflosse des Schiffes ein winziges, blauweißes Licht auf. Es erinnerte an eine elektrische Entladung. Dilara hatte das Gefühl, daß irgend etwas nicht nach Plan verlief. Hatte ein Blitz in den Zeppelin eingeschlagen? Konnte der diesem fliegenden Ungetüm überhaupt etwas anhaben? Der Funke wanderte mit erschreckender Langsamkeit an einer Drahtabspannung entlang, sprang auf den silberschwarzen Rumpf über und flackerte kurz auf, um dann wieder zu erlöschen. Das Schiff setzte etwas rascher als vorher seinen Sinkflug fort. Die Besatzung mußte den Einschlag bemerkt haben.

Dilara hatte den Eindruck, daß das Sinken nicht kontrolliert vonstatten ging. Sie konnte ihre Vermutung nicht begründen, fand sie aber bereits nach wenigen Sekunden bestätigt. *Die „Walküre“ brannte!* Das Gas, das den Zeppelin in der Luft hielt, hatte Feuer gefangen. Das gesamte Heck stand in Flammen, und diese fraßen sich mit rasender Geschwindigkeit zur Gondel durch. Inmitten des Infernos war deutlich die Metallkonstruktion zu erkennen. Das Schiff ächzte und taumelte in einem grotesken Tanz. Es würde mitten auf dem Flugfeld auftreffen. Der Kapitän unternahm den verzweifelten Versuch einer Notlandung, doch in dem Gewittersturm hatte er keinen Einfluß mehr auf die Flugbahn des Luftschiffes. Schlimmer noch: Es wurde von einer Windbö erfaßt, die es in gefährliche Nähe zur „Walküre II“ brachte.

Diese befand sich bereits in der Luft, hatte aber noch keine Fahrt aufgenommen. Der Start und die Landung waren immer die gefährlichsten Momente eines Fluges. Obschon von Runkel angesichts der großen Gefahr volle Kraft voraus fahren ließ, kam der Gigant nur langsam in Fahrt. Regen und Sturm rüttelten an den Stoffbahnen der Außenhaut.

In diesem Moment streifte das abstürzende Schiff seine Schwester, die augenblicklich ebenfalls Feuer fing. Ein Ruck ging durch den startenden Zeppelin, der plötzlich einen gewaltigen Satz nach vorn machte. Und während Dilara, Geneviève und ihre Begleiter beobachteten, wie der erste Zeppelin mit ohrenbetäubendem Lärm zu Boden ging und dort brennend zerbrach, flog von Runkels stolzes Schiff langsam auf sie zu. Die Hitzewelle der vernichteten „Walküre“ eilte ihm voraus und gab ihm einen weiteren Schub. Mit Schrecken erkannte Dilara, daß es in geringer Entfernung an ihnen vorüber in Richtung der Festung sinken würde. Die Geschehnisse liefen mit der zeitlupenartigen Unvermeidlichkeit schicksalhafter Ereignisse vor ihren Augen ab, ohne daß sie eingreifen konnte oder auch nur in der Lage war, sich zu bewegen.

Die in der Luft liegende Hitze versengte ihr trotz der Decke, die sie zum Schutz vor dem Regen noch immer um sich geschlungen hatte, Haut und Haar. Zu verbrennen mußte ein schrecklicher Tod sein.

Als die Gondel des Luftschiffs auf ihrer Höhe war, fühlte Dilara, wie jemand ihren Arm ergriff. Es war Pierre. Er versuchte, sie aus ihrer Starre zu reißen. Sie sah, daß Geneviève und die anderen schon weit voraus geeilt waren. Sie bewegten sich am Waldrand entlang in die Richtung, in die die Zigeunerwagen verschwunden waren.

Dilara blieb stehen und sah Hermann von Runkel. Sie hatte sich also nicht getäuscht, als sie ihn zuvor an Bord des Schiffes erahnt hatte.

Der Vampir stand unbewegt hinter dem Glas der Aussichtskanzel, während die Flammen am Rumpf des Luftschiffes leckten und es seufzend dem Grund entgegentaumelte. Er schien in ihre Richtung zu blicken. War das möglich? Konnte er sie tatsächlich sehen? Wie brachte er in dieser Situation, kurz vor dem sicheren Ende eines womöglich etliche Jahrhunderte währenden Lebens, diese Selbstbeherrschung auf, die geradezu einer Todesverachtung gleichkam?

Die Entfernung war zu groß, um es mit Bestimmtheit sagen zu können, aber als Dilara in sein Gesicht blickte, glaubte sie beinahe, etwas wie Erleichterung darin erkennen zu können. Erleichterung darüber, sein Schicksal gefunden zu haben. Der Baron liebte theatralische Auftritte. Ein großartigeres, schrecklicheres Ende hätte er vermutlich in seinen kühnsten Träumen nicht ersinnen können.

Dilara wandte sich ab und wurde endlich von Pierre hinter den anderen hergezerrt. Was ihr wie Minuten erschienen war, hatte nur wenige Sekunden gedauert. Ein gewaltiger Stoß erschütterte den Berggrat, als das Stahlskelett kreischend auf dem Boden auftraf. Dilara wandte sich nicht um. Sie hatte den Absturz des ersten Zeppelins beobachtet und konnte sich allzu gut ausmalen, welche Verwüstung das Luftschiff in der Festung anrichten würde. In diese Vorstellung hatte sie jedoch nicht die unterirdischen Pulvervorräte mit einbezogen, die noch in den Kellern von Montjoie lagerten und explodierten, als das brennende Geschoß die Burg in einen Mantel aus Flammen hüllte.

Noch immer hielt Pierre Dilara eisern gepackt. Als die Festung in die Luft flog, warf die Druckwelle beide um. Hart schlug Dilara auf dem Boden auf. Dann umfing sie eine Schwärze, die sie als wohltuend und tröstlich empfand.

Es war ein seltsamer Zug, der sich von den Höhen der Ardennen herab in die weiten Moore bewegte. Die Wagen der Zigeuner wurden von stämmigen Ponys gezogen und drohten immer wieder, im Morast steckenzubleiben. Dilara und Geneviève waren in einem Wagen untergekommen, in dem drei ältere Frauen und etliche Kinder mitfuhren. Jeder Zoll in dem engen Vehikel wurde ausgenutzt. Durch eines der vier kleinen, schlammbespritzten Fenster beobachtete die Vampirin den düsteren Tannenwald. Einmal konnte sie einen Blick auf den Platz erhaschen, an dem Burg Montjoie gestanden hatte. Ein dicker schwarzer Rauchpilz erhob sich über der Ruine, die noch immer brannte.

Dilara fühlte sich beinahe so müde wie Geneviève. Selten hatte sie einen so starken Blutdurst wie in diesem Moment verspürt. Sie wußte nicht, wie lange sie ihre vampirische Natur noch unter Kontrolle halten konnte. Wenn diese erst einmal ihr Handeln bestimmte, konnte sie nicht für die Sicherheit der Frauen und Kinder garantieren.

Plötzlich geriet der Zug ins Stocken. War eines der Wagenräder gebrochen, oder scheuten die Pferde? Dilara hörte lautes Gewieher, dann Schreie. Schüsse fielen. Schüsse? Besaßen die Zigeuner überhaupt Schußwaffen? Sie hatte sie in der Burg nur mit ihren Messern kämpfen gesehen.

Draußen entstand ein Tumult. Eine der alten Frauen stand auf und öffnete die Wagentür. Sie wurde von irgend etwas gepackt und ins Freie gerissen. Dann öffnete sich die Tür ganz, und ein Schatten zeichnete sich in der hellen Öffnung ab. Er war groß wie ein hochgewachsener Mann, jedoch mit dem Umriß eines Hundes. Struppiges, schwarzes Fell bedeckte seinen Körper bis auf einige großflächige Brandwunden. Speichel troff von seinen Lefzen.

Die Alten und Kinder schrien, Dilara und Geneviève keuchten entsetzt auf.

„Alfred Schreck!“ stieß die Vampirin hervor. Ein tiefes, bedrohliches Knurren war seine Antwort. Dann machte er einen gewaltigen Satz quer durch den Wagen.

Er hatte Dilara vom ersten Augenblick an gehaßt. Daß von Runkel sie begehrte, war ihm nicht entgangen. Er hatte in ihr von Anfang an eine Gefährdung ihres Plans gesehen und damit Recht behalten.

Schreck sprang Dilara an und verbiß sich in ihrer Schulter. Der höllische Schmerz raubte ihr beinahe das Bewußtsein. Sie versuchte, ihn mit ihren Händen von sich zu stoßen, und würgte seinen felligen Hals. Doch Schreck, dessen Hände noch seltsam menschlich waren, umfing sie, als gehe es um sein Leben. Sein Gewicht preßte sie auf die Bank, auf der sie gesessen hatte, er biß wieder und wieder zu. Und dann, ohne daß sich Dilara dagegen wehren konnte, erwachte in ihr ein Instinkt, der älter und mächtiger als ihr Wille war. Es war die dunkle Kraft, die sich mehr an ihre Existenz klammerte als der Rest Mensch in ihr. Und diese wußte, was zu tun war.

Wäre Schreck im Vollbesitz seiner Kräfte gewesen, hätte die Vampirin nicht die geringste Chance gegen ihn gehabt. Er war jedoch selbst mehr tot als lebendig. In einem letzten Aufbäumen gelang es Dilara, ihm einen Hieb auf den Kehlkopf zu versetzen. Mit einem erstaunten Würgen lockerte Schreck seine Kiefer, und sie kam so weit frei, daß sie ihre Fänge in seinen Hals schlagen konnte. Gierig saugte sie das Blut ihres Gegners und fiel in einen schrecklichen Rausch. Sie hörte weder die Schreie der Frauen und Männer, die nun zu dem Wagen gelaufen kamen, noch die Genevièves. Erst als Schrecks verzweifelte Bemühungen, den Griff der Vampirin zu sprengen, erlahmten, sein Körper schlaff wurde und sich der Geschmack seines Blutes veränderte, ließ sie von ihm ab.

Die Herbeigeeilten, die das Ende des Kampfes miterlebt hatten, ließen sich nur mit großer Mühe durch Geneviève davon abhalten, Dilara zu töten. Sie fürchteten die Bestie in ihrer Mitte.

Doch das Medium stellte sich vor die bewußtlos am Boden Liegende: „Laßt sie! Seht doch, wie schwach sie ist. Sie hat euer Leben gerettet. Von ihr geht keine Gefahr aus!"

Als die Zigeuner einsahen, daß Geneviève die Wahrheit sagte, halfen sie, Dilara und Schrecks merkwürdig starren Körper ins Freie zu schaffen, wo die Leichen von drei weiteren

Vampiren, die ihn begleitet und schrecklich gewütet hatten, aufgereiht lagen. Auch wenn die Fahrenden keine Toten zu beklagen hatten, waren doch einige Männer und Frauen schwerverletzt. Ein Junge war von einem der Vampire förmlich in Stücke gerissen worden.

Dann geschah etwas Seltsames.

Pierre, der selber schwerverletzt war, näherte sich dem Kind mit einem goldglänzenden Trinkkelch und ließ es einen Schluck daraus nehmen. Dann verhüllte er den Kelch wieder und reichte ihn an den nächsten Verwundeten weiter. Als alle daraus getrunken hatten, trank er selbst, und eine schwer zu beschreibende Veränderung ging mit ihm vor. Es machte den Eindruck, als glühe der Mann von innen heraus.

Dilara hatte für kurze Zeit die Augen aufgeschlagen und die merkwürdige Szene mitverfolgt. Sie befand sich nach dem Kampf mit Schreck in einem furchtbaren Zustand und fiel bald wieder in eine tiefe Bewußtlosigkeit.

London, März 2006, Hyde Park

Guardians Gesicht zeigte nach wie vor keine Regung, als sich Mick erneut an ihn wandte. „Ich habe Dilara seit einiger Zeit nicht mehr gesehen. Wo treibt sich die Schöne herum?"

Cassandra verspürte einen heftigen Stich in der Herzgegend und verfluchte sich insgeheim.

Guardian erwiderte immer noch nichts.

„Hat es dem die Sprache verschlagen?" entfuhr es Cassandra, und sie erntete zu ihrem Erstaunen einen frostigen Blick ihres Partners.

Cassandra riß die Augen auf.

Was war denn in den gefahren?

Das paßte nicht zu Micks sonst so forschem Auftreten. Er zeigte doch sonst vor nichts und niemand Respekt. Aber diesem sonderbaren Mann gegenüber verhielt er sich beinahe etwas verunsichert.

„Was willst du von uns?“ fragte Guardian anstelle aller Antworten, die er Mick schuldig geblieben war.

Cassandra fühlte ein leichtes Frösteln beim Klang der Stimme. Sie war klar und scharf, hatte aber – so grotesk das auch sein mochte – ebenfalls eine warme, sanfte Note. Es war genau die Mischung, die einen erreichte.

„Ich will wissen, wer ihr seid... über eure Namen hinaus.“ Mick warf Cassandra den nächsten Blick zu. Dieses Mal eindeutig warnend. Dann wandte er sich wieder an Guardian und fuhr fort: „Und ich will euch Ärger vom Hals halten.“

Nun war es Guardian, der die Augen aufriß. Das war aber auch seine einzige Reaktion. Wenngleich er sich immer noch verunsichert fühlte beim Anblick von Micks ungewöhnlicher Augenfarbe. Sie glich so unheilvoll der jener Frau, die Dilara im Fernsehen gesehen hatte. Luna, dachte er, Luna *Sangue*, wenn das nicht bezeichnend ist. Und nun auch noch dieser Cop. Besteht da ein Zusammenhang? Gehören er und Luna zusammen?

Guardian musterte Mick mißtrauisch.

Der hielt ruhig dem Blick stand.

„Ich habe Erkundigungen über dich eingezogen!“ Guardians Satz schwebte wie eine Drohung über Mick und Cassandra.

Doch der Cop mit den kurzen schwarzen Haaren und dem herzförmig in das Gesicht fallenden Pony hatte sich bereits in der Gewalt „Und ich über dich und Dilara.“ Sein jungenhaftes Grinsen erschien wieder auf seinem Gesicht. Ein Grinsen, das Cassandra jedes Mal weiche Knie und Herzflattern bescherte. „Auch wenn ich über unsere hübsche Dame weitaus mehr in Erfahrung bringen konnte als über dich." Das Grinsen verschwand schlagartig wieder, und Mick trat einen Schritt auf Guardian zu, murmelte nur für den blonden Vampir vernehmlich: „Wir sollten uns treffen. Allein! Heute zur Mitternacht auf dem Brompton Cemetery."

London, März 2006, City

Oliver Richmond fühlte sich immer unbehaglicher in seiner Haut, seit ihm Anton Percy Vale den Auftrag erteilt hatte, seinen Sohn im Auge zu behalten und ihm Bericht über dessen Leben, Tun und Handeln zu erstatten. Ein Auftrag, der Oliver Richmond äußerst ungelegen kam. Er war nun einmal nicht der Typ, der solche Weisungen schätzte, weil es eigentlich nicht seinem Charakter entsprach, in die Intimsphäre anderer Menschen einzudringen. Doch Vale war sein Mentor und eine Respektperson innerhalb ihrer Ordensgemeinschaft, der er sich verpflichtet fühlte. So setzte Oliver Richmond alles daran, dem Wunsch nachzukommen. Was ihn jedoch nachdenklich stimmte, war die Tatsache, daß er mit keinerlei aktuellen Informationen über Calvin versorgt wurde, ganz so, als wäre nichts über dessen letzte Lebensjahre bekannt. Seit Calvin die Privatschule verlassen hatte, schien sich seine Spur erst einmal verloren zu haben. Wohin auch immer. Bis er vor einigen Jahren wieder als Buchhändler in London aufgetaucht war.

Oliver Richmond hatte eine Weile benötigt, bis er auf Calvins Spur gelangt war, denn dieser hatte sich augenscheinlich größte Mühe gegeben, sie zu verwischen. Es war nur einem Zufall zu verdanken, daß Oliver Richmond herausfand, daß der langhaarige junge Mann wohl in der Nähe des Hyde Parks lebte. Er hatte ihn dort häufig nachts gesehen. Zusammen mit einer ausgesprochen hübschen langhaarigen Frau. Offensichtlich waren die beiden ein Paar. Ihr Umgang miteinander ließ das deutlich erkennen. Es herrschte eine Vertrautheit zwischen ihnen, die von besonderer Nähe zeugte.

Was Oliver Richmond besonders stutzig machte, war, daß wann immer er die beiden beobachtete, sprich ihnen folgte, um ihren genauen Aufenthaltsort oder weitere Informationen über sie einzuholen und weiterzugeben, die beiden verschwanden. Hinzu kam die unangenehme Tatsache, daß sich Anton Percy Vale äußerst ungehalten darüber zeigte, daß sein Auskundschafter bisher so wenig Erfolg zu verzeichnen hatte. Nachhaltig drängte er ihn, Calvin und diese Frau nicht mehr aus den Augen zu lassen. So nachdrücklich, daß Oliver Richmond das Gefühl hatte, Anton Percy Vales Leben hinge davon ab.

London, März 2006, Brompton Cemertey

Mick eilte mit langen Schritten über den Friedhof und hatte weder Augen für den morbiden Charme der mondbeschienenen Gräber noch für die Gruppe junger Gothic-Anhänger, die düster gekleidet auf dem Friedhof herumhingen.

Mick verzog das Gesicht.

Wie vermutet, *hatte* Dr. Peter Grean getobt!

So außer Kontrolle hatte Mick seinen Vorgesetzten noch nicht erlebt. Der muß ja einen gehörigen Anschiß von allerhöchster Stelle bekommen haben, dachte er und konnte sich nur in allerletzter Sekunde ein schadenfrohes Grinsen verkneifen. Das wäre ihm nach Greans folgenden Worten auch sehr schnell vergangen.

„Bondye, wenn Sie nicht bald Ergebnisse bringen, wird nicht nur an meinem Stuhl gesägt. Soviel steht fest. Man hat mir schon angedroht, uns einen Spezialagenten vor die Nase zu setzen. Und dann ist es vorbei mit Ihren mitternächtlichen Motorradausflügen."

Potzblitz, dachte Mick, und zum ersten Mal flackerte so etwas wie Respekt in ihm auf, der Sesselfurzer ist ja weitaus besser informiert als ich dachte.

Und er nahm sich vor, künftig mehr auf der Hut zu sein.

Mick registrierte den Schatten, noch bevor Guardian Gestalt vor ihm annahm, und stoppte seinen Schritt. „So müßte ich mich auch an die potentiellen Täter heranschleichen können", feixte er.

„Das kannst du doch!"

Mick starrte sein Gegenüber betroffen an. „Wie bitte?" fragte er heiser. Sollte diese blauäugige Vampirbohnenstange etwa...? Aber nein, woher auch? Mick war sich sicher, immer sehr vorsichtig gewesen zu sein... wenn...

„Du vergißt, daß auch mir die Toten näher sind als die Lebenden."

Dieses Mal war Mick derjenige, der beharrlich schwieg. Er hatte Guardian dieses Treffen vorgeschlagen, um näher an den blonden Vampir heranzukommen, denn daß er einer war, stand für Mick fest. Ebenso an Dilara und ihre dunkle Brut, die sich in London und über die Stadtgrenzen hinaus ausbreiteten und sich teils erbitterte Kämpfe geliefert hatten, die aber allmählich an Brillanz und an Energie verloren. Mick hatte vom ersten Augenblick an, als er Dilara erblickte, gespürt, daß sie etwas Besonderes war. Sie und ihr langhaariger Begleiter. Aber auch Guardian war nicht nur der Abtrünnige, den er vorgab.

Dr. Peter Greans Gesicht flackerte vor Micks geistigem Auge auf. Wenn du wüßtest, was ich alles weiß, durchzuckte es ihn hämisch, dann würde dir dein Arsch gehörig auf Grundeis gehen.

„Soso", kam er nun doch auf Guardians letzten Bemerkung zu sprechen. „Du meinst also, wir hätten etwas gemeinsam?"

Guardians Augenfarbe wurde eine Spur eisiger. „Nicht nur etwas!" behauptete er.

Mick war noch nie ein Freund langen Drumherumredens gewesen. „Kannst du mal genauer werden? Ich denke, die Lage ist zu ernst, um unnötig Zeit zu verplempern."

Guardian nickte. „Das stimmt!" pflichtete er Mick bei.

„Dann rede nicht um den heißen Brei herum!"

Guardians schlanke hochgewachsene Gestalt straffte sich. „Du bist von unserer Art. Bist ein Wesen der Nacht. Wie wir. Du bist einer von uns..." Guardian zögerte. „Und noch mehr!"

London, März 2006, LUNA-Tower

Das wird bald alles mir gehören!, dachte sie. Das und noch viel mehr! Aber diese Stadt wird der Anfang sein.

Luna Sangue blickte ein letztes Mal aus dem Fenster ihres Büros auf das nächtliche London, dann drehte sie sich herum und ging zur Tür, um den Raum zu verlassen und ihre Privatgemächer aufzusuchen, die sich ebenfalls in dem eleganten

Hochhaus befanden – das mittlerweile den Namen LUNA-Tower trug –, als das Telefon läutete. Luna stieß einen unwilligen Laut aus. Sie liebte es nicht sonderlich, wenn sie in ihrem Tun gestört oder aufgehalten wurde.

Verärgert kehrte sie an ihren Schreibtisch zurück und hob das Funktelefon hoch. „Ja?“ stieß sie gereizt hervor und trommelte mit ihrer freien Hand auf der glatten Platte des Schreibtisches herum.

„Entschuldigen Sie die Störung, Miß Sangue“, meldete sich der Portier. „Hier unten ist ein Mr. Vale, der Sie unbedingt sprechen möchte.“ Leiser fügte er hinzu. „Mir ist der Kerl nicht geheuer. Sie müßten mal sehen, wie er herumläuft.“ Er legte eine kleine Pause ein. „Wie aus einem dieser Horrorfilme entstiegen.“

Calvin Percy Vale, dachte Luna und fühlte Befriedigung in sich aufsteigen, sieh an, sieh an. Das klappt ja besser, als ich dachte.

„Schicken Sie ihn herauf!“ befahl sie kurzangebunden und beendete das Gespräch, ohne eine Antwort abzuwarten. Dann stand sie auf, zog ihre Kostümjacke aus, öffnete zwei Knöpfe ihrer Seidenbluse, so daß ihr hellhäutiger Busen fast aus dem Ausschnitt wogte, und befreite ihr schwarzes, halblanges Haar, das sie wie stets streng zurückgebunden trug.

Als sich die Tür ohne ein Klopfen schwungvoll öffnete, drehte sich Luna mit einem Lächeln herum, das nicht verheißungsvoller hätte sein können. Ihre bernsteinfarbenen Augen strahlten Calvin erfreut an, und sie vollführte eine einladende Geste, daß er sich setzen solle. Als Calvin dieser Aufforderung nicht nachkam, nahm Luna mit einer lasziven Bewegung an einem kleinen quadratischen Glastisch Platz, der von vier Metallstühlen mit schwarzen Ledersitzflächen umgeben war und für Besprechungen diente.

„Wir freuen uns, dich zu sehen!" Ihre rauchige Stimme verfehlte auf Calvin nicht ihre Wirkung. So sehr er sich auch dagegen sträubte. Sie ging ihm durch und durch. Dabei war seine Vermutung längst zur Tatsache gereift, daß Luna Sangue diesen Tonfall ganz nach Belieben einsetzte. So auch jetzt. Zu welchem Zwecke, war ihm nur bedingt klar. Sie machte ihm ganz offen Avancen. Soviel stand fest. Aber warum?

Calvin war zwar selbstbewußt, und er wußte, daß er sich sehen lassen konnte. Aber dennoch war ihm auch klar, daß er nicht der Typ Mann war, der auf eine Frau wie sie anziehend wirkte.

Normalerweise.

Was will diese Frau von mir?, fragte er sich zum wiederholten Male.

„Willst du uns den Grund deines Besuches verraten?" Ihre Stimme tropfte wie Honig an ihm ab.

Calvin fühlte jähes Verlangen in sich aufsteigen und machte einen beinahe hilflosen Schritt auf sie zu, als er mitten in der Bewegung verharrte. Seine Begierde erlosch schlagartig, als sich ein Gefühl der Trauer in seine Lust mischte. Es war *Dilaras* Trauer! Schuldbewußt zuckte er zusammen, weil er wußte, daß sie alles mitfühlte. Doch er war machtlos. Er wollte das nicht, wollte sich dagegen wehren, dennoch gelang es ihm nicht vollends. Dabei waren seine Gefühle für Dilara echt, ehrlich und tiefempfunden, und in ihrer speziellen Beziehung gab es von seiner Seite nichts, woran es ihm mangelte. Darüber hinaus war Luna Sangue eine Fremde für ihn. Dazu noch eine, von der eine unheilvolle Gefahr ausging.

Weniger für ihn, wie er instinktiv spürte, sondern für Dilara.

Luna schlug die Beine übereinander und betrachtete Calvin nachdenklich. Sein innerer Konflikt war ihr nicht verborgen geblieben, und sie mußte sich eingestehen, daß sie das mit einer tiefen Genugtuung wahrnahm. Es wurde Zeit, daß sie auf ihrer Suche nach dem Schattenkelch einen entscheidenden Schritt weiterkam. Auf der Suche nach dem Kelch und auf dem Weg an die Spitze der Macht.

Die Wesen der Nacht sollten ihr unterstellt sein.

Nur ihr!

Lunas Blick wurde eine Spur rätselhafter und blieb an dem Amulett haften, das Calvin trug.

Irgend etwas ging von dem Schmuckstück und dem langhaarigen Vampir aus. Es war nur schwer zu ergründen, was. Sein Erscheinungsbild war es eher weniger, was sie anzog, da sie weder auf jüngere Männer noch auf den eher androgynen Typ, den Calvin darstellte, reflektierte.

Wenngleich, dachte sie versonnen, er nicht schlecht aussieht. Luna verband schon immer möglichst das Angenehme mit dem Nützlichen. Und Calvin war durchaus als „angenehm" zu bezeichnen. Doch da war mehr. Etwas, das ihr signalisierte, daß er eine größere Gefahr für sie werden konnte, als sie bisher gedacht hatte.

Und seine Worte bestätigten, daß sie richtig lag.

„Lassen Sie Dilara in Frieden!" Calvins Haltung wurde – ebenso wie sein Tonfall – drohend. „Ich meine das ernst! Lassen Sie sie in Frieden!"

Luna zeigte sich unbeeindruckt von seinem Verhalten. Im Gegenteil. Das Lächeln, das sie Calvin nun schenkte, brachte sein Blut erneut in Wallung. Sie erhob sich und kam ihm mit einem geschmeidigen Hüftschwung entgegen. Sie blieb so dicht vor ihm stehen, daß ihn ihre Brüste berührten. „Wie kommst du auf die Idee, daß wir Interesse an Dilara haben?" Ihre rechte Hand berührte seine Schläfe, strich sacht seine Wange hinab und griff dann plötzlich mit einem beinahe groben Ruck in sein offenes Haar. Ihr Gesicht näherte sich seinem im Zeitlupentempo. „Wie kommst du auf die Idee, daß wir Interesse an Dilara haben?“ fragte sie erneut, und ihre Augen waren ein einziges Funkeln. „Wir wollen dich!“ flüsterte sie heiser und ihre Lippen senkten sich auf seinen Mund.

Als Calvin im Morgengrauen in das Haus in der Park Lane zurückkehrte, fühlte er sich von einer Mattigkeit befallen, als habe er seit Monaten keine Nahrung mehr zu sich genommen. Er brauchte Blut. Frisches Blut. Als er wie ein dunkler Schemen durch das geöffnete Schlafzimmerfenster floß, Dilara in ihrem Bett liegen sah und Gestalt annahm, konnte er der Versuchung nicht widerstehen, seine ruhende Gefährtin auf die Stirn zu küssen.

Dilara öffnete langsam die Lider. „Wo warst du, Cal?“ fragte sie schlaftrunken, und ihre grünen Augen verrieten, daß sie es längst wußte. Er las den Schmerz darin und die Enttäuschung, und es schnitt wie ein Messer in sein Herz.

Dabei...

„Es ist nicht so, wie du denkst, Dilara!“ murmelte er undeutlich und küßte sie.

Sie wollte sich ihm entziehen, ihn mit Vorwürfen überhäufen und zur Rede stellen, statt dessen klammerte sie sich an ihn, hielt ihn an sich gepreßt, wie einen kostbaren Schatz, den es zu hüten galt und den sie nie wieder hergeben wollte... der aber Gefahr lief, verlustig zu werden.

„Ich will es nicht wissen!“ flüsterte sie, und er spürte, daß sie am ganzen Körper zitterte.

Calvin fühlte sich elend. Er wußte zwar, daß er letztendlich Luna Sangues Verführungskünsten widerstanden hatte, es war ihm aber auch bewußt, wie kurz er davor gewesen war, ihnen zu erliegen.

„Komm!“ forderte er Dilara leise auf. „Ich brauche Nahrung. Laß uns zusammen...“

Sie küßte ihn, als wäre sie eine Ertrinkende, und folgte ihm dann hinaus in die Nacht – in den Hyde Park. Dort sahen sie den Mann gleichzeitig, der mit schnellen Schritten wohl heimwärts strebte, aber niemals dort ankommen würde. Calvin hatte ihn mit nur zwei Schritten erreicht und verbiß sich, ohne auch nur eine Sekunde zu zögern, in dessen Halsschlagader. Trank in gierigen Schlucken, als gelte es, die Begegnung mit Luna Sangue zu verdrängen.

Er spürte Dilara neben sich und ließ von dem Opfer ab, um auch ihr die Gelegenheit zu geben, sich an ihm gütlich zu tun. Dann wechselten sie sich ab. Verbissen sich wieder und wieder in ihm, bis es regelrecht zerfetzt am Boden liegenblieb.

Calvin erhob sich zuerst und zog Dilara mit sich. Bevor sie sich mit dem Wind treiben ließen, umfaßte der langhaarige Vampir das Kinn seiner dunklen Gefährtin und hob ihr Gesicht so, daß sie ihn ansehen mußte. „*Du* bist diejenige, die ich liebe, und die ich will, Dilara. Vergiß das nie! Geschehe, was will!“

Und Dilara nickte – auch wenn der Zweifel aus ihr nicht gänzlich weichen wollte.

ARCANUM

(Wissen)

Belgien, August 1914

Geneviève sorgte dafür, daß man die Vampirin auf ein weiches Lager bettete und sie in Ruhe ließ. Sie dunkelte die Fenster ab und wachte an ihrer Seite. Ganz allmählich erholte sich Dilara von dem Kampf, der ihre allerletzten Reserven aufgezehrt hatte. Sie fühlte sich wie eine ausgebrannte Kerze, und Geneviève fragte sich, ob sie wohl den Punkt überschritten hatte, nach dem eine Regeneration nicht mehr möglich war.

Doch Alfred Schrecks Blut zirkulierte in Dilaras Adern und gab ihr nach und nach ihre alte Kraft und Schönheit zurück.

Währenddessen bahnte sich der Lindwurm aus Wagen, Tieren und Menschen einen Weg durch schwieriges Gelände in Richtung Westen. Vom heraufziehenden Krieg unbehelligt zogen sie auf vergessenen, geheimen Straßen und Hohlwegen, die in römischer Zeit oder noch früher, als Barbaren das Land beherrscht hatten, angelegt worden waren, und rasteten im Schatten verfallender Kirchen oder in finsteren Höhlen.

Als Dilara vom Geschützdonner und den Erschütterungen der Erde aus ihrem Delirium gerissen wurde, war Geneviève an ihrer Seite.

„Der Kelch“, stöhnte sie. „Der Kelch war in der Burg?“

Geneviève nickte. „Da, wo ihn von Runkel zuletzt gesucht hätte. Aber er würde ihn *nie* finden. Seine Überlegungen basieren auf einem Fehler. Es gibt nicht *den einen* Kelch.“

Dilaras Augenbrauen hoben sich vor Staunen.

„Der Gral ist eine Idee, eine Hoffnung für unsere Zeit. Nur wer an ihn glaubt, kann ihn finden, und nur wer seiner würdig ist, wird sich seiner bedienen können. Ich weiß, was Baron von Runkel während unserer Séance sah. Er sah einen Kelch, der sich in den Mauern von Montjoie befand, und er sah mich, am Fenster unseres Gefängnisses. Auch Flammen und Zerstörung sah er, doch in seiner Überheblichkeit glaubte er nicht, daß es seine eigene Vernichtung sein würde. Doch das Gefäß, das er gesehen hat, war nicht der Schattenkelch. Wenn Sie ihn gesehen hätten, Dilara, könnte ich Sie nicht retten. Der Schattenkelch ist zu gefährlich, als daß jemand Ihrer Natur seinen Aufenthaltsort erfahren dürfte."

„Und Sie haben die ganze Zeit über gewußt, daß von Runkel scheitern würde, Geneviève?"

„Ich konnte nicht sicher sein. Sie haben selbst erlebt, wie vieldeutig die Dinge sind, die uns die Zwischenwelt offenbart. Ich ahne viele Dinge, doch es gibt keine Garantie dafür, daß sie eintreten werden. Ich habe das Gefühl, daß wir uns eines Tages wiedersehen. Denken Sie daran: Wie unterschiedlich wir auch sein mögen, wir stehen auf derselben Seite!" Sie streifte einen breiten goldenen Ring vom Finger und reichte ihn der Vampirin. Diese sah, daß darin die Initialen G und Z eingraviert waren. „Das hier wird Sie daran erinnern." Sie zog die Vorhänge vor dem Fenster einen Spaltbreit auseinander. Der Dämmer eines neu erwachenden Tages fiel in den Wagen.

„Sobald Sie sich stark genug fühlen, sollten Sie uns verlassen, Dilara. Die Zigeuner mögen Ihresgleichen nicht. Sie haben schlechte Erfahrungen gemacht. Auf ihren Fahrten begegnen sie vielen unerklärlichen Dingen und sammeln Wissen, das anderen Menschen verborgen bleibt. Dieses wird mündlich von einer Generation zur nächsten weitergegeben. Sie sind ein faszinierendes Volk und ein bedeutendes Gewicht in der Waagschale der kosmischen Balance. Ich habe von meinem Mann Victor, der selber einer der ihren ist, viel gelernt. Eines Tages werden auch Sie mehr darüber erfahren, Dilara."

Zwei Tage blieben Dilara noch, um ihre ursprüngliche Stärke wenigstens teilweise zurückzuerlangen. Sie fühlte, daß sie *mehr* Blut brauchte, um sich völlig zu regenerieren. Am Abend des zweiten Tages bat jemand darum, den Wagen betreten zu dürfen. Es war Pierre. Er erklärte der Vampirin, daß der Zug die Randgebiete der Stadt Dunkerque erreicht hätte. Sie waren der deutschen Armee vorauseilend über Liège, Namur, Mons und Lille gezogen und dabei kaum einer Menschenseele begegnet. Pierre ersuchte Dilara, diese Gelegenheit zu nutzen und sich nach England einzuschiffen, bevor der Krieg die Küste erreiche. Schon jetzt sei die Reise nicht ungefährlich. Er gab ihr einen Lederbeutel, in dem sich mehr Geld befand, als sie für die Überfahrt benötigte. Dann ließ er die beiden Frauen wieder alleine.

Dilara verließ die Zigeuner in dieser Nacht. Geneviève verabschiedete sich unter Tränen von ihr und wünschte ihr alles erdenkliche Glück auf ihrem gefahrvollen Weg. Lautlos verschmolz die Vampirin mit den Schatten der Nacht und folgte dem Weg durch die Stadt zum Hafen, den Pierre ihr beschrieben hatte. Dunkerque war in hellem Aufruhr. Wer es sich erlauben konnte, floh vor dem herannahenden Krieg, egal wohin. In einer dunklen Seitengasse trank Dilara das Blut eines französischen Soldaten. Dann buchte sie zu einem phantastischen Preis eine Kabine auf einem überbesetzten Dampfer, mit Hastings als Zielhafen. Nach langer Überfahrt kehrte sie am Abend des nächsten Tages auf britischen Boden zurück.

London, März 2006, Kings Road

„Was meinte er damit, daß du einer wie er bist... und noch mehr?" wollte Cassandra nach dem Treffen mit Guardian wissen, und ihr war mulmig bei der Frage. Ohne daß sie das hätte näher begründen können. Es war ein reines Bauchgefühl.

Und davon hast du ja genug, dachte sie ironisch, Rettungsringe ohne Ende.

Cassandra löste sich von den selbstquälerischen Gedanken und blickte ihren Partner besorgt an.

Mick schwieg sich nun schon seit gut einer Stunde aus. Seit sie in Cassandras kleinem Apartment angekommen waren. Es war das erste Mal, daß sie ihm angeboten hatte, mit zu ihr zu kommen. Weil sie instinktiv spürte, daß ihn das Treffen verunsichert hatte, und er sie vielleicht brauchte.

Er erwiderte ihren Blick.

Und wieder wurde ihr ein wenig unbehaglich angesichts seiner bronzefarbenen Augen.

Mick spürte auch das. „So fängt es schon an", preßte er hervor. „Du hast Angst vor mir. Wie sollen wir da künftig zusammenarbeiten?"

Cassandra durchfuhr ein heißer Schrecken. Wollte Mick vielleicht um einen anderen Partner bitten?

„Angst?" Cassandra setzte sich neben Mick auf das kleine Sofa. So nah war sie ihrem Partner bisher selten gewesen. Aber in dieser Nacht hatte das keine Bedeutung. Dennoch spürte die Polizistin mit den punkigen Haaren, daß am nächsten Tag nichts mehr wie vorher sein sollte. „Ich habe keine Angst vor dir." Sie seufzte und versuchte es mit einem hilflosen Scherz. „Aber du mußt schon zugeben, daß deine Augenfarbe ungewöhnlich ist, Schönling." Sie näherte sich mit ihrem Gesicht seinem. „Oder trägst du getönte Kontaktlinsen?"

„Natürlich nicht!" erwiderte er empört. „So ein modischer Schnickschnack paßt wohl kaum zu mir!"

„Hätte ich dir auch nicht zugetraut."

Mick fuhr sich mit der rechten Hand durch das kurze schwarze Haar. Eine Geste, die ungeheuer erotisch wirkte. Cassandra sah, wie sich seine Oberarmmuskulatur spannte. Das ist die reinste Folter, dachte sie, ich bin doch nicht aus Holz. Doch sie löste sich sofort von dem Gedanken. Das Treffen kam ihr wieder in den Sinn.

„Was meinte er damit, Mick? Wer ist er? Und wer bist *du*?"

„Wenn ich dir das sage, hältst du mich entweder für völlig gaga und läßt mich einweisen, oder es haut dich um, wie eine gefällte Weide."

„So schnell haut mich nichts um!" behauptete Cassandra.

Mick musterte sie nachdenklich. „Da bin ich mir nicht sicher."

„Versuche es!" forderte sie ihn auf.

Mick verzog das Gesicht. „Hast du was zu trinken?" fragte er.

„Lenk nicht ab!" erhielt er zur Antwort.

„Hey, ich habe Durst!" beschwerte er sich.

Cassandra hievte sich vom Sofa hoch. „Was willst du denn? Ein Wasser, ein Ginger-Ale oder..."

„Hast du Whiskey, *Gazelle*?"

Cassandra stoppte mitten im Schritt. Mick schien langsam wieder ganz der Alte zu sein. Sie schüttelte den Kopf und ging weiter in ihre kleine Küche, kam wenig später mit einer Flasche und zwei Gläsern zurück, goß in beide ein und hielt eines Mick hin. „Runter mit dem Zeug!" forderte sie ihn auf, kippte den Inhalt ihres Glases mit einem Zug hinunter, knallte das Glas auf den kleinen Couchtisch und sah Mick ernst an. „Und nenn mich nie wieder Gazelle!“

Mick trank seinen Whiskey in drei Schlucken. Er war es nicht gewohnt, Alkohol zu trinken, aber in dieser Nacht war ihm danach. Er hatte kaum sein Glas abgestellt, als Cassandra beide auch schon wieder füllte. Erneut leerte sie ihres in einem Zug. Respekt, dachte Mick, beobachtete, wie sie ein drittes Mal einschenkte und austrank. Eines war sicher, sie vertrug etwas!

Cassandra setzte sich in einen Sessel Mick gegenüber. „Und jetzt will ich wissen, was mit dir und diesem... wie hieß er doch gleich noch...?“

„Guardian!“

„...ist!“ beendete Cassandra ihren Satz.

„Das ist nicht so einfach zu erklären“, meinte Mick zögernd.

„Ich habe Zeit!“ Cassandra lehnte sich zurück und sah Mick selbstbewußt an. „Ich höre!“

Mick setzte sich gerade auf und kippte auch mal zur Abwechslung seinen Whiskey in einem Zug herunter, verzog das Gesicht und richtete seinen Blick auf Cassandra. „Glaubst du an ein Leben nach dem Tod?“ fragte er, scheinbar ohne Zusammenhang und war mit einem Mal nicht erstaunt, als seine Partnerin mit „Ja“ antwortete.

London, März 2006, Park Lane

Calvin zog seine Gefährtin unvermittelt an sich, so daß sie sich ihm nicht entziehen konnte. „Mir ist nach dir, Dilara“, flüsterte er.

Die schöne Vampirin ging nicht darauf ein. „Wir sprachen eben über den Schattenkelch, Calvin! Und den Hinweis, der nach Frankreich führt!“ brachte sie das Gespräch wieder auf das Thema, das ihr am Herzen lag. „Es ist an der Zeit, daß wir dem nachgehen, Cal!“

„Du hast recht!“ murmelte er in ihr dichtes Haar. Die alte Vertrautheit flackerte wieder zwischen ihnen auf. „Dann laß uns gen Frankreich ziehen!“ Er küßte sanft Dilaras Wangen. „Der Schattenkelch wartet auf uns!“ Er wurde ernst. „Fragt sich nur wo.“

„Das kann ich in Erfahrung bringen“, behauptete sie ruhig und beschrieb in wenigen Worten, was sich vor beinahe hundert Jahren auf Montjoie und während der Flucht von dort zugetragen hatte.

„Wie müssen nach Schloß Comper!“ Sie zögerte… „Ich meine…“

„Falls Madame Zaeppfel noch lebt, was höchst unwahrscheinlich ist. Vielleicht könnte uns ein Anruf die Reise ersparen.“

Dilara seufzte. Wie konnte er angesichts so aufregender Erkenntnisse bloß so vernünftig sein? Sie wählte die Nummer der Auskunft und fragte nach dem Anschluß des Schlosses Comper bei Concoret. Die Telefonistin bat sie um Geduld. Eine Endlosbandschleife dudelte eine belanglose Melodie. Dann meldete sich die junge Frau wieder: „Ich habe die Nummer, die Sie suchen. Sie lautet…“

Dilara notierte die Ziffern. Triumphierend wedelte sie mit dem Zettel vor Calvins Nase herum. Dann wählte sie die genannte Nummer.

„Centre de l'Imaginaire Arthurien, est-ce que je peux vous aider?“ meldete sich am anderen Ende der Leitung ein junger Mann mit nasaler Stimme.

Dilara stellte sich ihm kurz vor und nannte den Grund ihres

Anrufes. Der Mann teilte ihr mit, daß Geneviève Zaeppfel schon lange tot sei und auch ihr Mann nicht mehr auf Schloß Comper lebe. Ihr Bruder Bernard? Nun, soviel er wisse, lebe der noch. Allerdings nicht mehr in Paimpont, sondern am Mont St-Michel.

Dilara bedankte sich für die Auskunft, legte das Mobiltelefon auf den Tisch zurück und drehte sich lächelnd zu Calvin um: „Cal, ich kenne unser Ziel! Sagt dir der Name Mont St-Michel etwas?“

Am nächsten Tag brachen Dilara und Calvin nach Frankreich auf. In einem der unzähligen Kartons auf dem Dachboden war Dilara fündig geworden. In ein Spitzentuch gehüllt fanden sie einen breiten goldenen Ring mit den Initialen „GZ“. Ein Zug brachte sie nach Portsmouth, von wo aus sie eine der regelmäßig verkehrenden Fähren zur französischen Hafenstadt St-Malo nahmen. Was sie nicht wußten, war, daß sie nicht alleine reisten. Sowohl Luna Sangues Spione, als auch Oliver Richmond waren ihnen auf der Spur.

Frankreich, April 2006

Als sie die Fähre in St-Malo verließen, wurden sie das Gefühl nicht los, daß sie beschattet wurden. Im Gedränge konnten sie jedoch niemanden ausmachen, der als Verfolger in Frage kam. Calvin und Dilara ließen sich vom Strom der Passagiere mitreißen und gelangten so in die alte Korsarenstadt mit engen, gepflasterten Gassen und alten Häusern, die beinahe darüber hinwegtäuschen konnte, daß alliierte Bombardements gegen Ende des Zweiten Weltkriegs große Teile des Stadtbildes zerstört hatten. Am Place Chateaubriand erwischten sie ein Taxi, dessen Fahrer sie ungläubig ansah, als sie ihm erklärten, er solle sie zum Mont St-Michel bringen.

„Madame Riantec wird nicht glücklich sein, wenn ich zum Mittagessen nicht nach Hause komme", sagte er und meinte wohl seine Ehefrau. „Aber sie wird sich freuen, wenn sie erfährt, daß ich ein gutes Geschäft gemacht habe. *On y va!*"

In halsbrecherischem Tempo passierte er Schloß und Yachthafen und verließ die Stadt. Auf der Route Nationale beschleunigte er auf die höchste Geschwindigkeit, die sein nicht mehr ganz neuer Cîtroen hergab, und während Orte mit klingenden Namen wie Cancale, Saint-Benoît-des-Ondes und Dol-de-Bretagne an ihnen vorüberflogen, mußten sich Dilara und Calvin anhören, welche Vorzüge das Leben eines Bretonen besaß. Die Fahrt dauerte wegen eines Staus bei Dinan etwas mehr als eine Stunde, und Dilara fieberte mehr und mehr der Begegnung mit Bruder Bernard entgegen.

Sie sahen den Klosterberg, lange bevor sie ihn erreichten, aus dem Meer auftauchen. Und sie *fühlten*, daß sie sich ihm näherten. Er wirkte wie ein mit spiritueller Energie aufgeladener Pol, der sie abzustoßen schien, wie ein Körper mit gleicher Polung.

Monsieur Riantec fluchte. Seit einiger Zeit folgte ihnen ein alter, schwarz lackierter Peugeot. Er setzte zum Überholen an und hupte laut auf. Als er an ihnen vorüberzog, sahen Dilara und Calvin, daß die Insassen drei nahezu identisch aussehende Männer in schwarzen Anzügen waren, die ihre Augen hinter dunkel getönten Sonnenbrillen verbargen. Der Wagen schnitt ihre Bahn und verschwand in einer Staubwolke.

„Ausländer!“ schimpfte der Taxifahrer und fügte dann entschuldigend hinzu: „Natürlich gibt es solche und solche!... Wir sind übrigens bald am Ziel.“

In Roz-sur-Couesnon bog er links ab. Sie befanden sich nun auf einer schmalen Straße, die zwischen Salzwiesen mit darauf weidenden Schafen hindurch bis zum großen Parkplatz am Anfang des Steindammes zur Insel führte.

„Wie werden Sie von hier aus weiterkommen?“ wollte der Fahrer wissen, als er auf dem Parkplatz anhielt.

„Nun, wir bleiben erst einmal hier, und dann sehen wir, was kommt“, entgegnete Calvin unverbindlich.

„Rufen Sie mich an, wenn Sie mich brauchen!“ Der Mann streckte ihnen eine Visitenkarte entgegen, die Dilara nahm. Dann wendete er ziemlich rasant und fuhr davon.

Aus der Nähe betrachtet, wirkte der Klosterberg einfach erdrückend. Das steingewordene Glaubensbekenntnis, mit dessen Bau bereits im 5. Jahrhundert begonnen worden war, zog täglich Tausende von Besuchern an. Irgendwie vermittelte der Ort nicht den Eindruck, daß Dilara und Calvin hier Antworten auf ihre Fragen finden würden.

Ungeachtet der heftigen Abneigung, die sie gegen den geweihten Platz verspürten, legten die beiden den Weg über den Damm inmitten einer Gruppe eifrig fotografierender Touristen zurück und fanden sich, nachdem sie drei Tore durchquert hatten, auf der Grande Rue wieder, einer steil ansteigenden, grob gepflasterten Gasse, die von Andenkenläden und Schnellrestaurants gesäumt wurde. Doch je höher sie zwischen den grauen Mauern aufstiegen, desto ruhiger wurde es um sie. Am Ende einer langen Treppe gelangten sie auf einen ummauerten Platz, von dem aus sie das flache Meer überblicken konnten, das den Mont St-Michel umgab. Sie mußten eine weitere Treppe hinaufsteigen, um zum Eintrittskartenschalter zu kommen. Dilara beschloß, sich hier nach Bruder Bernard zu erkundigen.

„Excusez-moi?“ entgegnete die junge Verkäuferin erstaunt. „Sie möchten einen der Mönche sprechen?“

„Ja, es handelt sich um Bruder Bernard. Wir wissen, daß er hier lebt. Bitte, es geht um eine familiäre Angelegenheit.“

Es war deutlich zu erkennen, daß die Frau noch nicht ganz überzeugt war. „Einen Moment bitte“, sagte sie. „Ich werde nachfragen, ob es einen Bruder Bernard gibt.“ Sie verschwand durch eine unauffällige Tür im hinteren Bereich der Empfangshalle.

Nach etwa zehn Minuten kehrte die Frau sichtlich verwirrt zurück. „Ich darf Sie zu ihm bringen. Bitte folgen Sie mir!“

Hinter der Tür befand sich ein schmaler Gang, durch den sie auf einen Hof gelangten. Durch einen gotischen Spitzbogen hindurch geleitete sie die junge Frau in einen Kräutergarten. Zwischen zwei Hortensienbüschen führte eine schmale Treppe hinab in ein Chaos von steilen Klippen.

„Wenn Sie diesem Weg folgen, gelangen Sie zur Kapelle des Heiligen Aubert. Sie können sie nicht verfehlen. Bruder Bernard wartet dort auf Sie.“

Während sie die verwitterten Stufen hinabstiegen, überlegte Dilara, ob es möglich war, daß eine Verwechslung vorlag. Es mußte Hunderte von Mönchen geben, die Bruder Bernard hießen, und Genevièves Bruder wäre inzwischen über hundert Jahre alt.

Der Pfad, der immer wieder von Treppen unterbrochen wurde, wand sich hinab zum Fuße des Berges, wo die Kapelle des Heiligen Aubert an einer für Besucher unzugänglichen Stelle lag. Auf einer schmalen Terrasse – zum Meer hin – sahen Dilara und Calvin schon von weitem eine Gestalt, die eine schwarze Kutte trug. Als sie ihr näherkamen, wuchs in Dilara die Gewißheit, Bruder Bernard gegenüber zu stehen. Der Mönch war uralt und stützte sich auf einen Stock. Dennoch hatte er eine aufrechte Haltung bewahrt.

Dilara blieb einige Schritte von ihm entfernt stehen.

„Gut sehen Sie aus, Mademoiselle Dilara“, sagte der Mann. „Sie haben sich nicht verändert, in all den Jahren. Im Gegensatz zu mir. Darf ich Sie hereinbitten? Oder stimmt es, daß Ihresgleichen geweihte Orte meiden?“

Er wartete ihre Antwort nicht ab, sondern ging ins dunkle Innere der kleinen runden Kapelle. An einem Fenster ließ er sich auf einer Bank nieder.

„Bruder Bernard…“

„Nun, Sie sind nicht alleine, wie ich sehe. Sind Sie gekommen, um auch mich zu töten? Viele Jahre habe ich darauf gewartet.“

„Die Schattenchronik…“

„Existiert nicht mehr. Wenige Tage, bevor ich zum Mont St-Michel ging, gab es einen Brand in der Bibliothek von Paimpont. Keine Sorge, es wurden nur wenige Bücher vernichtet, Bücher metaphysischen und okkulten Inhalts. Ich fürchte, die Chronik war darunter.“

„Bruder Bernard, wir sind nicht hier, um Ihnen einen Schaden zuzufügen. Wir wollen erfahren, was aus Geneviève geworden ist.“

„Geneviève?“ Ein seltsam schwärmerischer Ausdruck legte sich über das Gesicht des Alten. „Ich dachte, Sie hätten sie umgebracht!“

„Wie kommen Sie darauf? Was…“

„Geneviève wurde doch in jener Nacht vor neunzig Jahren entführt. Gleichzeitig verschwanden Sie. Das gaben die anderen Anwesenden übereinstimmend der Gendarmerie zu Protokoll. In den Wirren des Krieges wurde der Fall nie untersucht. Kurze Zeit darauf verschwand Victor. Ich habe ihm, ehrlich gesagt, nie vertraut. In ihm floß dasselbe Zigeunerblut wie in seinem Bruder Pierre. Nun, das Schloß wurde verkauft. Da ich keinen persönlichen Besitz haben darf, ging der Erlös an meinen Orden. Ich denke, das war ein angebrachter Ersatz für ein paar verbrannte Bücher."

„Diese Frau!" Dilara tauchte in einem Wechselbad aus Freude und Wut.

„Wie?" fragten Calvin und Bruder Bernard wie aus einem Mund.

„Sie hat uns alle an der Nase herumgeführt. Ich vermute, daß sie und Victor noch leben. Und Sie, Bruder Bernard, wären erstaunt, wie jung sie geblieben ist!"

Als das Bewußtsein in der violetten Sphäre erwachte, war seine erste Frage: „Wer bin ich?" gefolgt von „*Was* bin ich?" Es hatte lange geschlafen. Doch nun waren die Bedingungen wieder erfüllt worden. Drei Männer waren in einen Kreis hineingetreten. Plötzlich wußte es seinen Namen: Methalumina. Das Bewußtsein löste sich und materialisierte an seinem Zielort. Die Menschen, die das Phänomen beobachteten, beschrieben es später als den Aufgang einer zweiten Sonne unmittelbar hinter der vergoldeten Statue des Erzengels Michael. Andere behaupteten, die Statue selbst sei lebendig geworden und von der Spitze des Klosters herabgestiegen. Diejenigen, die nicht zur Spitze des Turmes hinaufschauten, hatten vielleicht die drei Männer auf der runden Aussichtsplattform wahrgenommen, deren schwarze Anzüge und Sonnenbrillen unpassend für diesen Ort schienen. Vielleicht bemerkten einige Menschen in ihrer Nähe, wie sich Panik ihrer Gesichtszüge bemächtigt hatte und mit ihnen eine Verwandlung vonstatten gegangen war. Plötzlich stiegen drei Schatten in die Höhe, unwiderstehlich angezogen von dem gleißenden, vernichtenden Licht, das von dem lebendig gewordenen Engel ausging. Ehrfürchtig verfolgten die Pilger mit, wie die Schatten von dem Licht vernichtet wurden, das kurz darauf verglomm. So entstand eine weitere Legende um die Wunder des Mont St-Michel.

Bei Dilaras Worten war Bruder Bernard erregt aufgesprungen. Als sei ihm die Kapelle zu eng geworden, trat er hinaus ins Freie und blickte aufs Meer hinaus.

„Was hat sich damals abgespielt?“ fragte er Dilara, die ihm zusammen mit Calvin gefolgt war.

Die Vampirin schilderte in wenigen Worten ihre Verfolgungsjagd, die Gefangennahme und Verhöre auf Montjoie, schließlich ihre Flucht mit Hilfe der Zigeuner. Alleine den Kelch verschwieg sie. Bruder Bernard nickte immer wieder, als erschiene ihm all das einleuchtend.

Dilara endete den Bericht mit ihrem Abschied von Geneviève: „Diesen Ring gab sie mir in jener Nacht.“ Sie streckte Bruder Bernard den Siegelring entgegen.

„Ich glaube Ihnen! Mademoiselle Dilara, mein ganzes Leben lang habe ich in Furcht und Irrglauben gelebt. Vielleicht war es die gerechte Strafe für das, was ich in Paimpont getan habe.

Geneviève und Victor leben! Sie haben sich Victors Sippe angeschlossen."

„Aber wo könnten wir sie finden?"

„Die Zigeuner?" Bruder Bernard drehte sich um und blickte wieder aufs Meer hinaus. „Wenn sie es nicht wollen, findet sie *niemand*. Allerdings… in wenigen Tagen zelebrieren sie die jährliche Zigeunerwallfahrt in Les Saint-Maries-de-la-Mer. Dort kreuzen sich einmal im Jahr die Wege *aller* Fahrenden."

Als sich Dilara von Bruder Bernard verabschiedete, befiel sie das Gefühl, der Mönch habe durch ihre Enthüllungen seinen inneren Frieden gefunden, der es ihm ermöglichen würde, von seinem irdischen Dasein loszulassen. Der Mönch preßte sie herzlich an sich, und selbst Calvin schüttelte er die Hand. Dann zeigte er ihnen einen schmalen Pfad, der zwischen den Klippen unsichtbar verborgen hinab zu einem breiteren Weg am Fuße des Hügels führte, auf dem sie jetzt, bei Niedrigwasser, rasch zum Parkplatz zurückgelangen konnten.

„Wenn Sie ihr begegnen, sagen Sie ihr bitte, daß ich sie nie vergessen habe!" rief er ihnen hinterher, als sie die feuchten Stufen der Treppe hinabstiegen.

Mark Garimont gratulierte sich selbst zu seiner Gerissenheit. Er hatte sich in St-Malo von seinen Begleitern, diesen eiskalten Typen, die seine Auftraggeberin ihm an die Seite gestellt hatte, getrennt und einen Leihwagen gemietet. Vor allen anderen war er am Ziel angekommen und befand sich bereits eine Weile in der Klosterkirche, als sich Dilara und Calvin am Empfang nach Bruder Bernard erkundigten. Es war ihm ein Leichtes gewesen, ihnen nach einiger Zeit zu folgen und den wichtigsten Teil ihrer aufschlußreichen Unterhaltung mit dem Mönch zu belauschen.

Wie die Steine eines Mosaiks fügte sich das Bild, das Garimont aus seinen Informationen zusammensetzte. Parallel zu seinen Nachforschungen *für* Luna Sangue hatte er auch welche *über* sie angestellt und so zum Beispiel herausgefunden, daß sie im Dezember 2005 aus dem Nichts aufgetaucht war und eigentlich gar nicht hätte existieren dürfen. Schon längst ahnte er, daß mit all diesen Leuten etwas nicht stimmte.

Sie waren keine Menschen.

Er beobachtete, wie die beiden von dem Mönch Abschied nahmen und zum Fuße des Berges hinabstiegen. Nach einer Viertelstunde folgte er ihnen.

Dilaras Kopf ruhte an Calvins schmaler Brust, und sie genoß das sanfte Rattern des TGVs. Dilara seufzte. Sie schenkte der rauhen Schönheit der Landschaft kaum einen Blick, auch wenn sie dieses Land liebte. Das wurde ihr auch jetzt wieder bewußt. Aber das Gefühl wich schnell einem des inneren Aufruhrs. Zu sehr beschäftigte sie der Grund ihrer Reise. Soweit man es überhaupt als solche bezeichnen konnte. Es glich mehr einer Flucht oder einer Verfolgungsjagd – denn sie hatten längst bemerkt, daß ihnen jemand folgte, auch wenn der jetzt verschwunden war – nach dem Schattenkelch, von dem keiner so recht wußte, was er eigentlich genau war.

Calvin lächelte sie ruhig an. „Worüber grübelst du jetzt schon wieder?“ Er beugte sich über sie und küßte ihre Stirn. „Du ziehst ja deine hübsche Stirn so in Falten. Das bedeutet nichts Gutes“, zog er sie liebevoll auf.

Dilara ging nicht auf seinen Plauderton ein. „Du vermutest doch, daß der Schattenkelch weniger als Gegenstand denn durch ein damit verbundenes, besonderes *Wissen* seine Macht entfaltet, nicht wahr, Cal?“

Calvin nickte. „Ja... Wissen, das im Laufe der Jahrhunderte verlorenging...“ Er zögerte. „Oder, was wahrscheinlicher ist, absichtlich geheimgehalten oder verschlüsselt wurde.“

„Hm, verschlüsselt wie die Schattenchronik?“

„So in etwa.“

Dilara zog erneut die Stirn in Falten. „Meinst du, das besondere Wissen wurde irgendwo festgehalten? Oder glaubst du, es ist in bestimmten Menschen verborgen?“ Sie musterte ihn, als sähe sie ihn zum ersten Mal. „Zum Beispiel in dir, Cal.“

Calvin starrte sie eine Weile irritiert an. Zumal sie genau die Frage aussprach, die ihn auch schon eine Weile beschäftigte. Wieder erinnerte er sich an das letzte Streitgespräch seiner Eltern, in dessen Verlauf sein Vater behauptet hatte, daß ein besonderes Potential in seinem Sohn schlummere. Potential, das es zu wecken galt. Und wenn Calvin ehrlich zu sich selbst war, drängte es ihn mittlerweile ebenfalls danach. Besonders, seit er von Dilara den Kuß empfangen hatte, ergab es einen Sinn, dem nachzugehen, was er in sich vermutete. Bis er auf Dilara traf, hatte er es eher vermieden, aus Furcht, was er entdecken könne. Und welche Auswirkung es auf ihn haben würde. Nun war alles anders.

Calvin erinnerte sich an den ängstlichen Unterton in der Stimme seiner Mutter. „Anton!“ hatte sie eindringlich gesagt. „Willst du das Calvin antun?“

„Was heißt hier antun?“ fuhr Anton Percy Vale seine Frau an. „Andere wären glücklich, wenn sich ihnen solche Möglichkeiten böten. Wenn *es* in ihnen stecken würde.“

„Ach, Anton!“ Die Stimme von Calvins Mutter klang erschöpft zu ihrem lauschenden Sohn herüber, der in dem kleinen Flur hinter der Tür zum Wohnzimmer stand, die einen winzigen Spalt geöffnet war.

Diese beiden Worte waren die letzten, die er von seiner Mutter vernommen hatte.

„Hast du mir überhaupt zugehört, Cal?“ brachte sich Dilara für ihre Verhältnisse sanft in Erinnerung.

Calvins dunklen Augen gaben ihr bereits die Antwort. Aber er nickte auch, wenngleich verhalten. „Ich glaube, es ist das besondere Wissen. Wo und in wem es schlummert, weiß ich nicht. Aber ich denke, auf jeden Fall *im Verborgenen.*“

„Ja, in dir!“ wiederholte Dilara beharrlich.

Ihr Blick richtete sich auf das Zugfenster. Birken säumten den Weg der Gleise. Dilara liebte die üppige Vegetation und das mediterrane Flair dieses Landes. Sie schmiegte sich enger an Calvin, dessen Rechte sacht ihren Rücken streichelte. Dilara schnurrte wie eine Katze. Als die Nacht hereinbrach, hatten sie es sich in dem Schlafwagenabteil bequem gemacht und sich eng aneinandergeschmiegt ihren Gedanken hingegeben.

Von Calvin schien die Anspannung der letzten Tage abgefallen zu sein. Lag es daran, daß sie ihn aus dem Einflußbereich der rätselhaften Luna Sangue entzogen hatte?

Dilara sah Calvin an, und ihre grünen Augen verschleierten sich.

Das Rattern des Zuges wurde melodischer, ging Dilara und Calvin mehr und mehr ins Blut über und lullte sie für eine Weile ein. Sie lagen wie hingegossen da: ihre langen schwarzen Haare ineinander verwoben, ihre Beine ineinander verschlungen, ihre Finger ineinander verschränkt. Leib an Leib, Seele in Seele, Atem an Atem, ihre Herzschläge im Gleichtakt – eins zu eins. So wie sie EINS waren, daran hatte auch Luna nichts ändern können. Doch Dilara wußte, daß die geheimnisvolle Frau mehr Eindruck in Calvin hinterlassen hatte, als es ihr lieb war und als sie es einschätzen konnte.

Aber sie würde das Saatkorn, das diese in ihn eingepflanzt hatte, im Keime ersticken.

Dilara wußte, sie würde ihn niemals aufgeben! Niemals!

Als wolle sie ihren Gedanken durch Gebärden mehr Ausdruck verleihen, küßte und streichelte sie ihn.

„Hm", flüsterte Calvin relaxt. „Nicht aufhören!"

Dilara kicherte.

In ihr wurden plötzlich ungeheure Energien frei, und sie spürte eine enorme Lebensfreude in sich aufsteigen. Das Leben einer Unsterblichen – *fast* Unsterblichen, berichtigte sie sich insgeheim – bot so viele Möglichkeiten, die sie jetzt mit Calvin – und Guardian – an ihrer Seite in vollen Zügen genießen wollte. Und da war noch Mick. Dilara war sich mittlerweile sicher, daß er zu ihrer Art gehörte. Auch wenn er irgendwie anders war. Aber sie war ebenso sicher, daß sie bald mehr über ihn erfahren würde, denn er würde immer wieder ihre Wege kreuzen. Es war mehr als offensichtlich, daß er ihre Nähe suchte. Ihre und Guardians.

Dilara seufzte wohlig und spürte ihr Blut in sich wallen. Es war weitaus heißer, als man es einer wie ihr zutraute. Wieder mußte sie über all die Vampir-Klischees schmunzeln, und sie blickte Calvin an. Wir sind das beste Beispiel, dachte sie versonnen, daß unser Volk nichts mit dem gemein hat, was die einschlägige Literatur zu bieten hat.

Dilara legte wieder ihren Kopf an Calvins Brust.

Je näher sie ihrem Ziel kamen, je mehr sie sich dem vermeintlichen Kelch näherten, desto größer wurde ihr Blutdurst. Und auch Calvin konnte sich dem nicht entziehen. Ihre Blicke trafen sich, und sie wußten, daß es an der Zeit war, nicht nur den Schattenkelch, sondern auch neue Opfer zu suchen.

Sie waren mit dem Zug bis nach Arles gefahren. Arles, dachte Dilara versonnen, Arles... Auch in dieser Stadt hatte sie eine signifikante Begegnung gehabt. Im März des Jahres 1888 traf sie dort Vincent Van Gogh, einen Künstler, der ihr immer wieder euphorisch von der sonnendurchfluteten Landschaft, die die Stadt eingrenzte, vorschwärmte. Besonders die Sonnenuntergänge hatten es ihm angetan. Dilara meinte, neben seiner Fähigkeit, den besonderen Charme der Natur der Camargue wahrzunehmen, eine gewisse Überspanntheit im Wesen des Malers zu erkennen, aber irgend etwas zog sie auch an ihm an.

Dilara seufzte.

Wie gerne hätte sie in dieser Stadt verweilt und auf einer der sechsundzwanzigtausend Stufen des Les Arenes, des Amphitheaters, das zu Anfang des 3. Jahrhunderts erbaut wurde, gesessen. Oder die zwei korinthischen Säulen des antiken Theaters betrachtet, doch Calvin und sie konnten die Stadt kaum eines Blickes würdigen, weil ihnen wieder Oliver Richmond an den Fersen klebte. Calvin konnte den Gedanken kaum mehr ertragen, daß ihn der Späher seines Vaters ständig verfolgte und somit nicht nur seine, sondern auch Dilaras Existenz bedrohte. Es kostete ihn Mühe, sich zu beherrschen, zu groß war die Versuchung, Oliver Richmond zu stellen und zu töten.

Besonders als Dilara letzteres vorschlug, schwankte er in seinem Entschluß, gab aber dann letztendlich zu bedenken: „Das wäre ein fataler Fehler! Dann würde mein Vater sofort hellhörig und andere Spitzel auf uns ansetzen."

Dem Argument konnte sich Dilara nicht entziehen und nichts entgegensetzen. Auch wenn sie die schnelle und endgültige Lösung vorgezogen hätte.

So mußten sie versuchen, Oliver Richmond schnellstens loszuwerden, ihn abzuhängen, was in einer Stadt wie Arles leicht war. Für Wesen ihrer Art.

Sie waren nur noch dreißig Kilometer von Les Saintes-Maries-de-la-Mer entfernt und konnten diese kurze Strecke unauffällig bewältigen.

Calvin blickte Dilara mit seinen tiefschwarzen Augen an, umfaßte ihre schlanke Taille, zog die Vampirin an sich und küßte sie leidenschaftlich. Dann löste er sich von ihr und flüsterte eindringlich: „Nun dauert es nicht mehr lange, bis wir unseren Bestimmungsort erreicht haben. Der Ort, der für uns ein bedeutsamer werden kann."

Dilara nickte stumm, und sie tat es Calvin nach, als er sich in Sekundenschnelle verwandelte, seine Schwingen entfaltete und sich in den Nachthimmel erhob.

Frankreich, 23. Mai 2006, Les Saintes-Maries-de-la-Mer

Es war eine sternenklare, milde Nacht, als Dilara und Calvin endlich die ersten weißgekalkten Häuser von Les Saintes-Maries-de-la-Mer erblickten.

Wie zwei unbewegliche Schatten blieben sie stehen und verweilten einige Minuten, sprachen kein Wort, bis Dilara die Stille unterbrach.

„Li Santi Mario de la Mar“, murmelte sie, und die Bilder der Vergangenheit waren sofort wieder in all ihrer Vielfalt gegenwärtig. So daß sie instinktiv den provenzalischen Namen des Zigeunerwallfahrtsortes benutzte.

Eine sonderbare Scheu befiel sie plötzlich. Calvin ergriff Dilaras Hand und floß mit ihr durch die Nacht an das Meer, das glatt wie ein Spiegel vor ihnen lag. Dort ließen sie sich in den Dünen niedersinken und gedachten eng aneinandergeschmiegt ihrer erlebnisreichen Reise.

„Nun sind wir doch noch rechtzeitig angekommen“, sagte Calvin leise und genoß die seichte Brise, die vom Meer an die Küste heranwehte.

„Ja.“ Dilara fühlte ein elektrisierendes Hochgefühl in sich, wenn sie an die kommenden beiden Tage dachte.

„Hattest du Zweifel?“

Sie grübelte eine Weile nach. „Hin und wieder“, gestand sie dann.

Calvin spürte, wie sich die ungeheure Willenskraft, die in Dilara frei wurde, auch in ihm ausbreitete. So wie er fühlte, daß er an einem entscheidenden Wendepunkt seines Lebens stand.

Dilara hielt es nicht mehr an dem Strand, auch wenn sie es sonst liebte, stundenlang am Meer zu sitzen und darauf zu starren, sobald sich ihr die Gelegenheit dazu bot. Wann immer es sie in südliche Gefilde zog. Sie liebte die Weite des Ozeans, seine enge Beziehung zum Mond und mit den Gezeiten. Das löste ein Gefühl der Verbundenheit in ihr aus... auch wenn fließendes Wasser immer noch eine Gefahr für sie und ihre Art bedeutete. Wenn es aber zutraf, was man über den Schattenkelch sagte, so wären Calvin und sie bald in der Lage, einigen ihrer Art dieses Los und diese Einschränkung zu ersparen. Dann wären wir wirklich frei, dachte Dilara versonnen und sehnsüchtig.

Wenn... ja wenn sie in den Besitz des Kelches gelangten.

Oder war es doch das Wissen, das sie in Calvin vermutete?

„Laß uns gehen, Cal. Ich bin unruhig“, entfuhr es ihr.

Er stand schon und zog sie mit sich, bevor ihr letzter Satz verklungen war. Hand in Hand näherten sie sich dem Ort, der sich malerisch am Rande der Camargue-Sümpfe vor ihnen erhob. Die Kirche wirkte alles überragend und immer noch, wie vor mehr als tausend Jahren, wie ein Bollwerk.

Eine Weile betrachteten Dilara und Calvin den Bau. „Schade, daß Steine nicht zu reden vermögen.“ Calvin schmunzelte. „Diese könnten sicher gar Abenteuerliches berichten. Besonders von der Zeit, in der sich die Menschen bei Piratenüberfällen hierhin geflüchtet haben.“

„Das stimmt“, pflichtete Dilara ihm bei. Und ihre Phantasie lief bereits wieder auf Hochtouren.

London, Mai 2006, LUNA-Tower

Luna trommelte mit ihren knallrot lackierten Fingernägeln auf dem Glastisch herum. Ihr Gesichtsausdruck, aber auch ihre ganze Haltung drückten Ärger und Anspannung aus. Nichts war bisher so gelaufen, wie sie es geplant hatte. Wie es sein sollte. Garimont kann sich auf einiges gefaßt machen, dachte sie wütend. Was er ihr zu berichten hatte, ließ ihre Laune auf den Nullpunkt sinken: Dilara und Calvin hatten Les Saintes-Maries-de-la-Mer erreicht. Waren also dem Schattenkelch näher als alle anderen, die ihn in ihren Besitz bringen wollten.

„Dieser Versager!" schnaubte Luna Sangue und bebte vor Zorn. Ihre beiden Begleiter, die aussahen, als wären sie aus einem Mafia-Film entstiegen, ließen mit keiner Regung erkennen, ob sie das Verhalten ihrer Prinzipalin sonderlich beeindruckte. Aber die gab sich ohnehin ihrem Zorn hin und konnte die dunklen Kräfte, die in ihr frei wurden, kaum unter Kontrolle halten. Es drängte sie immer mehr, selbst in das Geschehen einzugreifen, und die Entwicklung zeigte mehr als deutlich, daß das auch erforderlich war.

„Nur Dilettanten um uns herum!" stieß sie unbeherrscht hervor. „Wenn wir nicht alles selber machen."

Frankreich, 24. Mai 2006, Les Saintes-Maries-de-la-Mer

Der dumpfe Glockenklang hallte am nächsten Morgen über die kleine Stadt. Er paßte zu dem düsteren Bild der dunklen Kirche, die Dilara und Calvin betrachteten. Im 10. Jahrhundert hatte nach der Vertreibung der mehrmals eingefallenen Wikinger und Sarazenen ein Graf Guillaume die Wehrkirche an dem Les Saintes-Maries-de-la-Barque genannten Ort errichten lassen. Im Jahre 1448 waren hier die Reliquien der Heiligen Marie Jacobé und Marie Salomé gefunden worden. Und der Leichnam der schwarzen Sara, die der Legende nach die Marien in ihrem Boot gerettet hatte.

Sie ehrte die große Wallfahrt der *Gitanes*, die nun kurz bevorstand. Die Tage, in denen Les Saintes-Maries-de-la-Mer Kopf stand und die Gassen eng wurden, waren angebrochen. Jeder Stein, jede Brise schien von zusätzlichem Leben erfüllt zu sein.

Calvin stieß Dilara aufgeregt in die Seite und deutete auf den Kirchplatz „Sieh nur! Die Pilger versammeln sich!"

Und richtig!

Dilaras Blick haftete an den acht Schimmeln, die die Prozession anführten. Auf ihren Rücken saßen Reiter, in schwarzen Kord gekleidet, in den Rechten einen langen hölzernen Stab, der in einem Dreizack endete.

„Da!" wisperte Calvin aufgewühlt. „Sie tragen Sara aus dem Grabgewölbe der Kirche!"

Die Leiber der Zigeuner drängten sich näher an die Träger der eineinhalb Meter hohen Holzstatue heran. Tatsächlich, da war sie – Sara, die zarte, mit vielen Gewändern aus vergoldeten und bestickten Stoffen bedeckte Holzstatue, von der nur das dunkle, sanfte Gesicht zu sehen war.

Mit wehenden Fahnen folgten ihr die Gläubigen durch das Städtchen zu den Steinwällen, die die Straßen vor der Meeresbrandung schützten. Dilara und Calvin fühlten sich von der Lebendigkeit, die alles zu erfüllen schien, mitgerissen.

Calvins rechte Hand umfaßte Dilaras schmale Taille. Er zog seine Gefährtin eng an sich. „Was für ein Treiben!" murmelte er in ihr duftiges Haar. „Und was für eine Energie!"

Dilara ging zitternd neben ihm. Die temperamentvollen Menschen weckten ihren Blutdurst, den sie kaum niederkämpfen konnte. Calvin blieb das nicht verborgen. „Beherrsche dich!" wisperte er ihr zu. „Zumindest bis heute nacht!"

„Vive la Sainte Sara, vivent les Saintes Maries!“ erklang es von allen Seiten aus der Prozession, die langsam auf den Strand zuschritt. Die Pferde der Gardiens stampften mit den Hufen, tänzelten rassig auf der Stelle und dann langsam weiter.

„Das ist schon beeindruckend!“ Calvin konnte seinen Blick kaum von dem Geschehen lösen. Er war mit Dilara stehengeblieben und zur Seite getreten, um das Geschehen am Strand besser betrachten zu können. „Wenn man bedenkt, von woher sie alle angereist sind: Frankreich, Spanien, Belgien, Holland, Ungarn, Rumänien... und weiß der Teufel, woher noch.“

Dilara ließ ihren Blick durch die Menge schweifen, sah, wie die Väter ihre Kinder auf die Schultern setzten, damit sie die Prozession besser sehen konnten.

Allen voran schritt der Bischof von Arles, gefolgt von dem Pfarrer des Städtchens.

Sara wurde von vier Zigeunern bis ins Meer getragen.

Dann hob der Gesang an, die Gebete und der Jubel. Zur Ehre der Schutzpatronin der Zigeuner.

„Vive la Sainte Sara!“

Zigeunerinnen mit geschmückten Frisuren und großen, blitzenden Ohrringen hoben ihre Röcke, um ebenfalls ins Meer zu folgen. Den Pferden reichte das Wasser bereits bis an die Bäuche.

„Beeindruckend!“ murmelte Calvin fasziniert. „Dieser Glaube, diese Hingabe!“

„Nicht nur, Cal, nicht nur!“ wandte Dilara ein. „Seit Jahrhunderten pilgern die Roma und Sinti im Mai zu Tausenden hierher. Zu einem Sippentreffen, zur Freundschaftspflege, Hochzeiten, Kindstaufen...“

„Hm!“ meinte Calvin und grinste dann. „Du meinst also, es geht mehr um Wein, Weib und Gesang?“

Dilara erwiderte sein Lächeln und nickte. Sie fragte sich,

ob sie den Schattenkelch fühlen würde, wenn er in der Nähe wäre. „Auch, Cal, auch! Doch schau!“ Sie wedelte mit dem ausgestreckten Zeigefinger vor seiner Nase herum.

Die Träger der Sara standen mittlerweile ebenfalls bis zur Brust im Wasser.

Dann drehten sie sich herum und trugen die Statue, noch immer unter Rufen und Gesängen, langsam wieder in die Krypta der Kirche zurück.

Als die Nacht hereinbrach, suchten Dilara und Calvin erneut die Kirche auf. Instinktiv fühlten sie, daß sie auf ihrer Suche nach dem Schattenkelch in der Krypta, in der die Feierlichkeiten einen weiteren Höhepunkt erlebt hatten, auf einen entscheidenden Hinweis stoßen würden.

Besonders Calvin war es, als ginge in ihm mehr und mehr eine Saat auf, deren Korn schon vor sehr langer Zeit gelegt worden war. Nicht erst in ihm, sondern schon in einem seiner Vorfahren.

„Blutsbande“, flüsterte er, „es sind die Blutsbande, auf die es ankommt!“

„Was murmelst du da vor dich hin?“ wollte Dilara wissen.

Calvin ergriff ihre Hand. Seine Finger waren eiskalt. „Ich glaube, du hattest recht!“

„Womit?“

„Daß das besondere Wissen in mir steckt.“

Dilara stieß ein erstauntes Zischen aus. „Jetzt also doch?“

„Bist du plötzlich wieder anderer Meinung?“ Calvins Stimme klang ungnädig. Er kannte Dilaras rasante Meinungswechsel.

Dilara kicherte. „Wie genervt du klingen kannst!"

„Beantworte meine Frage bitte, Dilara!"

Dilara öffnete den Mund zu einer Erwiderung, aber bevor sie etwas sagen konnte, registrierte sie eine Bewegung im Dämmerlicht, die zeitgleich mit Calvins Keuchen erfolgte.

Die Bewegung, die Dilara in ihren Augenwinkeln wahrgenommen hatte, war keine Einbildung gewesen. Bevor sich die Vampirin herumdrehen konnte, stieß Calvin neben ihr einen erstaunten Laut aus. „Bei allen Höllen!" entfuhr es ihm, als er die dunkelhäutige Frau, die aus dem Grabgewölbe heraufgekommen war, vor sich stehen sah. „Sara!" rief er.

Die schwarze Sara?

Leibhaftig vor ihnen?

Dilara glaubte ihren Augen nicht zu trauen.

Daß Sara gerade *ihnen* erschien, versetzte sie in maßloses Erstaunen.

„Sara?" fragte sie langgezogen und betrachtete Calvin mißtrauisch. Er führte sich auf, als ob er einer lange verschollenen Geliebten plötzlich wieder gegenüberstünde.

Sara bedachte Dilara mit einem warmen freundlichen Blick. „Ja, ich bin Sara. Und du bist..."

„Dilara!" fiel ihr Dilara ins Wort.

„Die Vampirin. Ich weiß!" behauptete Sara.

„Aber woher...?"

Sara lächelte sanft und weise. „Meine Seele ist nicht an diese Krypta gebunden." Ihr Lächeln wurde noch eine Spur sanfter. „Das solltest gerade du wissen. Und unsere Seelen treffen sich nicht das erste Mal."

Dilara war es sonderbar zumute. Sie wußte, wie viele Zigeunerlegenden um die schwarze, aus Ägypten stammende Sara rankten. Man nannte sie auch *Königin des Ortes*.

Und majestätisch war auch die Haltung, mit der die Frau Dilara gegenüberstand.

Die schöne Vampirin wußte nicht, wen sie ansehen sollte. Ihr Blick wanderte zwischen den beiden einher, als könne er sich nicht entscheiden, auf wem er verweilen sollte – der schwarzen Sara oder Calvin, dem schier unergründlichen Gefährten an ihrer Seite, den die Erscheinung aus dem Gleichgewicht zu bringen schien.

Einmal mehr hatte Dilara das Gefühl, auf den Statistenplatz verwiesen zu werden. Das Zepter nicht in der Hand zu halten, ließ stets ein Gefühl der Beklemmung in ihr aufsteigen. Sie war es gewohnt, zu bestimmen, zu leiten oder zu manipulieren. Calvin brachte sie vermehrt in Situationen, denen sie sich erst einmal hilflos gegenüberstehen sah.

So auch jetzt.

Und erneut wurde Dilara vor Augen geführt, wie wenig sie im Grunde über Calvin wußte.

Und ich über mich selbst!

Sie zuckte zusammen, als sie Calvins Gedanke erreichte, und teilte seine Selbstzweifel. Wie gut konnte sie nachvollziehen, wie belastend es war, nicht vollends zu wissen, woher man stammte und was man erlebt hatte. Wenn wichtige Bausteine des Lebens wie weggewischt waren. Oder unter dem Schutt des Seelenmülls, der sich im Laufe der Jahre – bei ihr waren es nunmehr schon Jahrhunderte – angesammelt hatte, vergraben waren.

„Sara!“ entfuhr es Calvin ein weiteres Mal.

„Ja“, erwiderte diese, und ihr Lächeln war sanft wie ein Frühlingsmorgen. Doch es hatte nichts Faßbares, sondern etwas Entrücktes.

Dilara, die noch vor wenigen Minuten geschworen hätte, daß es nichts mehr gab, das sie aus der Fassung bringen würde, sah sich getäuscht. Sie *war* es! Besonders als sie registrierte, wie ehrfürchtig Calvin auf Sara zuschritt. Als handele es sich um eine Kostbarkeit, ein Kleinod, das es zu beschützen galt.

„Sara!"

Dilara äffte im Geiste seinen Tonfall nach. Was sollte das alles? Warum macht er so viel Aufsehen um sie?, dachte sie in einem Anflug von Zorn.

Das, was Sara dann sagte, verwirrte Dilara noch mehr: „Ihr seid auf der Suche nach dem Kelch!" Calvin war wie gebannt vom strahlenden Grün ihrer Augen. „Nach *dem* Kelch!"

Jetzt nickten Dilara und Calvin gleichzeitig.

„Aber den, den ihr sucht, werdet ihr hier nicht finden." Saras Gesichtsausdruck wurde betrübt. „Ihr jagt einem Phantom nach. Der Schattenkelch hat eine eigene Magie, eine Macht... wenn ihr ihn fändet… er würde euch vervollkommnen. Aber er kann nur seine volle Macht entfalten, wenn der *Bund der Fünf* geschlossen wird."

„Der Bund der Fünf?" dachte Dilara. „Welche Fünf?" Sie öffnete den Mund, um Sara zu fragen, was sie gemeint hatte, doch die sagte in diesem Moment zu Calvin: „Besinne dich deiner Wurzeln, Calvin. Kehre heim dorthin, wo deine Wiege stand." Sie zögerte. „Und darüber hinaus. Stelle dich deiner Vergangenheit!"

Nun war es Calvin, der den Mund öffnete, um etwas zu erwidern. Aber Sara lächelte ihn mit einer Spur Traurigkeit an und flüsterte: „Ich muß gehen!"

Sie wandte sich um und verschwand in den tiefen Schatten der Gruft, ohne daß Calvin oder Dilara etwas sagen oder unternehmen konnten. Als sie ihr endlich folgten, fanden sie nichts als nacktes Mauerwerk.

London, Mai 2006, in den Katakomben der St. Paul's Cathedral

Nachdem Guardian in die Abgeschiedenheit seiner neuen Welt zurückgekehrt war, dachte er lange über das Treffen mit Mick und seiner Partnerin nach. Er überlegte, wie es ihm gelingen konnte, den Mann auf seine Seite zu ziehen. Denn er fühlte eine große Macht in ihm verborgen. Cassandra Benedikt war die Schwachstelle in der Verbindung zu Mick, denn sie war ein *Mensch*. Und sie hatte offensichtlich nicht nur berufliches Interesse an ihrem Partner, würde also auch in dessen Privatleben Guardians Kreise stören.

Doch der blonde Vampir hielt seine Ziele stets sorgsam im Auge, von denen eines nun Mick war, und wenn es erforderlich wurde, Cassandra zu beseitigen, würde er das ohne mit der Wimper zu zucken tun.

Guardians Hauptanliegen war und blieb Dilara. Das Wohl der außergewöhnlichen Vampirin lag ihm aus mehrfacher Sicht am Herzen – mochte dieses auch noch so kalt sein, aber es schlug für Dilara. Stark und ewig. Die Bande, die sie zusammenhielten, waren beständiger als alles andere. Bande, in die er Dilara allmählich einweihen mußte. Die Zeit war gekommen. Jetzt, wo Antediluvian vergangen war und es galt, seine Nachfolge zu übernehmen. Guardian dachte längst darüber nach, ob es nicht sinnvoll wäre, diese Nachfolge nicht alleine anzutreten, doch bevor das geklärt werden konnte, gab es noch wesentliche Dinge zu regeln. Eines davon war Mick. Er mußte den jungen Cop im Auge behalten. Immer noch konnte Guardian ihn nicht in Gänze einschätzen. Er wußte zwar, daß Mick einer von ihnen war, aber da war mehr in ihm. Guardian spürte das, wenn er den Cop in der Nähe wähnte. Da war eine Magie, die ihrer Art sonst fremd war. Hinzu kam die ungewöhnliche Augenfarbe, die Guardian stutzig machte, weil auch sie Zeichen einer speziellen Macht war. Aus diesem Grund hatte er Mick die letzten Wochen beschattet. Er hatte das Gefühl, daß dem anderen seine eigene Macht nicht bewußt war. Vielmehr schien er sich davor zu fürchten…

London, 2006, Kings Road

Mick benötigte nur eine oder zwei Sekunden, um sein Erstaunen über Cassandras freimütiges „Ja“ auf seine Frage, ob sie an ein Leben nach dem Tod glaube, zu verbergen. Er hatte ein klares „Nein“ seiner burschikosen Partnerin erwartet. Besonders nach dem Tag, an dem sie auf der Suche nach einem Geschenk für einen Kollegen einen kleinen Buchladen betreten hatten und Cassandra aus Versehen in der Esoterikabteilung gelandet war. Mick klangen ihre abfälligen Bemerkungen immer noch in den Ohren.

Cassandra deutete sein kurzes Schweigen richtig und lachte. Mick war immer wieder fasziniert, wie sehr ihr Lachen sie „verschönerte“. Es war warm, zeugte davon, daß Cassandra eine junge Frau war, in der Lage, tiefe Gefühle zu empfinden und anderen zu geben.

„Du müßtest mal dein Gesicht sehen!“ prustete sie los. „Köstlich... *köstlich!*“ Sie hielt sich den Bauch, den sie wieder einmal unter einem ihrer Sackpullover zu verbergen suchte, was Mick mittlerweile rührend fand, weil all diese Versuche zum Scheitern verurteilt waren. Alles an ihr war irgendwie

„weich“, fraulich und lud dazu ein, sich auf sie und in ihr fallenzulassen.

Mick schüttelte den Kopf, als wolle er den absurden Gedanken vertreiben. Was war denn mit ihm los? Cassandra paßte nun wirklich nicht in sein Beuteschema. Wenngleich sie voller Leben war. *Das war es, was ihn anzog!* Weil es seiner Art entsprach. Ihr weiches, warmes Fleisch weckte seinen Hunger. Im wahrsten Sinne des Wortes. *Baka,* durchzog es ihn, und er zuckte zusammen.

„Ist was?“ fragte Cassandra.

Mick schüttelte den Kopf und sah sie ernst an. *Fleisch, Fleisch, Fleisch*, schrie es in ihm, und er leckte sich gierig über die Lippen.

Cassandra fröstelte bei seinem Blick, und sie wich einige Schritte zurück. Von einer Sekunde auf die andere schien ein Fremder vor ihr zu sitzen.

Mick entging ihre Reaktion nicht, und der Hunger auf ihr Fleisch raubte ihm fast die Sinne. Seit dieser verfluchte Vampir aufgetaucht war, hatte sich eine Tür in ihm geöffnet, die er sorgsam verschlossen wähnte. Er mußte fort, weg aus Cassandras Nähe, raus aus ihrem Apartment. Mit einer gemurmelten Entschuldigung auf den Lippen sprang er auf und stürmte an Cassandra vorbei aus der kleinen Wohnung, während in seinem Gehirn immer wieder ein Wort aufblitzte: *Fleisch, Fleisch, Fleisch...*

IN CARITATE SERVIRE

(In Liebe - zum Nächsten - dienen)

Frankreich, Les Saintes-Maries-de-la-Mer, 24. Mai 2006

Dilara wurde immer unruhiger. Die Zigeuner sangen, tanzten und feierten ausgelassen die ganze Nacht hindurch. Die Rhythmen ihrer Musik drangen tief in Dilara ein. In ihnen schwang so viel Magie und Lebensfreude. Dilara setzte sich auf eine alte Steinmauer unweit des Meeres. Die Brise, die landeinwärts zog, umspielte sie. Seit ihnen Sara erschienen war, schien plötzlich eine Kluft zwischen Calvin und ihr entstanden zu sein. Sie hegte Groll gegen ihn, denn er hatte ihr zögernd gestanden, daß ihm Sara nicht das erste Mal erschienen war. In seinen Träumen hatte sie ihn nachdringlich aufgefordert, sich seiner Vergangenheit zu stellen und bewußt zu werden. Und Calvin wußte längst, daß diese Vergangenheit weit über seine Geburt zurückreichte.

Calvin hingegen schien so gefangen von den Geschehnissen der letzten Wochen und Monate zu sein, daß ihn diese Begegnung vollkommen aus der Bahn warf. Er hatte Dilara, als sie die Kirche verließen, ohne eine weitere Spur der Erscheinung gefunden zu haben, mit einem Blick bedacht, der entrückt und *fremd* war und Kälte durch Dilaras Körper schickte. Dann murmelte er etwas vor sich hin und löste sich in Sekundenschnelle von ihr, um mit dem Dunkel der Nacht zu verschmelzen.

In Dilara erwachte das jähe Gefühl, ihn verloren zu haben. Und diese Angst wurde sie nicht mehr los. Die Angst, daß er nicht mehr zu ihr zurückkehren würde.

Doch warum sollte er das?

Dilara seufzte. Bei Calvin wußte man nie, woran man war. Selbst sie nicht. Aber würde er sich von ihr lösen können? Er war immer derjenige, der behauptet hatte, daß das unmöglich sei. Und sie war auf dem besten Wege gewesen, ihm zu glauben.

Doch jetzt...

Er schloß sie aus, ergriff die Flucht – selbst vor ihr. Das spürte sie deutlich.

Was sollte sie tun?

Auf ihn warten? Nach London zurückkehren?

Die nächsten beiden Tage würden in Saintes-Maries die traditionellen Gebete und Feiern stattfinden. Diese drei Tage im Mai gehörten den Lebenden und den Toten. Und jenen aus der Zwischenwelt.

Dilara dachte an die Erscheinung und spürte Enttäuschung in sich angesichts der Tatsache, daß sie die erste Spur auf der Suche nach dem Schattenkelch in die Irre geführt hatte. Aber im Grunde fühlte sie sich auch erleichtert, weil sie nun wußte, daß sie ihre Ahnung – was Calvin anging – nicht getrogen hatte.

Das Wissen war in ihm!

Und er würde der einzige sein, der in der Lage war, den Schattenkelch – den einzigartigen, den, von dem selbst die Legenden nichts zu sagen wußten – zu bergen. Mit ihm das *besondere* Wissen in sich. Beides war miteinander verbunden – eines bedingte das andere. Und egal, wie beschwerlich es wurde, wohin es Calvin auf seiner Suche auch führen würde, Dilara würde nicht von seiner Seite weichen. Weil Calvin und sie zusammengehörten – vom ersten Augenblick an, als sie sich auf dem Portobello-Markt begegnet waren – nein, schon viel, viel früher.

Dilara seufzte erneut.

Was hatte Sara wohl mit dem Bund der Fünf gemeint?

War Calvin einer von ihnen? Hatte es etwas mit seinem Vater zu tun? Oder gab es diesen Verbund noch nicht? Galt es ihn erst zu gründen? Alles lief erst einmal auf den Schattenkelch hinaus und auf Calvin. Das fühlte Dilara deutlich. Das weitere würde sich dann zeigen. Dilara glitt von dem Mauervorsprung.

Sie mußte ihn finden.

Eines war ihr bewußt: Die Gefahr, ihn zu verlieren, bestand überall. Zum Beispiel hier an den Schattenkelch und in London an Luna Sangue, die aus einem unbekannten Grund Interesse an ihm hegte.

Oliver Richmond erreichte Les Saintes-Maries-de-la-Mer, als die Festlichkeiten ihrem Höhepunkt entgegenstrebten, einen ganzen Tag nach Calvin und Dilara, deren Spur er zwischenzeitlich verloren und endlich wiedergefunden hatte. Was zur Hölle machten sie an diesem Ort? Und wo sollte er mit seiner Suche nach ihnen beginnen? Die kleine Stadt platzte vor Menschen aus den Nähten. Er hatte das Gefühl, daß ihm nur ein Zufall weiterhelfen konnte. Er war bis ans Ende der Welt gereist, um seinen Auftrag zu erfüllen. Calvin würde ihm kein weiteres Mal entkommen. Das hatte er sich geschworen.

Oliver Richmond mietete ein Zimmer in einer Pension, erfrischte sich und mischte sich dann unter das bunte Volk, das lärmend durch die Straßen strömte.

Während Dilara durch die Gassen und zwischen den Wohnwagen der Zigeuner hindurch irrte, gingen ihr die Erlebnisse des August 1914 durch den Kopf, und sie wurde das Gefühl nicht los, etwas sehr Wichtiges übersehen zu haben. Kinder tobten ohne jede Furcht um sie herum und versuchten, einander zu fangen. Dilara dachte an ihre eigene Kindheit, von der ihr nur wenige rätselhafte Bilder geblieben waren. Und sie erinnerte sich plötzlich an das Zigeunerkind, das beim Angriff Alfred Schrecks beinahe getötet und durch die Macht eines Kelches gerettet worden war.

Sie wiederholte in Gedanken, was sie an Fakten und Theorien über den Schattenkelch besaß: Es gab mehr als nur einen Kelch. Ein Kelch jedoch war anders als die anderen. Er wurde der *Schattenkelch* genannt, weil er die dunklen Seiten einer unbegreiflichen Macht in sich barg. Geneviève Zaeppfel war entführt worden, weil sie den Aufenthaltsort dieses Kelches kannte. Geneviève und ihr Mann hatten sich vermutlich seiner Familie aus dem fahrenden Volk angeschlossen. Alle Kelche waren zum Fest der Schwarzen Sara in Les Saintes-Maries-de-la-Mer. Auch der Schattenkelch. Geneviève Zaepffel… Geneviève? Wenn die Kelche in Saintes-Maries waren, *mußte* auch sie sich hier befinden. Bruder Bernard hatte es gesagt.

Natürlich… *natürlich* befand sie sich hier! Dilara schalt sich eine Närrin. Wie hatte sie so *blind* sein können?

„Diese falsche Schlange!" zischte sie, und alle Unentschlossenheit fiel mit einem Mal von ihr ab.

Sie mußte Calvin finden!

Sie entdeckte ihn am Nachmittag auf dem kleinen Friedhof des Ortes zwischen namenlosen Gräbern wandelnd, einem gefallenen Engel gleich. Mit seinem Schicksal hadernd suchte er an diesem Ort der Stille nach Antworten. Er bemerkte Dilara erst, als sie dicht hinter ihm stand.

„Calvin…"

Auf seinem Gesicht war deutlich Erleichterung abzulesen. „Du hast mich gefunden. Was sollen wir nun tun, Dilara? Ich habe versucht, Antworten auf diese Frage zu finden…"

Sie berührte ihn vorsichtig an der Wange, fühlte seine feingezeichneten Augenbrauen, die Augen, von denen soviel Sensibilität und Zerbrechlichkeit ausgehen konnte.

„Ihre Augen, Cal! Sie waren… grün."

„Wovon redest du?" Calvin trat einen Schritt zurück und sah sie ungläubig an.

„Sara! Mein Gott, wir waren blind!" Dilara überlegte fieberhaft, wie sie Calvin überzeugen sollte. Er hatte Sara in seinen Träumen gesehen. „Cal, die Frau, die wir gesehen haben, war Geneviève Zaeppfel!"

Calvins Antwort war ein trockenes Lachen.

„Ja, ich weiß, das klingt unglaublich, aber findest du es glaubwürdiger, daß uns eine Heilige erschienen sein soll?"

„Wieso kommst du darauf, daß es Geneviève gewesen sein könnte. Wenn es keine Erscheinung war, wäre es doch naheliegender, daß eine Zigeunerin…"

„Du hast es genauso gefühlt wie ich: Sie besaß eine Aura der Unsterblichkeit! Sie will uns auf die falsche Fährte locken und uns ein für allemal loswerden. Sie muß ganz schön verzweifelt sein, wenn sie sich dazu eines solch albernen Mummenschanzes bedient."

„Aber ich habe gefühlt, daß an ihren Prophezeiung etwas Wahres dran war…"

„Natürlich, Cal. Sie ist nach wie vor eine Seherin. Sie hat deine Träume gesehen, und sie hat versucht, ihnen eine neue

Deutung zu geben. Wir müssen sie finden! Wo sie ist, muß sich auch der Kelch befinden!"

Widerstrebend folgte Calvin ihr, als sie den Friedhof verließ. All das war absurd. Er überlegte, ob es nicht wirklich das Sinnvollste wäre, auf dem schnellsten Wege nach London zurückzukehren und diese ganze Geschichte zu vergessen. Doch wenn sie den Schattenkelch nicht fanden, würde es vielleicht jemand anderes tun. Er beschloß, Dilara noch eine Chance zu geben.

Gemeinsam suchten sie die Stellplätze auf, die man den Pilgern zugewiesen hatte. Natürlich hatte sich auch das Leben der Zigeuner in den letzten Jahrzehnten sehr verändert. Sie reisten längst nicht mehr in von Pferden gezogenen, hölzernen Wagen, sondern in mehr oder weniger modernen Wohnwagen mit Satellitenfernsehen und Mikrowellengeräten. Viele von ihnen übten ganz normale Berufe aus, hatten es zu Wohlstand und Ehren gebracht. Ihre Herzen aber pumpten nach wie vor das unbändige Blut ihrer Ahnen durch ihre Körper.

Dilara betrachtete das Treiben unter großer Anspannung, während Calvin immer noch nicht überzeugt war.

„Sie machen sich bereit zum Aufbruch", sagte er und hatte recht. Die Abenddämmerung brach langsam herein, und manche Stellplätze waren bereits geräumt.

„Nicht alle!" entgegnete Dilara. Auch das stimmte. Einige Wagen waren verwaist. Wo mochten sich ihre Bewohner aufhalten? „Komm mit!" Dilara folgte einer plötzlichen Eingebung hinunter zum Strand. „Als wir gestern die Prozession der Heiligen Sara beobachteten, habe ich beiläufig Teile einer Unterhaltung von Einheimischen gehört, der ich keine besondere Bedeutung beigemessen habe."

Auf dem Weg zum Hafen berichtete sie Calvin von einer Tradition, nach der einige der *Gitanes* Jahr für Jahr in flachen

Booten, die sie sich von Fischern ausliehen, im Dunkeln mit unbekanntem Ziel hinaus aufs Meer fuhren. Bislang war ihnen dabei niemand gefolgt, obwohl es allerlei Gerüchte darüber gab, wohin sie sich begaben. Angeblich sollte es sich um den Punkt an der Küste handeln, an dem vor Jahrhunderten die Heilige Sara gestrandet war, einen von Land aus unzugänglichen Küstenabschnitt westlich der Stadt.

„Was willst du tun?" fragte Calvin.

Dilara antwortete nicht. Sie hatten die Kaimauer erreicht. Düster schwappte das Wasser unter ihnen. *Todbringend.* Die Spiegelbilder der Sterne tanzten auf den Wellen. Der Himmel war wolkenlos. Dilara suchte nach Sternbildern, die sie kannte. Seltsam, aber während ihres ganzen Lebens war dieses Bild das gleiche geblieben. Für einen Moment ahnte sie, was Unendlichkeit und Unsterblichkeit wirklich bedeuteten. Endlich sagte sie: „Ihnen folgen, was sonst? Geneviève muß bei diesen Leuten sein."

Calvin seufzte. „In einem Boot?" Er meinte diese Frage nicht ernst. Dilara fürchtete das Wasser mehr als er selbst. Er konnte sich nicht vorstellen, daß sie sich einer solchen Nußschale anvertrauen würde.

„Nun..." Sie zögerte. „Ich glaube, wir haben keine andere Wahl."

Natürlich konnten Calvin und Dilara keinen Fischer um die Erlaubnis bitten, sein Boot zu benutzen. Sie hofften, daß der Diebstahl erst am frühen Morgen entdeckt würde, wenn die Männer hinausfuhren, um die Netze einzuholen, die sie am frühen Abend ausgeworfen hatten.

Das schaukelnde Boot erschien ihnen unheimlich. Unter sich die tödliche Flut zu wissen, war ein erschreckender Gedanke. Zum Glück warf das Meer nur kleinere Wellen, und Calvin stellte sich als guter Ruderer heraus. Er erklärte Dilara, daß er während seiner Ausbildung in der Schulmannschaft gerudert war.

Die Navigation auf See fiel ihnen leicht, so lange sie noch die Lichter Saintes-Maries hinter sich wußten, doch als sie die Küste entlangruderten, fehlten bald Anhaltspunkte, und mehr als einmal gerieten sie weiter aufs offene Meer hinaus, als ihnen lieb war. Sie konnten sich nicht vorstellen, daß die Zigeuner eine weite Strecke zurückgelegt hatten. Irgendwo zwischen den Felsen mußte…

„Da! Ein Licht… *zwei* Lichter!“ Calvin deutete auf zwei helle Punkte zu seiner Linken. Sie befanden sich dicht über dem Wasser, zu tief, als daß es Sterne hätten sein können. „Wir sind ganz schön weit von der Küste entfernt.“ Er ruderte auf die Punkte zu, und sie gelangten in eine kleine Bucht, die von scharfzahnigen Klippen umgeben war. Calvin war sich sicher, daß man ihn bei Tageslicht kaum bemerkte, geschweige denn mit einem Motorboot hätte umfahren können. Vorsichtig umkreiste er mit Hilfe Dilaras, die die Rolle des Lotsen übernommen hatte, die Felsen.

Die Lichter stellten sich als Fackeln heraus, die den klaffenden Eingang einer Grotte erleuchteten. Rechts dieses Eingangs waren die Boote der Zigeuner vertäut. Eine Wache war nicht zu sehen.

Calvin ruderte ihr Boot neben die anderen und wies auf einen Felssims, der in die Höhle hineinführte. Dilara nickte stumm und stieg achtsam aus dem Boot, froh, wieder festen Boden unter den Füßen zu haben. Wenige Augenblicke später stand Calvin neben ihr. Er berührte sie zart an der Schulter, und, von dieser Geste ermutigt, wandte sie sich dem Höhleneingang zu. Als halbstoffliche Schatten glitten sie zwischen den Felsen hindurch, hinein in den feuchtkalten Bauch der Erde. Mit ihren geschärften Sinnen erahnten sie die unauffällig postierten Wachen lange, bevor diese auf sie selbst aufmerksam werden konnten, und sickerten durch breitere Spalten und Klüfte im Gestein, wie Schemen aus zähflüssigem Teer, bis sie in eine geräumige Halle mit hoher Decke gelangten und wußten, daß sie ihr Ziel erreicht hatten.

Der Saal war durch Fackeln hell erleuchtet, und auch das Wasser schien von unten her zu leuchten. Calvin und Dilara erkannten bald, daß dieses Licht golden im grünen Becken schimmerte und von goldenen Gegenständen ausging, etwa fünfzig an der Zahl.

Zischend atmete Dilara aus. Sie hatten die Kelche gefunden! Doch diese waren unerreichbar. Unter der Wasseroberfläche, umgeben von mindestens genauso vielen Menschen. Dilara fühlte kaum Erstaunen, als sie mitten unter den Versammelten Geneviève erblickte. Sie war seit ihrer letzten Begegnung nicht einen Tag gealtert und schien sich ebensowenig ihrer Nacktheit zu schämen wie die anderen. Doch zwischen den Badenden wirkte sie so licht und schön wie eine Königin.

Mark Garimont fragte sich, welches Ziel Dilara und Calvin mit ihrem Boot hatten. Er folgte ihnen ihm Schutz der Nacht und in ausreichendem Abstand. Als sie sich der Küste näherten, ließ er sich zurückfallen, um ihnen einen geringen Vorsprung einzuräumen. Ein Küstenabschnitt wurde durch zwei blakende Fackeln erhellt. Markierten sie den Ort, den die Zigeuner mit ihren Booten angesteuert hatten? Befand sich hier der Kelch, den die beiden suchten? Garimont hatte inzwischen eine Menge darüber herausgefunden. Er wußte auch, warum Luna Sangue den Kelch brauchte. Dilara und Calvin verhielten sich in seinen Augen sehr ungeschickt. Glaubten sie, den Schatz, der seit beinahe zweitausend Jahren im Besitz der Zigeuner war, rauben zu können, ohne auf einen Widerstand zu treffen? Garimont hatte einen Plan. Alleine würden weder er noch seine beiden Gegenspieler den Kelch erlangen. Wenn er ihnen jedoch zum Erfolg verhalf, hatte er es nur noch mit zwei Gegnern zu tun.

Er ruderte sein Boot zur Küste, die hier sehr rauh und steil war, und sah, daß in einer Art natürlichem Hafen beiderseits einer gähnenden Öffnung im Fels bereits die kleine Flotte der Zigeunerboote ankerte. Im Licht der Fackeln bemerkte er wohl, daß ein schmaler Weg dicht oberhalb der Wasseroberfläche in die Höhle hineinführte, die bei Flut wahrscheinlich vollkommen unter Wasser stand.

Plötzlich wußte er, was er zu tun hatte, und er ruderte sein Boot mit ruhigen Zügen in die Grotte hinein.

Auch Victor Zaeppfel und sein Bruder Pierre befanden sich unter den Menschen, die andächtig im Wasser ausharrten. Sie alle schienen darauf zu warten, daß etwas geschah.

Und das trat offenbar ein, als Geneviève mit klarer, prophetischer Stimme zu sprechen anhob: „Brüder und Schwestern, einmal mehr ist die Erde um die Sonne gewandert, und auch wir sind auf unseren vorgeschriebenen Bahnen um unseren Mittelpunkt gezogen. Im Wald von Riège haben wir uns vor einem Jahr getrennt. Manche von euch habe ich in den vergangenen dreihundertfünfundsechzig Tagen getroffen, in St-Germain, in La Martyre, im Labyrinth von Chartres, am Turm der Constance von Aigues-Mortes. Gemeinsam haben wir unsere Last und unsere schwere Verantwortung getragen, die wir aus freien Stücken auf uns genommen haben, als freie Menschen. Und nun sind wir hier, um Sara-la-Kali unseren ewigen Dank auszusprechen. Sara, die aus Ägypten kam. *Vive Sara-la-Kali!"* intonierte sie, und die anderen fielen in ihren Chor ein, bis er das natürliche Gewölbe ausfüllte: „*Vive Sara-la-Kali, vive Sara-la-Kali, vive Sara-la-Kali!*"

Dilara ahnte, welchen Hintergrund die eigenartige Zeremonie in der mystisch ausgeleuchteten Grotte hatte. Sie diente der Erneuerung des Bundes. Und sie mußte bewirken, daß die jugendspendende Kraft der Kelche auf die Teilnehmenden überging.

Dilara wollte Calvin zuflüstern, was sie zu wissen glaubte, doch sie kam nicht dazu, denn plötzlich entstand im vorderen Teil der Grotte ein Tumult. Lärm drang bis zu der Spalte herüber, in der sich Dilara und Calvin verbargen. Was mochte geschehen sein? Hatte man ihr Boot entdeckt und wußte nun, daß das groteske Schauspiel unerwünschte Zaungäste hatte?

Nein, es mußte etwas anderes sein.

Mark Garimont hatte sich keine Mühe gegeben, sich leise zu verhalten. Absichtlich ließ er die Ruder lautstark ins Wasser fallen und holte weit aus. Mit einem mulmigen Gefühl ruderte er tiefer in die Grotte hinein, die in unregelmäßigen Abständen durch Fackeln erhellt wurde. Das Wasser unter seinem

Boot schimmerte grünlich. Im dämmrigen Licht erkannte er längliche Schatten, die darin schwammen. Sie waren nicht größer als eine Handspanne.

Die Grotte weitete sich zu einer ersten Höhle. Immer wieder blickte Garimont über die Schulter. Die Höhle war ein aus dem Karststein herausgewaschener Saal. Große Bereiche lagen im Dunkeln. Garimont fühlte, daß er nicht länger alleine war. Seine Muskeln spannten sich an. Gleich würde es geschehen, das wußte er. In den nächsten Augenblicken würden sie sich auf ihn stürzen.

Und doch kam der Aufprall überraschend. Er riß ihn ins Wasser und raubte ihm den Atem. Um sich strampelnd fühlte er, wie er ergriffen und über die Wasseroberfläche gezerrt wurde. Verschwommen sah er die Gesichter. Es waren Zigeuner.

„Wo ist die Frau?“ fragte einer von ihnen. Fünf Mann. Er hatte keine Chance gegen sie. Und doch hing es jetzt davon ab, wie viele von ihnen er ausschalten konnte.

Anstatt einer Antwort schlug er dem Fragenden die Faust in die Magengrube. Sofort stürzten sich die anderen auf ihn.

Unter den Badenden entstand Unruhe, die selbst Genevièves Autorität nicht unter Kontrolle zu bringen vermochte. Der Lärm vom Höhleneingang nahm an Lautstärke zu. Offenbar war dort ein Handgemenge im Gange.

Dilara beobachtete aus ihrem sicheren Versteck heraus, wie die Männer und Frauen in großer Hast und Verunsicherung aus dem Wasser stiegen, die Kelche auf der breiten Felsbank aufreihten und sich ankleideten. Victor und Pierre gaben Kommandos in einer gutturalen Sprache, die Dilara nicht verstand. Sie sah, daß einige Männer seltsam gebogene Messer von der Form einer Mondsichel zogen, und spürte von diesen eine unerklärliche Bedrohung ausgehen. Als ob die Klingen eine Magie besäßen, die auch ihresgleichen gefährlich werden könne.

Von ihrem eigenen Weg durch die Grotte wußte Dilara, daß der Kampf nur in der ersten Halle stattfinden konnte. Sie sah die Männer und Frauen, selbst Geneviève, die sich noch einmal besorgt umblickte, als suche sie etwas oder jemanden, durch einen schmalen Durchgang strömen und bemitleidete sie beinahe wegen ihrer Arglosigkeit, die zur Folge hatte, daß die stets wohl gehüteten Kelche nun ohne jeden Schutz zurückgeblieben waren. Doch wahrscheinlich wähnten die Zigeuner sie in dieser Halle sicher, aus der es keinen zweiten Ausgang als den zu geben schien, den sie selbst genommen hatten.

Dilara fühlte in sich einen inneren Zwiespalt. Der Ring an ihrem Finger erinnerte sie an die Worte der Seherin: „Wie unterschiedlich wir auch sein mögen, wir stehen auf derselben Seite!" hatte sie einst gesagt. War es also richtig, was sie taten? Plötzlich begriff sie, daß sie gar nicht *in der Lage* war, den Schattenkelch zu rauben. Sie verstand nun, weshalb Geneviève in der Gestalt der schwarzen Sara Calvin und nicht ihr erschienen war. Von ihm ging die Gefahr aus, die das Medium vorhergesehen hatte.

Während Dilara noch zögerte, war Calvin aus seinem Versteck hervorgesprungen und vor den Kelchen in die Hocke gegangen. Sie waren von höchst unterschiedlicher Gestalt; von der einfachen Schale bis zum reich verzierten Pokal.

Seine Fingerspitzen berührten einige der Kelche. Plötzlich fuhr er wie elektrisiert zurück. Er hatte nur kurzzeitig einen schlanken Becher mit einem silbernen, kunstvoll gearbeiteten

Fuß und dem Gefäß aus blauem Saphir, der haargenau der Abbildung auf seinem Amulett ähnelte, berührt. Calvin berührte ihn erneut, und diesmal explodierte in seinem Kopf ein Feuerwerk von scheinbar zusammenhanglosen Bildern, Texten und Gefühlen. Er glaubte, der Gewalt der Eindrücke ohnmächtig gegenüberzustehen, doch dann begannen sich diese zu ordnen. Eine Stimme, die lange Zeit in ihm geruht hatte, sagte ihm, daß es der gesuchte Kelch war.

„Der Schattenkelch!" murmelte er ehrfürchtig.

Er entledigte sich seiner schwarzen Jacke und wickelte das kostbare Gefäß darin ein. Triumphierend winkte er Dilara, die daraufhin aus ihrem Versteck trat.

„Wie kannst du sicher sein, daß er es tatsächlich ist?" flüsterte Dilara, und ihre Stimme hallte in zahllosen Echos durch den Saal, so wie es zuvor Genevièves Stimme getan hatte.

„Ich weiß es einfach." Calvin sah sich um. „Ob es wohl einen zweiten Ausgang gibt?" fragte er und wies in eine der gähnenden Klüfte hinein, die jenseits der Felsbank aus dem Gestein herausgewaschen worden waren.

„Für Menschen vermutlich nicht, sonst würden sie sich nicht die Mühe machen, und den beschwerlichen Weg übers Meer nehmen. Aber wir könnten es versuchen! Der Weg nach vorn ist ohnehin versperrt!"

Und wie um diese Aussage zu bestätigen, erhob sich von dort ein vielstimmiger Aufschrei, dem schnelle Schritte folgten. Das, was die Versammelten in den vorderen Teil der Höhle gelockt hatte, konnte ihre Aufmerksamkeit offensichtlich nicht mehr fesseln. Vielmehr schienen sie nun zu ahnen, daß irgend etwas nicht stimmte.

„Los, oder möchtest du dich lieber ergeben?" Doch Dilara zwängte sich bereits in den Spalt, der eher noch enger als weiter zu werden und ihr mehr wie eine Falle, denn wie ein Ausweg schien. Es war davon auszugehen, daß die Zigeuner diesen geheimen Versammlungsort gründlich erkundet hatten. Doch Dilaras Vermutung traf zu, als sie sagte, daß es für *Menschen* keinen zweiten Weg aus der Höhle heraus gab. Erneut verwandelte sie sich in jenen schattenhaften Schemen, der sie schon einmal in dieser Nacht gewesen war, und Calvin tat es ihr gleich, während ihre Verfolger darüber rätselten, wie es jemandem hatte gelingen können, einen Kelch aus ihrer Mitte zu rauben.

Calvin und Dilara gelangten an einen nach oben offenen natürlichen Kamin, dessen Wände sie mühelos erklommen. Sie fühlten den Sog aufsteigender Luft und sahen über sich den kalten Schimmer nadelkopfgroßer Sterne auf schwarzem Samt. Schließlich kletterten sie über den Rand des Schachts, der von dichtem Gestrüpp umstanden war. Vor ihnen lag ein sumpfiges Feld. Und darauf, in das Licht des Mondes getaucht, die Silhouette eines Mannes. Er sagte: „Diesmal entkommst du mir nicht, *Calvin Percy Vale*!“

Oliver Richmond betrachtete Calvin mit versteinerter Miene. Seine Züge wirkten im fahlen Licht wie aus Granit gemeißelt. „Ich will gar nicht wissen, was ihr da unten getrieben habt!“ Sein Blick fiel auf das Stoffbündel, das Calvin unter seinem Arm trug. Wahrscheinlich war er doch neugierig, aber die Erfüllung seines Auftrags stand nun im Vordergrund. „Und ich bin nicht hier, um dich zurechtzuweisen, Calvin. Du bist immer deinen eigenen Weg gegangen, auch wenn du bereits wußtest, daß er falsch war. Dein Vater schickt mich, damit ich dir *das* hier gebe.“

Er überreichte Calvin ein Kuvert, das trotz der weiten Reise, die es hinter sich hatte, nicht einen einzigen Knick aufwies. Calvin las darauf seinen Namen in der charakteristischen Schrift seines Vaters.

„Ich weiß nicht, was darin steht, aber es muß etwas sehr Wichtiges sein, sonst hätte er mich nicht um den halben Globus geschickt, um ihn dir persönlich zu übergeben. Deinem alten Herrn muß viel an dir liegen. Du mußt irgend etwas Besonderes sein."

Bevor Calvin antworten konnte, fiel ihm ein ferner Lichtschein auf, der ihn irritierte. Vom Rande des Moores, in der Richtung, in der er Saintes-Maries vermutete, näherten sich ihnen die Irrlichter von Pechfackeln. Auch Dilara und Richmond bemerkten sie.

„Sie bekommen Verstärkung! Wir müssen gehen, Cal!" drängte Dilara.

Calvin betrachtete zuerst den Briefumschlag und dann Richmond. „Ich habe dich nie leiden können, Oliver. Du hast mich bei meinem Vater immer wieder schlechtgemacht. Vielleicht hattest du in manchen Punkten recht. Und doch bleibe ich ein Vale. Der letzte, der unsere Blutslinie fortführen kann."

Oliver Richmond nickte. „Geht! Ich werde sie ablenken. Mein Wagen steht wenige Minuten von hier entfernt an der Straße, die nach Montpellier führt. Sie werden vermuten, daß ihr diesen Weg genommen habt, wenn sie mich sehen." Er blickte beunruhigt zu den flackernden Lichtern hinüber. Ritten die Zigeuner auf Pferden? Dann würde es so gut wie unmöglich sein, ihnen zu entkommen. „Los jetzt! Wir werden uns wieder begegnen, verlaß dich drauf!" Er schlug Calvin auf die Schulter.

Calvin und Dilara liefen einen weiten Bogen nach Norden, um sich der Stadt aus dieser Richtung zu nähern. Sie hatten keinen Plan für ihr weiteres Vorgehen und handelten doch in stummer Übereinstimmung. Calvin fragte sich, ob Richmond wohl entkommen würde. Er hatte die harte Schule, die sein Vater für Calvin vorgesehen hatte, bis zum Ende durchlaufen und besaß eine hervorragende Ausbildung in vielen Disziplinen. Obwohl er wenig Sympathie für ihn hegte, wünschte er ihm viel Glück. Insgeheim ärgerte er sich darüber, dieses Katz-und-Maus-Spiel nicht früher beendet zu haben.

Calvin und Dilara, die seit ihrer Begegnung schwieg, kamen gut voran. Als sie zurückblickten, sahen sie, daß sich die Lichter inzwischen dort befanden, wo sie kurz zuvor noch mit Oliver Richmond gesprochen hatten. Sie überquerten die D 38 und widerstanden der Versuchung, einfach entlang der Landstraße nach Les Saintes-Maries-de-la-Mer zurückzulaufen. Als sie an den Rand einer größeren, wenngleich flachen Wasseroberfläche gelangten, hielten sie sich rechts und glitten schattengleich durch Rohrschilf und Weidengestrüpp, die ihnen raschelnd den Weg frei gaben. Atemlos und selber beinahe nur ein Windhauch, eilten sie den Lichtern der Stadt entgegen, die trübe jenseits der feuchten Ausdünstungen des Sumpfes glommen.

Endlich erreichten sie die ersten Häuser des Ortes und fühlten so etwas wie Beruhigung, doch sie wußten, daß sich ihre Verfolger so leicht nicht geschlagen geben würden. Calvin überraschte Dilara, als er auf einem Parkplatz am Stadtrand innerhalb von Sekunden einen uralten schwarzen Mercedes aufbrach und kurzschloß.

„Steig ein!“ forderte er Dilara auf.

„Hast du überhaupt einen Führerschein?“ fragte sie und sank neben ihn auf den Beifahrersitz.

Calvin lachte. Er schien sonderbar beschwingt. Von einer seltsamen Kraft durchströmt. Was geschah mit ihm?

„Brauche ich den? Vertraust du mir nicht?“ Calvin legte einen höheren Gang ein. Der Wagen mußte über eine Tonnen wiegen. Schwerfällig rollte er über die Route d'Arles nach Norden. Immer wieder blitzten im Mondlicht Wasserflächen auf. Sie mußten zu den Naturschutzgebieten der Rhônemündung gehören. Die war einer der am wenigsten dicht besiedelten Landstriche Frankreichs.

Nur wenige Autos kamen ihnen entgegen. Ihre Verfolger waren nicht zu sehen.

„Irgendwie paßt das alles zusammen“, meinte Dilara plötzlich unvermittelt. „Geneviève hat nicht gelogen. Weißt du, daß sich die Zigeuner im Mittelalter als „Ägypter“ oder „Söhne Kleinägyptens“ bezeichnet haben? Ich habe mich immer gefragt, warum sie das Nomadenleben der Seßhaftigkeit vorziehen. Warum ihnen Besitz so wenig bedeutet. Und warum sie sich so sehr dagegen wehren, sich den Normen und Gesetzen der Gadjos, wie sie die anderen Menschen nennen, zu unterwerfen. Im Grunde genommen sind sie Ausgestoßene wie wir. Und sie haben diesen Status selbst gewählt, um ihre Identität zu wahren. Ich frage mich nur, wie Geneviève in dieses Bild hineinpaßt. Sicher, sie hat all das durch ihren Mann Victor kennengelernt…“

„Die Zeiten ändern sich, auch für die Zigeuner“, stellte Calvin fest. „Beide Seiten ziehen Vorteile aus dieser Liaison. Geneviève genießt die Unsterblichkeit und ewige Jugend, die ihr das Leben bei den Gitanes schenkt, und die profitieren von ihren medialen Fähigkeiten. Es schadet nicht, die Zukunft zu kennen.“

„Aber sie muß gewußt haben, daß wir den Schattenkelch rauben werden“, warf Dilara ein.

„Vielleicht ist dieses Wissen nutzlos, wenn man diese Dinge doch nicht abwenden kann. Sie hat es immerhin versucht. Und den Zigeunern bleiben noch so viele Kelche.“ Calvin bremste abrupt ab. Der Wagen rutschte auf Kies ein Stück, kam dann zum Stehen. Calvin zeigte auf das beleuchtete Schild über dem Eingang des Hauses: „Relais Kristo“.

„Was hast du vor?“ fragte Dilara erstaunt.

„Übernachten und abwarten, bis sich die Aufregung gelegt hat“, erklärte Calvin. „Ich glaube, auf der Straße fallen wir mehr auf als hier. Unsere Verfolger werden denken, daß wir möglichst rasch weit weg von Saintes-Maries kommen wollen. Mich würde es nicht wundern, wenn sie die Straßen kontrollieren und abgeriegelt haben.“

Er stieg aus und wickelte den Kelch, den sie vorsichtig auf der Rückbank verstaut hatten, in seine Jacke. Dilara folgte ihm zum Eingang der Auberge.

Eine Weile nachdem sie den altertümlichen Glockenzug betätigt hatten, vernahmen sie schlurfende Schritte, und die Tür öffnete sich. Der Patron des Hauses mußte bereits geschlafen haben. Dilara erklärte ihm auf lupenreinem Französisch, daß sie auf dem Weg nach Grenoble seien und ein Nachtquartier suchten. Der Mann, müde wie er war, verzichtete auf sämtliche Formalitäten und händigte ihr unter dem Hinweis, diese am nächsten Morgen nachzuholen, einen Schlüssel mit schwerem Anhänger aus. Dann beschrieb er ihr den Weg zu ihrem Zimmer. Frühstück gebe es von acht bis zehn, erklärte er, sie sollten sich dazu in der Gaststube einfinden. Gähnend zog er sich ins Dunkel des Erdgeschosses zurück.

Dilara und Calvin stiegen die schmale Treppe hinauf ins

Obergeschoß. Sie fanden ihr Zimmer: klein, aber irgendwie romantisch. Durch das offene Fenster drangen das Quaken der Frösche und Zirpen der Grillen herein. Es war kühl, aber nicht unangenehm.

Dilara fühlte die Auswirkungen der Anstrengungen, die sie in den letzten Tagen gemacht hatten. Eine angenehme Schwere erfüllte sie. Sie ließ sich auf das weich federnde Bett fallen.

Calvin sank neben sie. „Wir haben es geschafft, oder?"

„Ja, kaum zu glauben", erwiderte sie. „Wir haben es geschafft. Und nun?"

Darüber hatten sie sich noch keine Gedanken gemacht. Calvin zuckte mit den Schultern. Dann grinste er plötzlich, zündete eine Kerze an, die in einem unglaublich altmodischen Halter auf dem Fensterbrett stand, und löschte das elektrische Licht.

Du bist alles, was ich habe, Calvin, dachte Dilara und beobachtete das Spiel des flackernden Lichts auf seinem nackten Körper, als er sich auszog. Zärtlich faßte sie nach seinem Haar und zog ihn sanft an ihre Seite, um ihm einen Kuß zu geben.

„Hey!" entfuhr es Calvin. „Vorsicht! Ich beiße!" Im warmen Licht der Kerze wirkten seine dunklen Augen plötzlich traurig, und auch Dilara fühlte etwas in sich aufsteigen. Es war die Angst davor, daß irgendjemand oder irgend etwas ihre Liebe zerstören könnte. So, wie es Luna Sangue versucht hatte.

Sie bedeckte Calvins Körper mit glühenden Küssen, schien plötzlich überall gleichzeitig zu sein. Er suchte sie an sich zu ziehen, doch sie entwand sich ihm immer wieder, spielte mit ihm und ergab sich endlich. Sie liebten sich in dieser Nacht, als ob es das letzte Mal wäre.

Als Dilara erwachte, zeigte sich am fernen Horizont der erste Silberstreif der Morgendämmerung. Die Erinnerung an die vergangene Nacht schwang noch in ihr wie eine süße Melodie. Sie tastete nach Calvin, doch die Stelle, an der er neben ihr gelegen hatte, war leer und kalt.

Erschrocken setzte sie sich auf.

„Cal?“ Panik erfaßte sie. „*Cal*!“

Sie sprang aus dem Bett und stürzte auf den Balkon hinaus. Doch da war niemand! Dann ins Bad. Leer!

„Vielleicht ist er nach draußen gegangen?“ überlegte sie halblaut. Doch sie fühlte, daß etwas anderes geschehen war. Etwas Unwiderrufliches. Und dann sah sie, daß auf dem Tisch, auf dem sie den Schattenkelch abgelegt hatten, erschreckende Leere gähnte. Dort lag lediglich ein Umschlag. Sie ahnte, daß es der Brief war, den Oliver Richmond Calvin in der Nacht übergeben, und den sie in der Aufregung ihrer Flucht vollkommen vergessen hatte. Mit zitternden Fingern faltete sie ihn auf und las:

„Mein Sohn,

ich hoffe, es ist nicht bereits zu spät, wenn Oliver Dir diesen Brief überreicht. Ich habe ihn entsenden müssen, da ich Dich auf anderem Wege nicht erreichen konnte. Wenn jemand in der Lage ist, Dich zu finden, dann er.

Calvin, es ist ein Zeitpunkt gekommen, da ich mit meinem Leben Frieden schließen muß. Ich kann nicht vor meinen Schöpfer treten, ohne gewisse Dinge geregelt zu haben. Ich habe Dir Unrecht getan! Nach all den Jahren sehe ich das endlich ein. Alle bösen Worte, die Du gegen mich gerichtet hast, habe ich Dir verziehen. Und ich möchte, daß auch Du mir meine Fehler vergibst.

Denn endlich erkenne ich, was mir Deine Liebe bedeutet. Und wie stark meine eigene zu Dir ist. Es gibt Bande des Blutes, Calvin, die keine irdische Macht zu zerreißen vermag.

Nie zuvor hat ein Mensch einen anderen so gebraucht wie ich Dich in diesen Stunden. Werde der Kelch, aus dem ich Leben schöpfe!

- In caritate servire -

Dein Vater
Anton Percy Vale“

Wolfgang Hohlbein

wurde 1953 in Weimar geboren und ist der meistgelesene und erfolgreichste deutschsprachige Fantasy-Autor mit einer Gesamtauflage von weit über 20 Millionen Büchern.
Der Durchbruch gelang ihm 1982 mit „Märchenmond“, das seinen Siegeszug in zahlreichen Ausgaben von den USA bis in den Fernen Osten bis heute ungebrochen fortsetzt. Seine mittlerweile über einhundert Bestseller decken die ganze Palette der Unterhaltungsliteratur ab – von Kinder- und Jugendbüchern über Romane und Drehbücher zu Filmen, von Fantasy über Science Fiction bis hin zum Horror.
Der passionierte Motorradfahrer und Zinnfigurensammler lebt zusammen mit seiner Frau und Co-Autorin Heike, seinen Kindern und zahlreichen Hunden und Katzen am Niederrhein.

Weitere Informationen auf:
www.hohlbein.de, www.hohlbein.net

Alisha Bionda

wurde in Düsseldorf geboren und lebt seit einigen Jahren auf Mallorca. Die Autorin verbringt dort mit ihrer afghanischen Windhündin Jamila die Nächte am Meer. Besonders die kleinen einsamen Buchten und die Ruhe des Gebirges – in der Nähe des Künstlerortes Deia – haben es ihr angetan. Dort findet sie die Ruhe und Stille, die sie benötigt. Weil einer ihrer Grundwesenszüge die zeitweilige Abgrenzung ist. Schon seit frühester Kindheit haben es ihr die Literatur und Musik angetan. Aber auch die bildenden Künste. Ihr Globetrotterblut führte sie durch die Welt und ließ sie etwas „ruhelos" wirken. Doch heute hat sie ihre „innere Mitte" gefunden und lebt nach dem Prinzip der kleinen Schritte.
Alisha Bionda ist die Herausgeberin einiger Anthologien. Außerdem kann sie zahlreiche Veröffentlichungen in Literaturzeitschriften und Anthologien im In- und Ausland vorweisen.
Ihre Einzeltitel im Ueberreuter-Verlag erschienen in der von Wolfgang Hohlbein ins Leben gerufenen Edition Märchenmond: *Die Welt der Finsternis* und *Das Reich der Katzen*. Und im BLITZ-Verlag: *Regenbogen-Welt.*
Über ihre schriftstellerische Tätigkeit hinaus betreut sie im BLITZ-Verlag die Leitung des TTT (Lektorat) und ist im PR-Bereich und der Arbeit an der Website des Verlages beteiligt. Ebenso an einigen Redaktionen.

Alisha Bionda hat unter anderem Literaturgeschichte, Stilkunde, Romantechnik, Romanformen, Dramaturgie des Theaters, des Films, des Hör- und Fernsehspiels, lyrische Ausdrucksformen, Sachprosa und Journalismus studiert.

Website: www.alisha-bionda.de

Jörg Kleudgen

geboren 1968 in Zülpich am Rande der Eifel, verdankt die Entdeckung der Phantastik seinem Schulfreund und Klassenkameraden Kai Meyer (neben vielen weiteren: „Die Geisterseher", die „Merle"- und „Wellenläufer"-Trilogien), der ihn mit den Texten H.P. Lovecrafts und Wolfgang Hohlbeins in Berührung brachte. Bereits in seiner ersten phantastischen Erzählung „Im hohen Alter" (1987) emanzipierte er sich jedoch durch eine eigene bildhafte Sprache und die Wahl des Schauplatzes. Die Orte, an denen seine Geschichten stattfinden, hat der Autor meist zuvor auf seinen Reisen besucht.

Während eines Studiums der Architektur konzentrierte sich Jörg Kleudgen auf die Arbeit mit der von ihm gegründeten Gothic-Rockband THE HOUSE OF USHER (sechs Alben, Konzerte in Deutschland, Belgien, Italien, Frankreich, England und dem Libanon) und die Verfeinerung seiner grafischen und literarischen Arbeiten, die in mehreren selbst illustrierten Kurzromanen („Der Fluch von Mayfield", „Der Nachtmahr"), einem Reiseführer zu den sagenumwobenen Stätten der Eifel (2002: „Die Schwarzen Führer/Eifel-Mosel") und gemeinsamen Arbeiten mit Uwe Voehl („Der Henker"-Romane bei BASTEI-LÜBBE) und Michael Knoke gipfelten (2003: „Cassinis Gesänge – drei Sätze einer kosmischen Sinfonie" und 2004: „Halligspuk – Schauergeschichten von der Hallig Hooge").

Seine vielbeachtete Kurzgeschichtensammlung „Cosmogenesis" erschien 2005 im BLITZ-Verlag. Durch diese auf ihn aufmerksam geworden, lud ihn Alisha Bionda zur Mitarbeit an der SCHATTENCHRONIK-Serie ein. Nach „Blutopfer" ist „Der Schattenkelch" ihre zweite gemeinsame Arbeit.

Website: www.the-house-of-usher.de